D1735564

Dr. Lucas David Schweizerisches Wettbewerbsrecht

Dr. Lucas David

Rechtsanwalt

Schweizerisches Wettbewerbsrecht

Eine systematische Darstellung des Gesetzes gegen
den unlauteren Wettbewerb, des zivilrechtlichen Teils
des neuen Kartellgesetzes
sowie der wettbewerbsrechtlichen Nebengesetze
und der Grundsätze der Schweizerischen Kommission
für die Lauterkeit in der Werbung

3., überarbeitete Auflage

Stämpfli Verlag AG Bern · 1997

Die Deutsche Bibliothek - CIP-Einheitsaufnahme

David, Lucas:
Schweizerisches Wettbewerbsrecht : eine systematische
Darstellung des Gesetzes gegen den unlauteren Wettbewerb, des
zivilrechtlichen Teils des neuen Kartellgesetzes sowie der
wettbewerbsrechtlichen Nebengesetze und der Grundsätze der
Schweizerischen Kommission für die Lauterkeit in der Werbung /
Lucas David. - 3., überarb. Aufl. - Bern : Stämpfli, 1997

ISBN 3-7272-9101-X

© Stämpfli Verlag AG Bern · 1997
Gesamtherstellung: Stämpfli+Cie AG,
Graphisches Unternehmen, Bern
Printed in Switzerland
ISBN 3-7272-9101-X

Inhaltsverzeichnis

Vorwort

Seit knapp zehn Jahren ist nun das am 19. Dezember 1986 erlassene Bundesgesetz gegen den unlauteren Wettbewerb in Kraft. Obwohl es mittlerweile bereits wiederholt revidiert werden musste, um den Herausforderungen von Europa zu bestehen, darf doch gesagt werden, dass es die Erwartungen voll erfüllt hat. Trotz des mit der Abkehr vom Wettbewerbsverhältnis erfolgten Paradigmenwechsels hat die Rechtsprechung bisher nur punktuelle Änderungen gegenüber früher vorgenommen. Die Revisionsvorlage darf daher als geglückte Fortschreibung der reichen Gerichtspraxis bezeichnet werden.

Gegenüber der zweiten Auflage musste daher – abgesehen vom Nachtrag der in den letzten Jahren publizierten Entscheide – nicht viel geändert werden. Einzig bei den kartellrechtlichen Behinderungen drängte sich infolge der Totalrevision des Kartellgesetzes eine völlige Neubearbeitung auf.

Nach wie vor beschränkt sich die Kommentierung auf das Wesentliche, hat es sich doch gezeigt, dass nicht nur die Praktiker, sondern auch die vielen hundert mit der Anwendung des Lauterkeitsrechts befassten erstinstanzlichen Gerichte an klaren und knappen Antworten auf die sich stellenden Fragen lebhaft interessiert sind. Die vorliegende Monographie wendet sich somit immer noch an Praktiker, namentlich an Rechts- und Werbeberater, die nur gelegentlich mit dem Wettbewerbsrecht in Berührung kommen. Sie nimmt daher bewusst von theoretischen Erörterungen Abstand und versucht, anhand von Beispielen und Kasuistiken dem Leser den Gehalt der einzelnen Normen näher zu bringen. Wer sich für die ausführlichen Begründungen interessiert, mag die zitierten Entscheide nachlesen und wird dort das Nähere finden.

Zürich, Anfang 1997

Abkürzungsverzeichnis

a. A.   anderer Auffassung

Abs.   Absatz

Art.   Artikel

AlkG   BG über die gebrannten Wasser vom 21.6.1932 (Alkoholgesetz)

AS   Sammlung der eidg. Gesetze, Bern 1948 ff.

BBl   Bundesblatt der Schweizerischen Eidgenossenschaft, Bern 1848 ff.

BG   Bundesgesetz

BGE   Entscheidungen des Schweiz. Bundesgerichtes, Lausanne 1875 ff.

BJM   Basler Juristische Mitteilungen, Basel 1954 ff.

DV   V über verbindliche Angaben im Handel und Verkehr mit messbaren Gütern (Deklarationsverordnung) vom 15.7.1970

E.   Erwägung

GebrV   Verordnung über Gebrauchsgegenstände vom 1.3.1995

Grundsätze   Grundsätze der schweiz. Kommission für die Lauterkeit in der Werbung, Zürich 1996

GRUR   Gewerblicher Rechtsschutz und Urheberrecht, Berlin und Weinheim 1896 ff.

GRUR Int.   Gewerblicher Rechtsschutz und Urheberrecht, Internationaler Teil Weinheim 1952 ff.

IHK-Richtlinien   Internationale Richtlinien für die Werbepraxis der Internationalen Handelskammer, Paris 1973

IKS-Regulativ   Regulativ über die Ausführung der interkantonalen Vereinbarung über die Kontrolle der Heilmittel vom 25.5.1972

IPRG	BG über das Internationale Privatrecht vom 18.12.1987 (IPR-Gesetz)
KG	BG über Kartelle und andere Wettbewerbsbeschränkungen vom 6.10.1995 (Kartellgesetz)
lit.	litera
LMV	Lebensmittelverordnung vom 1.3.1995
MG	BG über das Messwesen vom 9.6.1977 (Messgesetz)
Mitt.	Schweizerische Mitteilungen über gewerblichen Rechtsschutz und Urheberrecht, Zürich 1949–1984
NR.	Nummer
OR	BG betreffend die Ergänzung des Schweizerischen Zivilgesetzbuches (Fünfter Teil: Obligationenrecht) vom 30.3.1911
PBV	V über die Bekanntgabe von Preisen vom 11.12.1978 (Preisbekanntgabeverordnung)
Praxis	Die Praxis des Bundesgerichts, Basel 1912 ff.
PVUe	Pariser Verbandsübereinkunft zum Schutze des gewerblichen Eigentums vom 20.3.1883
S.	Seite
SAG	Schweizerische Aktiengesellschaft, Zürich 1928–1972
Semjud	La Semaine judiciaire, Genf 1879 ff.
SJK	Schweizerische Juristische Kartothek, Genf 1941 ff.
SJZ	Schweizerische Juristenzeitung, Zürich 1904 ff.
SMI	Schweizerische Mitteilungen über Immaterialgüterrecht, Zürich 1985 ff.
StGB	Schweizerisches Strafgesetzbuch vom 21.12.1937
TabV	Verordnung über Tabak und Tabakerzeugnisse vom 1.3.1995 (Tabakverordnung)
TV	Deklarationsverordnung (Technische Vorschriften) vom 25.10.1972
u.	und
u.E.	unseres Erachtens

URG	BG über das Urheberrecht und verwandte Schutzrechte vom 9. 10. 1992 (Urheberrechtsgesetz)
UWG	BG gegen den unlauteren Wettbewerb vom 19. 12. 1986 (Wettbewerbsgesetz)
V	Verordnung
VEB	Verwaltungsentscheide der Bundesbehörden, Bern 1927–1963
VKK	Veröffentlichungen der schweizerischen Kartellkommission, Zürich 1966–1986
VPB	Verwaltungspraxis der Bundesbehörden, Bern 1964 ff.
z. B.	zum Beispiel
ZBJB	Zeitschrift des Bernischen Juristenvereins, Bern 1865 ff.
ZGB	Schweizerisches Zivilgesetzbuch vom 10. 12. 1907
ZR	Blätter für Zürcherische Rechtssprechung, Zürich 1902 ff.
Ziff.	Ziffer

Literaturübersicht

Es werden nur im regulären Buchhandel erhältliche Werke aufgeführt.

Allgemeines Lauterkeitsrecht

Baudenbacher, Carl, Suggestivwerbung und Lauterkeitsrecht, Zürich 1978.

Blum, Jörg, Der Schutz der Werbung vor Nachahmung, Bern 1987.

David, Lucas, Schweizerisches Werberecht, Zürich 1977, (2. Aufl. in Vorbereitung)

Friedrich, Peter, Aggressive Werbemethoden in der Schweiz und deren lauterkeitsrechliche Beurteilung, Zürich 1993.

Kummer, Max, Anwendungsbereich und Schutzgut der privatrechtlichen Rechtssätze gegen den unlauteren und gegen freiheitsbeschränkenden Wettbewerb, Bern 1960.

Marti, Hanspeter O., Die Werbeaussage und ihre Rechtsfolgen, Zürich 1981.

Martin-Achard, Edmond, La loi fédérale contre la concurrence déloyale du 19 déc. 1986, Lausanne 1988.

Mona, Marco, Grundfragen des Werberechtes, Winterthur 1972.

Müller, Jürg/Streuli-Youssef, Magda/Guyet, Jaques, Lauterkeitsrecht, SIWR V/1, Basel 1994.

Pedrazzini, Mario M., Unlauterer Wettbewerb, Bern 1992.

Thomann, Felix, Immaterialgüter- und Wettbewerbsrecht, Textausgabe, 2. Aufl., Zürich 1989.

Troller, Alois, Immaterialgüterrecht, 3. Aufl., Basel 1983.

Troller, Alois u. Patrick, Kurzlehrbuch des Immaterialgüterrechtes, 3. Aufl., Basel 1989.

Troller, Kamen, Manuel du droit suisse des biens immatériels, 2ᵉ éd., Basel 1996.

v. Büren, Bruno, Kommentar zum BG über den unlauteren Wettbewerb, Zürich 1957.

Wernli, Martin/Romy, Isabelle/Wollmann Gautier, Eve, UWG: Gesetz, Materialien, Rechtsprechung, Lausanne 1989.

Werbegewinnspiele

Klein, Christian, Die Ausnützung des Spieltriebes durch Veranstaltungen der Wirtschaftswerbung und ihre Zulässigkeit nach schweizerischem Recht, Zürich 1970.
Matti, Alfred, Lotterie- und Ausspielgeschäfte, SJK 631a, Genf 1943.

Vergleichende Werbung

Marti, Hanspeter O., Vergleichende Werbung, Zürich 1980.
Schmid, Hans-Georg, Die Bezugnahme in der Werbung nach dem UWG, Zürich 1988.
Schmid, Johann, Die vergleichende Reklame, Winterthur 1955.
Troxler, Heinrich, Kritische Würdigung der Rechtsprechung zur vergleichenden Werbung in der Schweiz und im Ausland, Diss. ZH 1970.
Wirth, Sibylle M., Vergleichende Werbung in der Schweiz, den USA und der EG, Zürich 1993.

AGB

Baudenbacher, Carl (Hrsg.), AGB – eine Zwischenbilanz, St. Gallen 1991.
Baudenbacher, Carl, Wirtschafts-, Schuld- und verfahrensrechtliche Grundprobleme der Allgemeinen Geschäftsbedingungen, Zürich 1983.
Sticher, Walter, Die Kontrolle Allgemeiner Geschäftsbedingungen als wettbewerbsrechtliches Problem, St. Gallen 1981.

Täuschung des Konsumenten

Schmid, Christian, Irreführende Werbung, Diss. Zürich 1976.
La concurrence parasitaire en droit comparé, Genève 1981.

Preisunterbietung

Gitbud, Leo, Die rechtliche Behandlung der Preisunterbietung nach dem Gesetz gegen den unlauteren Wettbewerb und der Kartellgesetzgebung in der Schweiz und in Deutschland, München 1974.
Jetzer, Rolf P., Lockvogelwerbung, Zürich 1979.
Sutter, Guido, Das Lockvogelangebot im UWG (Art. 3 lit. f), Bern 1993.

Wyler, Thomas, Werbung mit dem Preis als unlauterer Wettbewerb, Basel 1990.

Ausstattungen

David, Lucas, Ausstattungsschutz, Zürich 1989.
Golaz, Eric, L'imitation servile des produits et de leur présentation, Genève 1992.
Gubler, Andreas, Der Ausstattungsschutz nach UWG, Bern 1991.
Widmer, Jeannette Karin, Rechtsschutz von Produktausstattungen in Europa, Bern 1995.

Geschäftsgeheimnisse

Bindschedler, Georges, Der strafrechtliche Schutz wirtschaftlicher Geheimnisse, Bern 1981.
Schneider, Martin, Schutz des Unternehmensgeheimnisses vor unbefugter Verwertung, Bern 1989.
Treadwell, Robert, Der Schutz von Geschäfts- und Fabrikationsgeheimnissen im schweizerischen Wettbewerbsrecht, Winterthur 1956.
Zäch, Roger, Geheimnisschutz, Bern 1986.

Verleitung zur Vertragsverletzung

Héritier, Anne, Les pots-de-vin, Diss. GE 1981.
Zulliger, Felix, Eingriffe Dritter in Forderungsrechte, Zürich 1988.

Übernahme fremder Arbeitsergebnisse

Fiechter, Markus, Der Leistungsschutz nach Art. 5 lit. c, UWG, Bern 1992.

Wettbewerbsbeschränkungen

Zäch, Roger (Hrsg.), Das neue schweizerische Kartellgesetz, Zürich 1996.

Verzeichnis der Rechtsquellen

Allgemeines Lauterkeitsrecht

Bundesgesetz gegen den unlauteren Wettbewerb vom 19.12.1986 (UWG).

Änderung des Schweizerischen Zivilgesetzbuches (Persönlichkeitsschutz: Art. 28 ZGB und 49 OR) vom 16.12.1983.

Schweizerisches Strafgesetzbuch vom 21.12.1937 (StGB).

Internationale Richtlinien für die Werbepraxis, aufgestellt von der Internationalen Handelskammer in Paris, 5. Fassung 1973 (IHK-Richtlinien).

Grundsätze für die Praxis der Schweiz. Kommission für die Lauterkeit in der Werbung, Zürich 1996 (Grundsätze).

Werbegewinnspiele

Bundesgesetz betreffend die Lotterien und die gewerbsmässigen Wetten vom 8.6.1923 (LG).

Vollziehungsverordnung zum Bundesgesetz über die Lotterien und die gewerbsmässigen Wetten vom 27.5.1924 (LV).

Bundesgesetz über die Spielbanken vom 5.10.1929 (SBG).

Mengen- und Preisangaben

Bundesgesetz über das Messwesen vom 9.6.1977 (MG).

Verordnung über verbindliche Angaben im Handel und Verkehr mit messbaren Gütern (Deklarationsverordnung) vom 15.7.1970 (DV).

Deklarationsverordnung des EJPD (Technische Verordnung) vom 25.10.1972 (TV).

Verordnung über die Bekanntgabe von Preisen vom 11.12.1978 (Preisbekanntgabeverordnung, PBV).

Freiheitsbeschränkender Wettbewerb

Bundesgesetz über Kartelle und andere Wettbewerbsbeschränkungen (Kartellgesetz, KG) vom 6.10.1995.

Einzelne Branchen

Bundesgesetz über Lebensmittel und Gebrauchsgegenstände (Lebensmittelgesetz, LMG) vom 9. 10. 1992.

Lebensmittelverordnung (LMV) vom 1. 3. 1995.

Bundesgesetz über die gebrannten Wasser vom 21. 6. 1932 (Alkoholgesetz).

Interkantonale Vereinbarung über die Kontrolle der Heilmittel vom 3. 6. 1971 (Heilmittelvereinbarung).

Regulativ über die Ausführung der interkantonalen Vereinbarung über die Kontrolle der Heilmittel vom 25. 5. 1972 (IKS-Regulativ).

Bundesgesetz über den Verkehr mit Giften vom 21. 3. 1969 (Giftgesetz).

Vollziehungsverordnung zum Bundesgesetz über den Verkehr mit Giften vom 19. 9. 1983 (Giftverordnung).

Prozessuales

Bundesgesetz über das internationale Privatrecht (IPR-Gesetz) vom 18. 12. 1987.

Verordnung über die Streitwertgrenze in Verfahren des Konsumentenschutzes und unlauteren Wettbewerbes vom 14. 12. 1987.

Schweizerisches Zivilgesetzbuch (ZGB) vom 10. 12. 1907 (Art. 28 c–f).

Geschäftsreglement der Schweizerischen Kommission für die Lauterkeit in der Werbung (Lauterkeitskommission) vom 1. 5. 1995.

Bundesgesetz über das Verwaltungsstrafrecht (VStrR) vom 22. 3. 1974.

1. Einführung

1.1 Schutzobjekt des Wettbewerbsrechtes

Das Wettbewerbsrecht konzentrierte sich noch anfangs dieses **1**
Jahrhunderts auf den Schutz des Wettbewerbers vor unerlaubten Handlungen durch die Konkurrenz. Der Verbraucher hatte im Falle unlauteren Wettbewerbes überhaupt keine Ansprüche und der Konkurrent nur, wenn er in seiner Geschäftskundschaft beeinträchtigt oder in deren Besitz bedroht war (aufgehobener Art. 48 OR). Da aber viele Erscheinungsformen unlauteren Wettbewerbs nicht in das Persönlichkeitsrecht der Konkurrenten eingreifen, erwies sich diese Konzeption bald als zu eng. Das im Jahre 1943 beschlossene und auf den 1. März 1945 in Kraft getretene Bundesgesetz über den unlauteren Wettbewerb (altUWG) verpönte daher nicht mehr bloss die Schädigung des Konkurrenten, sondern allgemein den Missbrauch des freien Wettbewerbes. Schutzobjekt war somit der freie, lautere und ungehinderte Wettbewerb als Grundlage der liberalen Wirtschaftsverfassung. Dem Wettbewerber wurde als Opfer unlauterer Tätigkeiten seiner Konkurrenten ein privatrechtlicher Beseitigungs- und Schadenersatzanspruch gewährt (horizontaler Schutz). Aber auch dem Konsumenten standen unter dieser Konzeption Ansprüche zu, freilich nur, falls er geschädigt war (vertikaler Schutz). Obwohl dieses Klagerecht des Verbrauchers toter Buchstabe blieb, erachtete der Gesetzgeber die Situation lange Zeit nicht als verbesserungswürdig, da die vermehrten Klagemöglichkeiten der Wettbewerber als Reflexwirkung automatisch auch einen verbesserten Schutz der Konsumenten zur Folge hatten.

Erst mit der zunehmenden Mächtigkeit einzelner Grossverteiler zeig- **2**
ten sich Mängel an diesem erweiterten Konzept. Einmal waren viele Branchen nicht willens, Auswüchsen im Wettbewerb durch Klagen zu begegnen. Obwohl das Bundesgericht festgestellt hatte, dass das eigene lautere Verhalten nicht Vorbedingung für die Zulassung einer Wettbewerbsklage gegen den Konkurrenten sei, da sonst unter Umständen wettbewerbswidriges Verhalten überhaupt nie verurteilt werden könne (BGE 81/1955 II 71: Verbandwatte), zeigten viele Wettbewerber begreiflicherweise wenig Lust, unlauteres Verhalten, das sie zuweilen selbst praktizierten, vor Gericht zu bringen. Die Vielfalt des Auftretens am

Markt hat zur Folge, dass Werbe- und Vertriebsformen aufgekommen sind, welche der Gesetzgeber anfangs der 40er Jahre noch nicht gekannt hat. Aus den verschiedensten Gründen scheute sich die Praxis, diese neuen Praktiken aufgrund der Generalklausel des Wettbewerbsgesetzes zu beurteilen. Daher wurde der Ruf nach einer Ausweitung der Spezialtatbestände laut, namentlich beispielsweise im Hinblick auf die Lockvogelwerbung, den Leistungsschutz und der allgemeinen Geschäftsbedingungen. Es ergab sich nämlich, dass durch die Fixierung der Lauterkeit auf die Führung des Konkurrenzkampfes mittels der eigenen positiven Leistung (sogenannter Leistungswettbewerb) diese neuen Phänomene des Wettbewerbes (z. B. Preisdiskriminierung, Lockvogelpolitik usw.) sich der lauterkeitsrechtlichen Beurteilung entzogen. Zu Recht wurde daher gefordert, dass sich das lautere Handeln an der funktionalen Betrachtungsweise zu orientieren habe. Das bedeutet, dass die Scheidung des lauteren vom unlauteren Wettbewerb sich auf die Ergebnisse stützen muss, welche von einem System funktionierenden Wettbewerbs erwartet werden dürfen. Unlauter wäre demzufolge jene Handlung, durch welche der Wettbewerb als solcher gefährdet wird, oder welche von ihm erwartete Ergebnisse vereitelt. Parallel dazu zeigte sich das Bedürfnis, die Rechtfertigungsgründe im Kartellgesetz enger zu fassen. Dies führte zu Beginn der 80er Jahre zur praktisch gleichzeitigen Revision des 20jährigen Kartellgesetzes und des 40jährigen Wettbewerbsgesetzes. Bei beiden Revisionen wurde nicht nur der Freiraum des Wettbewerbsverhaltens eingeschränkt, sondern gleichzeitig auch der Einfluss des öffentlichen Rechts verstärkt.

3   So hat der Bundesrat am 13. Mai 1981 und am 18. Mai 1983 den Räten Botschaften zur Totalrevision des Gesetzes über Kartelle und ähnliche Organisationen, bzw. des Gesetzes gegen den unlauteren Wettbewerb unterbreitet (BBl 1981 III 1293, 1983 II 1009). Die Bundesversammlung verabschiedete die beiden Gesetze, nachdem einige bedeutungsvolle Streichungen und Ergänzungen angebracht worden waren, am 20. Dezember 1985 und am 18. Dezember 1986. Sie traten am 1. Juli 1986 und 1. März 1988 in Kraft. Mittlerweile musste das Kartellgesetz indessen bereits wieder revidiert werden, um wenigstens einigermassen mit den Entwicklungen in der Europäischen Union Schritt halten zu können (BBl 1995 I 468). Die Revisionsvorlage wurde am 6. Oktober 1995 vom Parlament verabschiedet und trat am 1. Juli 1996 in Kraft.

4   Der Zweckartikel des Gesetzes gegen den unlauteren Wettbewerb will dessen erweiterten Bereich deutlich machen. Es will nicht nur wie

das frühere den Missbrauch des wirtschaftlichen Wettbewerbes durch Mittel verhindern, die gegen die Grundsätze von Treu und Glauben verstossen, sondern generell den lauteren und unverfälschten Wettbewerb gewährleisten. Für den Richter bedeutet dies, dass er sowohl geschäftsmoralische wie auch ordnungspolitische Kriterien heranziehen kann, um lauteres von unlauterem Wettbewerbsverhalten zu scheiden. Auch der Kreis der Adressaten wird durch den Hinweis auf das «Interesse aller Beteiligten» erweitert, indem die Dreidimensionalität des Wettbewerbsrechtes – Gleichwertigkeit der Interessen von Wirtschaft, Konsumenten und Allgemeinheit – deutlich gemacht wird. Ein eigentliches Wettbewerbsverhältnis als Voraussetzung für die Legitimation zu jeglicher Wettbewerbsklage ist damit nicht mehr notwendig. Der Kreis der möglichen Urheber unlauteren Wettbewerbes soll vielmehr weit gezogen werden und wird namentlich auch Veranstalter von Warentests und Redaktoren von Massenmedien umfassen, welche mit wirtschaftlicher Kritik das Verhältnis zwischen Anbietern und Abnehmern zu beeinflussen versuchen.

Demgegenüber orientiert sich die Pariser Verbandsübereinkunft, **5** welche seit 1900 auch eine Klausel über unlauteren Wettbewerb enthält, noch am alten Modell des lauteren Wettbewerbes, der im Jahre 1925 dahingehend definiert worden ist, dass er jede Wettbewerbshandlung umfasst, die den «anständigen Gepflogenheiten in Gewerbe und Handel» zuwiderläuft (Art. 10bis Abs. 2 PVUe). Als typische Beispiele unlauteren Wettbewerbes wurden dabei genannt die Herbeiführung von Verwechslungen mit der Konkurrenz, die Herabsetzung der Tätigkeit eines Wettbewerbers und die Irreführung des Publikums über die Beschaffenheit, die Art der Herstellung, die wesentlichen Eigenschaften, die Brauchbarkeit oder die Menge der Waren (Art. 10bis Abs. 3 PVU).

Die Internationale Handelskammer in Paris versuchte, diese generelle Aufzählung zu konkretisieren. Sie erliess erstmals im Jahre 1937 **6** Verhaltensregeln für die Werbepraxis, die sukzessive revidiert wurden und gegenwärtig als «Internationale Richtlinien für die Werbepraxis» in der Fassung von 1973 vorliegen. In der Schweiz wurde 1966 ein nationaler Ausschuss zur Untersuchung und Beurteilung von Verstössen gegen diese Richtlinien eingesetzt, der heute unter dem Namen Schweizerische Kommission für die Lauterkeit in der Werbung (sogenannte Lauterkeitskommission, früher Überwachungskommission) eine recht ausgedehnte Selbstkontrolle der Werbung ausübt. Zur Anpassung der internationalen Richtlinien auf die schweizerischen Verhältnisse hat sie seit 1973 eine ganze Anzahl von Grundsätzen für die Praxis erlassen, welche als Wegleitung für lauteres Handeln zu verstehen sind. Es handelt sich dabei nicht um eine Sammlung von Branchenusanzen, sondern um eine ausgewogene Beurteilung, was vom Wettbewerb in der Schweiz zu erwarten ist. Die 1989 vollständig überarbeiteten Grundsätze der Lauterkeitskommission können daher zur Auslegung des Wettbewerbsgesetzes ohne weiteres beigezogen werden und vermögen so mitzuhelfen, den lauteren vom unlauteren Wettbewerb zu scheiden. Aus diesem Grunde wurden sie in den vorliegenden Leitfaden durchwegs eingearbeitet.

7   Erst in neuerer Zeit wird der Beitrag des Kartellgesetzes zum Funktionieren des Wettbewerbes voll gewürdigt. Noch in der Botschaft zum Kartellgesetz vom 18. September 1961 erwog der Bundesrat, das Gesetz über den unlauteren Wettbewerb schütze ein anderes Rechtsgut als das Kartellgesetz, räumte aber immerhin ein, dass jenes je nach den Umständen mit dem Kartellgesetz konkurrieren könne. Der Bezug des Kartellgesetzes zum Wettbewerbsgesetz wurde aber spätestens in den Rechtfertigungsgründen des Gesetzes aus dem Jahre 1985 deutlich, das eine Wettbewerbsbehinderung zur Gewährleistung des lauteren und unverfälschten Wettbewerbes zuliess (Art. 5 Abs. 2 lit. a altKG). Anlässlich der Revision des Kartellgesetzes in den Jahren 1981 bis 1985 konnten bei der Diskussion des wettbewerbspolitischen Konzeptes der schweizerischen Kartellordnung wertvolle Erkenntnisse für die Gestaltung des funktionalen Wettbewerbes im Rahmen der in den Jahren 1983 bis 1986 beratenen Revision der Wettbewerbsordnung gewonnen werden, so dass beide Gesetze in der gleichen Legislaturperiode verabschiedet werden konnten. Dies ermöglichte eine wirkungsvolle Gesamtkonzeption, die sich auch durch die seitherige, neuerliche Totalrevision des Kartellgesetzes kaum verändert hat. Die Hoffnung freilich, statt der drei Gesetze über die Kartelle, die Preisüberwachung und den unlauteren Wettbewerb ein einheitliches Marktgesetz zu erhalten, musste freilich politisch nicht realisierbare Illusion bleiben.

8   Einzelne Lücken, welche das abgerundete Bild des schweizerischen Wettbewerbskonzeptes noch schmälerten, sind mittlerweile geschlossen worden. Zwar nahm das revidierte Wettbewerbsgesetz die Bestimmungen voraus, die auf ein zu erlassendes Konsumkreditgesetz zugeschnitten waren. Dieses erlitt freilich ein erstes Mal Schiffbruch, doch wurde Schutz des Kleinkreditnehmers im Rahmen des unter dem Stichwort

Swisslex erlassenen Gesetzespaketes verbessert. Auch in bezug auf Haustürgeschäfte wurde die wettbewerbsrechtliche Regelung durch Ergänzung des Obligationenrechts komplettiert.

1.2 Natur des Wettbewerbsgesetzes und des Kartellgesetzes

Wettbewerbsgesetz und Kartellgesetz sollen den lauteren und 9 unverfälschten Wettbewerb gewährleisten und fördern. Das Kartellrecht findet Anwendung, wenn der Wettbewerb überhaupt zu verschwinden droht (zu wenig Wettbewerb), das Wettbewerbsrecht, wenn er überbordet (zu viel Wettbewerb). Das Kartellgesetz bezweckt somit die Sicherung von Freiheit und Funktionsfähigkeit des Wettbewerbes und will dessen Beeinträchtigung oder gar Beseitigung verhindern, während das Wettbewerbsgesetz dessen Rahmenbedingungen aufzeigt. Dieses schützt die Wettbewerbsfreiheit negativ durch Abwehr unlautcren Wettbewerbs, jenes positiv durch Gewährleistung des Wettbewerbs an sich. Das eine beschäftigt sich mit der Frage, ob es Wettbewerb geben, das andere mit der Anschlussfrage, wie er ausgeübt werden soll. Kartellrecht und Wettbewerbsrecht ergänzen sich daher gegenseitig, indem beide der Erhaltung und dem Funktionieren des Wettbewerbs dienen. Verschiedene Tatbestände könnten ebenso gut im Wettbewerbsrecht wie im Kartellrecht geregelt werden, so die Grenzen von Lockvogelangeboten, die Zulässigkeit von Preisdiskriminierungen und Koppelungsangeboten oder die Regelung der Nachfrage.

Das Gesetz gegen den unlauteren Wettbewerb und das Kartellgesetz 10 stellen Deliktsrecht dar, welches einzelne Sachverhalte als widerrechtlich verpönt. Es werden bestimmte Verhaltensweisen konkret oder generalisierend aufgezählt, welche der Gesetzgeber als unerwünscht wertet. Dadurch wird die in der Bundesverfassung verbriefte Handels- und Gewerbefreiheit zwar einerseits eingeschränkt, andererseits aber überhaupt erst verwirklicht. Denn was würde eine Wirtschaftsfreiheit nützen, die es dem einzelnen nicht erlaubte, sich wirtschaftlich zu entfalten und sich gegenüber der Konkurrenz zu behaupten? Die Gesetze gegen den unlauteren und gegen den freiheitsbeschränkenden Wettbewerb sind Ausfluss der sogenannten horizontalen Wirkung der Handels- und Gewerbefreiheit, indem diese nicht nur Wirkungen gegenüber dem Staat, sondern auch gegenüber dem Konkurrenten und Konsumenten entfaltet.

11   Sowohl das Gesetz gegen den unlauteren Wettbewerb als auch das Kartellgesetz gelten traditionellerweise als Teil des Privatrechts, als Spezialgesetze zu dem im Zivilgesetzbuch kodifizierten Persönlichkeitsrecht. Sowohl Lauterkeits- wie Kartellverstösse wurden denn auch früher aufgrund des Persönlichkeitsrechts verfolgt (vgl. noch BGE 86/1960 II 376: Vertglas). Beide Gesetze finden Anwendung auf Fälle des wirtschaftlichen Wettbewerbes, während das Persönlichkeitsrecht auch Verletzungen des Ansehens ausserhalb des wirtschaftlichen Konkurrenzkampfes verhindern will (ZR 85/1986 Nr. 40 E.3c: Partnervermittlung). Die Wettbewerbsgesetze werden auch deshalb dem Privatrecht zugeordnet, weil sie ursprünglich zur Regelung der Verhältnisse zwischen den Gewerbegenossen konzipiert worden sind und entsprechend den zivilrechtlichen Sanktionen (Feststellungsklage, Unterlassungsklage, Schadenersatzklage) grosses Gewicht beigemessen haben. Auch werden die strafrechtlichen Sanktionen nur auf Antrag des Geschädigten hin ausgesprochen, was die Zurückhaltung des Staates in der Anwendung des Wettbewerbsrechts unterstreichen soll.

12   Im Gesetz gegen den unlauteren Wettbewerb nahmen jedoch die verwaltungs- und strafrechtlichen Bestimmungen schon mit der Partialrevision des Jahres 1978 zu, und die Totalrevision des Jahres 1986 verdoppelte die wettbewerbsrechtlichen Straftatbestände. Auch im Kartellgesetz wurde der Einfluss der Wettbewerbskommission (früher Kartellkommission), einer Verwaltungsbehörde, verstärkt, und strafrechtliche Sanktionen wurden eingeführt. Beide Gesetze sind heute nur noch zum Teil privatrechtlicher Natur; das Gewicht der verwaltungs- und strafrechtlichen Teile dürfte mindestens ebenbürtig sein. Das zunehmende Interesse der Öffentlichkeit an der Lauterkeit des Wettbewerbes führt ebenfalls dazu, den öffentlich-rechtlichen Charakter einzelner Normen zu verstärken. So ist insbesondere das vom Richter der obsiegenden Partei zuerkannte Recht, ein Zivilurteil auf Kosten der unterliegenden Partei zu veröffentlichen (Art. 9 Abs. 2 UWG; Art. 9 Abs. 2 KG), eine öffentlich-rechtliche Norm. Ihr Sinn liegt darin, für die Presse eine Rechtspflicht zu begründen, gerichtlich genehmigte Texte, in welchen eine Wettbewerbsverletzung festgestellt wird, auf Ersuchen des Verletzten zu publizieren. Die Urteilspublikation schränkt die vom Privatrecht garantierte Vertragsfreiheit ein und statuiert, ähnlich wie

Art. 61 StGB (vgl. hiezu SIZ 41/1945 240 Nr. 108), eine Veröffentlichungspflicht der Presseunternehmungen (SMI 1987 114: Modell Tödi).

Ähnlich kann auch das Kartellrecht einen dem öffentlichen Recht 13 zuzuordnenden Kontrahierungszwang aussprechen, wenn feststeht, dass ein Anbieter nur aufgrund eines Kartellbeschlusses nicht mehr liefert (vgl. BGE 104/1978 II 215: Weissenburg).

1.3 Verhältnis des Wettbewerbsgesetzes zum Verwaltungsrecht und zum übrigen Zivilrecht

Parallel zur Ausweitung des Schutzbereiches des Wettbewerbs- 14 gesetzes verläuft eine immer weiter gehende Ergänzung durch verwaltungsrechtliche Spezialbestimmungen. Bereits im zivilrechtlichen Wettbewerbsgesetz finden sich verschiedene verwaltungsrechtliche Bestimmungen (namentlich über die Preisanschriftspflicht), die freilich besser in ein Gewerbepolizeigesetz verwiesen worden wären. Daneben gibt es eine Unzahl von eidgenössischen, kantonalen und kommunalen Polizeivorschriften, welche sich mit der Regelung von Werbung und Vertrieb befassen. Auch im Kartellrecht hat die verwaltungsrechtliche Aufsicht mehr und mehr an Bedeutung gewonnen. Dies ist aus der Machtlosigkeit der Verwaltungspolizei zu verstehen, gegen festgestellte Täuschungen und Irreführungen durch Anbieter oft nicht einschreiten zu können, da Wettbewerbsdelikte grundsätzlich Antragsdelikte sind.

Der Stellenwert des Verwaltungsrechtes kann nicht generell, sondern 15 nur von Fall zu Fall festgestellt werden. Dessen Verletzung kann, muss aber nicht unlauteren Wettbewerb darstellen. Das deutsche Recht arbeitet mit dem Begriff des «Vorsprungwettbewerbes», wonach unlauter handelt, wer sich durch Rechtsbruch einen Vorsprung gegenüber rechtstreuen Mitbewerbern verschafft. Diese Definition hilft aber oft nicht weiter, da der Begriff des Vorsprungs allzu unpräzis ist.

Wo sich die verwaltungsrechtlichen Vorschriften mit der Qualität 16 eines bestimmten Produktes befassen, insbesondere dort, wo für die Verwendung einer bestimmten Bezeichnung Mindestanforderungen festgelegt werden, stellt die Verletzung einer solchen Verwaltungsnorm in der Regel gleichzeitig auch eine unlautere Handlung dar, da das Publikum in seinen berechtigten Erwartungen getäuscht wird. Falls sich aber herausstellen sollte, dass das Publikum diese Verwaltungsnorm gar nicht kennt oder an deren Erfüllung keine besonderen Erwartungen knüpft (z. B. an das Vorhandensein der Warendeklaration), kann deren Übertretung auch nicht die Erwartungen des Konsumenten enttäuschen. Wettbewerbsrechtlich irrelevant sind somit Verwaltungsvorschriften, welche rein ordnungspolitischen Charakter haben, wie z. B. die Pflicht zur Angabe der Zutaten auf vorverpackten Lebensmitteln oder zur Einholung einer Bewilligung der Ortspolizeibehörde für den Verkauf auf Strassen und Plätzen. Die Verletzung solcher wertneutraler Vorschriften, die aus Gründen ordnender Zweckmässigkeit erlassen worden sind, ist durch Anzeige bei den zuständigen Behörden, nicht aber mittels wettbewerbsrechtlicher Klage zu rügen.

17   Ebenfalls haben die immaterialgüterrechtlichen Spezialgesetze Einfluss auf den Wettbewerb. Indem sie einzelne Schutzobjekte (Firma, Marke, Muster und Modell, Erfindung, Sorte, Kunstwerk) positiv umschreiben, wird zum Ausdruck gebracht, dass diese Objekte grundsätzlich nachgeahmt werden dürfen, insoweit sie nicht oder nicht mehr spezialrechtlich geschützt sind. Was spezialrechtlich erlaubt ist, kann auch wettbewerbsrechtlich nicht als Verstoss gegen Treu und Glauben gewürdigt werden (BGE 95/1969 II 198: Tobler-Mint), es wäre denn, es fielen noch weitere, spezialrechtlich irrelevante Umstände in Betracht. Wird festgestellt, dass die eingetragene Wortmarke eine ältere Bildmarke nicht verletzt, so kann trotzdem die benutzte Ausstattung mit der betreffenden Bildmarke verwechselbar sein. Andrerseits stellt ein Verstoss gegen ein immaterialgüterrechtliches Spezialgesetz in der Regel auch einen Tatbestand des unlauteren Wettbewerbs dar, da die Verletzung fremder Immaterialgüter Treu und Glauben widerspricht und das Verhältnis zwischen Mitbewerbern beeinflusst. In der Regel besteht jedoch kein Interesse, spezialrechtlich verpöntes Verhalten, z. B. Patent-, Marken- oder Urheberrechtsverletzungen, auch noch nach Wettbewerbsrecht zu beurteilen (BGE 87/1961 II 112: Narok), da spezialrechtliche Normen meist besseren Schutz bieten. Kommen solche aber aus besonderen Gründen einmal nicht zur Anwendung (z. B. wegen fehlender Spezialkompetenz des Gerichtes oder fehlender Aktivlegitimation des Klägers), steht einer generellen Beurteilung nach Wettbewerbsrecht nichts im Wege (vgl. Ziff. 2.2.3). Wettbewerbsrecht darf auch bedenkenlos dort herangezogen werden, wo es wegen seiner modernen Konzeption die besseren Sanktionen als die Spezialgesetze zur Verfügung stellt, beispielsweise hinsichtlich vorsorglicher Massnahmen oder der Gewinnherausgabe.

1.4 Sachlicher Geltungsbereich des Wettbewerbsgesetzes

Sowohl Wettbewerbsgesetz wie Kartellgesetz sollen als Teil des 18
Persönlichkeitsrechts die von diesem miterfasste Wirtschaftsfreiheit
schützen. Die Bestimmungen über den Schutz der Persönlichkeit
(Art. 27, 28 ZGB) bleiben daneben aber nach wie vor anwendbar, insbesondere dann, wenn die beiden Spezialgesetze nicht zum Zuge kommen, beispielsweise wenn es an einer wirtschaftlichen Betätigung gemäss Wettbewerbsgesetz oder an einem marktbeherrschenden Unternehmen gemäss Kartellgesetz fehlt (ZR 85/1986 Nr. 54 E.2: Rothschild).
Wo jedoch diese Gesetze ein bestimmtes Verhalten ausdrücklich oder
stillschweigend als zulässig erachten (z. B. die vergleichende Werbung
bei Einhaltung der wettbewerbsrechtlichen Rahmenbedingungen), geht
es nicht an, ein solches Verhalten aufgrund des Persönlichkeitsschutzes
zu untersagen.

Das Wettbewerbsgesetz findet nur auf Wettbewerbshandlungen An- 19
wendung, d. h. auf Handlungen, die den Erfolg gewinnstrebiger Unternehmen im Kampf um Abnehmer verbessern und deren Marktanteile
vergrössern sollen. Das Anstreben eines Reingewinns ist nicht unbedingt nötig, es genügt schon das Vorhandensein eines materiellen Ergeb-
nisses (SJZ 84/1988 66 Nr. 12: Radio DRS). Nur die im Rahmen einer
wirtschaftlichen Betätigung und im Hinblick auf einen Vorteil ausgeübte
Handlung ist Wettbewerbshandlung. Daher findet das Wettbewerbsrecht keine Anwendung auf Vereine mit ausschliesslich ideeller Zielset-
zung, beispielsweise bei ihrem Werben um Mitglieder, im politischen
Kampf bei Wahlen und Abstimmungen oder im sportlichen Kampf um
gute Leistungen und Ränge. Ebensowenig hat es Geltung in der wissenschaftlichen Forschung und der Publikation ihrer Ergebnisse, solange
diese im akademischen Rahmen erfolgten.

Doch beansprucht das Wettbewerbsgesetz nunmehr auch Geltung, 20
wenn sich Dritte in den wirtschaftlichen Wettbewerb einmischen, selbst
wenn sie in der betreffenden Branche nicht aktiv sind. Der Testveranstalter, der mit der Publikation seiner Warentests das Verhältnis zwischen Anbietern und Abnehmern, oder das Medienunternehmen, das
durch unrichtige Empfehlungen den Wettbewerb zwischen Mitbewerbern beeinflusst, unterstehen dem Wettbewerbsgesetz genauso, wie
wenn die entsprechenden Veröffentlichungen von Konkurrenten aus-
gingen. Einzig rein private, ohne Beziehung zu Berufs- oder Erwerbstä-
tigkeit erfolgende Äusserungen werden vom Wettbewerbsrecht nicht

erfasst. Ebenso sind Berufs- und Wirtschaftsverbände, selbst wenn sie sich in die Form eines ideellen Vereins oder eine Stiftung kleiden, dem Wettbewerbsgesetz unterstellt, wenn sie in den Wirtschaftskampf ihrer Mitglieder eingreifen. Insbesondere haben auch die Publikationen in ihren Verbandsorganen die Regeln des lauteren Wettbewerbs zu beachten. Zum Begriff des Wettbewerbsverhältnisses vergleiche hinten, Ziff. 12.1.1.

1.5   Örtlicher Geltungsbereich des Wettbewerbsrechtes: internationales Privatrecht

21   Aufgrund des Territorialprinzipes ist für Wettbewerbshandlungen jenes Recht anwendbar, auf dessen Gebiet sich die Wettbewerbshandlungen auswirken, selbst wenn sie andernorts veranlasst werden (Art. 2 Abs. 2 KG). Weder der Sitz oder die Nationalität des Verletzers noch des Verletzten ist hiefür relevant. Das Bundesgesetz über Internationales Privatrecht legt denn auch folgendes fest (Art. 136 IPRG):

> Ansprüche aus unlauterem Wettbewerb unterstehen dem Recht des Staates, auf dessen Markt die unlautere Handlung ihre Wirkung entfaltet.

> Richtet sich die Rechtsverletzung ausschliesslich gegen betriebliche Interessen des Geschädigten, so ist das Recht des Staates anzuwenden, in dem sich die betroffene Niederlassung befindet.

22   Ähnlich ist die Formulierung bezüglich der Anwendbarkeit des Kartellrechtes (Art. 137 IPRG):

> Ansprüche aus Wettbewerbsbehinderung unterstehen dem Recht des Staates, auf dessen Markt der Geschädigte von der Behinderung unmittelbar betroffen ist.

> Unterstehen Ansprüche aus Wettbewerbsbehinderung ausländischem Recht, so können in der Schweiz keine weitergehenden Ansprüche zugesprochen werden als nach schweizerischem Recht für eine unzulässige Wettbewerbsbehinderung zuzusprechen wären.

Diese Bestimmungen sind durch die allgemeinen Regeln über das 23
anwendbare Recht zu ergänzen (Art. 132 und 133 Abs. 3 IPRG), welche
sinngemäss wie folgt lauten:

> Die Parteien können nach Eintritt des schädigenden Ereignisses stets
> vereinbaren, dass das Recht am Gerichtsort anzuwenden ist.

> Wird durch eine unerlaubte Handlung (z. B. wegen unlauterem Wett-
> bewerb oder unzulässigem Kartellverhalten) ein zwischen Schädiger
> und Geschädigtem bestehendes Rechtsverhältnis verletzt, so unterste-
> hen Ansprüche aus solchen Handlungen in jedem Fall dem Recht, dem
> das vorbestehende Rechtsverhältnis unterstellt ist.

Völlig anders dagegen wird das anwendbare Recht bei Persön- 24
lichkeitsverletzungen bestimmt. Um eine Rechtsfortbildung zu ermöglichen, wird dem Verletzten ein dreifaches Wahlrecht eingeräumt
(Art. 139 IPRG):

> Ansprüche aus Verletzung der Persönlichkeit durch Medien, insbeson-
> dere durch Presse, Radio und Fernsehen, oder durch andere Informa-
> tionsmittel der Öffentlichkeit unterstehen nach Wahl des Geschädig-
> ten:
> a. dem Recht des Staates, in dem der Geschädigte seinen gewöhnli-
>   chen Aufenthalt hat, sofern der Schädiger mit dem Eintritt des
>   Erfolges in diesem Staat rechnen musste;
> b. dem Recht des Staates, in dem der Urheber der Verletzung seine
>   Niederlassung oder seinen gewöhnlichen Aufenthalt hat, oder
> c. dem Recht des Staates, in dem der Erfolg der verletzenden Hand-
>   lung eintritt, sofern der Schädiger mit dem Eintritt des Erfolges in
>   diesem Staat rechnen musste.

Da einzig der vorstehende Buchstabe c der wettbewerbsrechtlichen 25
Regelung entspricht, hat ein Geschädigter somit bei internationalen
Verhältnissen die Wahl, bei Herabsetzungen oder Anschwärzungen entweder aus Wettbewerbsrecht zu klagen und ein bestimmtes Recht zuge-
wiesen zu erhalten, oder nach Persönlichkeitsrecht vorzugehen und
unter verschiedenen Landesrechten wählen zu können.

Das anwendbare Recht hat keinen Einfluss auf den Gerichtsstand 26
(vgl. Ziff. 12.1.6). Im Gegensatz zu Ausländern (BGE 82/1956 II 164 =
GRUR Int. 1958 235: Bradburry) können Schweizer sehr wohl wegen
Wettbewerbsverstössen im Ausland vor ihrem schweizerischen Wohnsitzrichter in Anspruch genommen werden (ZBJV 95/1959 75: Compac-
tus), doch hat dieser dann freilich ausländisches Recht (und einzig, wenn

das Gericht hievon keine sichere Kenntnis hat, einheimisches Ersatz-recht) anzuwenden. Soll das Urteil jedoch später im Ausland vollstreckt werden, ist Voraussetzung hiefür, dass auch dort der Gerichtsstand des Wohnsitzes anerkannt wird.

27   Gerade weil anwendbares Recht und Gerichtsstand auseinander fallen können, wurde für das Kartellrecht eine Schranke gegen die unbesehene Anwendung ausländischen Rechtes in der Schweiz aufge-richtet (Art. 137 Abs. 2 IPRG). Da im Ausland dem Schadenersatz bei Kartellvergehen oft auch Strafcharakter zukommt (punitive dama-ges, treble damages), soll der schweizerische Verursacher davor ge-schützt werden, mehr zu bezahlen, als nach schweizerischem Recht üblich ist.

1.6   Grenzüberschreitende Werbung

28   Die heutigen Massenmedien neigen dazu, die Landesgrenzen zu überschreiten. Trotzdem sind Konflikte relativ selten, die dadurch ent-stehen, dass Werbung in hiesigen Zeitungen oder Sendeanstalten auch ins Ausland gelangt und dort möglicherweise Rechte Dritter oder ver-waltungsrechtliche Vorschriften verletzt. Generelle Regeln zur Lösung der dadurch entstehenden Konflikte lassen sich allerdings nicht aufstel-len. Vielmehr sind die Probleme durch Interessenabwägung zu lösen. Auf der einen Seite ist das Interesse des Werbetreibenden zu berück-sichtigen, die ihm zur Verfügung stehenden Werbemittel möglichst um-fassend einzusetzen und nicht auf Verhältnisse Rücksicht zu nehmen, die durch eine zufällige und nicht gewollte Verbreitung des von ihm gewähl-ten Mediums entstehen. Zum anderen ist aber auch an die Wettbewerber im Ausland zu denken, welche sich an die dort geltenden Vorschriften halten müssen und welche schlechter gestellt wären, wenn ein Fremder auf diese Vorschriften keine Rücksichten zu nehmen hätte. Schliesslich ist aber auch das Interesse des Adressaten in Betracht zu ziehen, der sich unter Umständen mit einem Werbeträger gerade deshalb befasst, weil er hofft, darin einen repräsentativen Querschnitt der werbetreibenden Branche eines bestimmten ausländischen Landes zu finden. Von Bedeu-tung sind namentlich die Sprache, die anvisierten Bevölkerungskreise und der Verbreitungsgrad eines Werbeträgers. So werden Massenillu-strierte, welche sich an ein internationales Publikum richten, den Ver-

hältnissen in allen Ländern gleicher Sprache gerecht werden müssen, während eine italienische Fachzeitschrift wohl kaum auf hiesige Verhältnisse Rücksicht nehmen muss, selbst wenn einzelne Exemplare regelmässig hierher gelangen.

Die Lauterkeitskommission, die nur ihre eigenen, auf die schweizerischen Verhältnisse zugeschnittenen Grundsätze anwendet, hat sich ebenfalls mit dem Phänomen der grenzüberschreitenden Werbung befasst, dabei aber in erster Linie ihre eigene Zuständigkeit definiert. Sinngemäss verlangt sie, dass sich ausländische Werbung dann den schweizerischen Normen unterwerfen müsse, wenn sie sich an das Schweizer Publikum richtet oder die Wettbewerbsstellung schweizerischer Unternehmer im Inland gefährdet. Grundsatz Nr. 1.5 lautet:

> Die Schweizerische Kommission für die Lauterkeit in der Werbung ist zuständig für die Beurteilung und Ahndung von Werbemassnahmen, die auf dem Schweizer Markt entweder die Wettbewerbsstellung eines Konkurrenten beeinträchtigen oder sich an das Schweizer Publikum richten.
>
> Bei der Beurteilung von Werbemitteln für Erzeugnisse, die in der Schweiz nicht erhältlich sind, jedoch bezwecken, die Schweizer Kundschaft ins Ausland zu locken, sowie in jenen Fällen, in denen die Zuständigkeit der Kommission nicht gegeben ist, behält sich diese die Überweisung allfälliger Beschwerden an das zuständige nationale Selbstkontrollorgan ausdrücklich vor.
>
> Von der Beurteilung und Ahndung der Überwachungskommission ausgenommen sind:
> 1. Werbemittel, die in der Schweiz konzipiert und produziert, aber nicht gestreut werden. Die Kommission ist berechtigt, für das zuständige nationale Selbstkontrollorgan zu handeln.
> 2. Werbemittel, die vor allem im Grenzverkehr vereinzelt in der Schweiz gestreut werden, während die damit beworbenen Marktleistungen daselbst im Handel nicht erhältlich sind.

Das Bundesgericht hatte sich zweimal mit westdeutschen Zeitschriften zu befassen, die auch in die Schweiz gelesen werden. So stellte es fest, dass auch durch Artikel in der deutschen Zeitschrift «Ölfeuertechnik» in der Schweiz unlauterer Wettbewerb begangen werden könne, da diese Zeitschrift auch in der Schweiz geliefert werde und hier bekannt sei (BGE 87/1961 II 115: Oil-Therm contra Örtli). Auch hiess es eine Klage gegen einen deutschen Inserenten gut, welcher der Allgemeinen Papier-Rundschau, Frankfurt, ein Flugblatt beilegen liess, das zu einer Ver- **29** wechslung mit einer schweizerischen Marke eines schweizerischen Konkurrenten Anlass gab (BGE 92/1966 II 265: Sihl/Silbond). Da die Allgemeine Papier-Rundschau nur in ca. 300 Exemplaren in die Schweiz gelangte und hier als deutsche Fachzeitschrift bekannt war, wurde das Urteil zu Recht stark kritisiert (vgl. SJZ 63/1967 145 und ZBJV 104/1968 123). Andererseits wurde die Werbung in der Schweiz für einen in Frankreich stattfindenden Sonderverkauf trotz Fehlens einer hiesigen Bewilligung als zulässig betrachtet (SMI 1986 344: Vente à Morteau).

30   Umgekehrt wurden aber auch in Deutschland schweizerische Inserenten ins Recht gezogen, welche in der Neuen Zürcher Zeitung und der Weltwoche (GRUR 1953 396: NZZ) oder in einer deutschsprachigen schweizerischen Frauenzeitschrift (GRUR 1971 153) inserierten, da diese Presseerzeugnisse in regelmässigem Geschäftsverkehr in der Bundesrepublik vertrieben würden.

2. Sittenwidriger Wettbewerb (Generalklausel)

2.1 Allgemeines

Das schweizerische «Bundesgesetz gegen den unlauteren Wett- **51**
bewerb» umfasst wie viele seiner ausländischen Vorbilder eine Generalklausel und verschiedene Spezialtatbestände. Es besteht deshalb die
Neigung, unlauteres Marktverhalten vorab nach den Spezialtatbeständen zu beurteilen und die Generalklausel zu vernachlässigen. Diese
Tendenz ist zu bedauern, da sie der Gesetzesinflation Vorschub leistet.

Im Gesetz ist die Generalklausel wie folgt verdeutlicht worden (Art. 2 **52**
UWG):

> Unlauter und widerrechtlich ist jedes täuschende oder in anderer Weise
> gegen den Grundsatz von Treu und Glauben verstossende Verhalten
> oder Geschäftsgebaren, welches das Verhältnis zwischen Mitbewer-
> bern oder zwischen Anbietern und Abnehmern beeinflusst.

Sie ist im Zusammenhang mit dem Zweckartikel (Art. 1 UWG) zu **53**
lesen, der wie folgt lautet:

> Dieses Gesetz bezweckt, den lauteren und unverfälschten Wettbewerb
> im Interesse aller Beteiligten zu gewährleisten.

Urteile, die sich einzig auf die Generalklausel stützen, sind im Ver- **54**
gleich zu den zahlreichen Entscheiden, welche die Spezialtatbestände
anwenden, selten. Nichtsdestoweniger wurde in jüngster Zeit die Wichtigkeit der Generalklausel wieder vermehrt betont, und ihre Tragweite
ist denn auch nach wie vor bedeutend.

Im Lauterkeitsrecht bildet der Verstoss gegen die Grundsätze von **55**
Treu und Glauben nach wie vor die zentrale Definition des unlauteren
Wettbewerbs. Diese Definition wird im Titel dieses Abschnittes etwas
ungenau, jedoch der deutschen Terminologie entsprechend, mit «sitten-
widriger Wettbewerb» wiedergegeben. Als wichtigster Anwendungsfall
eines Verstosses gegen Treu und Glauben erwähnt die Generalklausel
die Täuschung. Die von den Wettbewerbsteilnehmern Angesprochenen
sollen in ihren berechtigten Erwartungen, in ihrem Vertrauen in das
rechtliche Verhalten des anderen, nicht enttäuscht werden. Dies gilt

nicht nur gegenüber potentiellen Abnehmern, sondern auch gegenüber Lieferanten und Konkurrenten.

56   Freilich genügt auch im Wettbewerbsrecht nicht jegliche Täuschung, um ein Verhalten als unlauter erscheinen zu lassen. So wie im Zivilrecht ein Motivirrtum nicht als wesentlich erscheint (Art. 24 Ziff. 4 OR), so ist auch im Wettbewerbsrecht erst eine Täuschung über wesentliche Umstände widerrechtlich. Der Grossist, der eine Ware mit dem Hinweis kauft, er könne sie in den Ostblock weiterverkaufen, sie aber in der Folge auf dem inländischen Markt absetzt, täuscht zwar den Lieferanten über sein Kaufmotiv, begeht jedoch noch keinen unlauteren Wettbewerb. Art. 2 UWG will die obligationenrechtliche Regelung der Behandlung von Willensmängeln nicht ändern oder verschärfen, sondern lediglich ergänzen.

57   Treu und Glauben im Geschäftsverkehr verlangen überdies, dass die Gebote der beruflichen Korrektheit eingehalten und eine angemessene Rücksicht auf die schwächeren Wettbewerbsteilnehmer genommen wird. Wettbewerb darf nicht schrankenlos erfolgen, da sonst die Vielfalt des Angebotes darunter leiden müsste, womit sich der Wettbewerb schliesslich selbst zerstören würde. Die den einzelnen Unternehmen zugestandene Wirtschaftsfreiheit darf nur insoweit ausgeübt werden, als dadurch die Konkurrenz nicht in ihrem Bestand gefährdet und der erwünschte pluralistische Markt vereitelt wird. Wie im Zivilrecht (Art. 2 ZGB) verpönt der Grundsatz von Treu und Glauben auch im Wettbewerbsrecht jeglichen Rechtsmissbrauch, hier insbesondere auch im Hinblick auf die Funktionsregeln des Wettbewerbs.

58   Zur Scheidung des lauteren vom unlauteren Wettbewerb stellt das Gesetz den Grundsatz auf, dass jedes Verhalten oder Geschäftsgebaren unlauter und widerrechtlich sein soll, das täuscht oder in anderer Weise gegen den Grundsatz von Treu und Glauben verstösst und damit das Verhältnis zwischen Mitbewerbern oder zwischen Anbietern und Abnehmern beeinflusst (Art. 2 UWG). Der Rechtsbegriff «Treu und Glauben» erfasst sowohl Verletzungen der Geschäftsmoral als auch solche von Funktionsregeln des Wettbewerbes. Die Beteiligten am Wettbewerb haben sich so zu verhalten, dass die vom Wettbewerb erwarteten Ergebnisse verwirklicht werden können. Unlauter ist demzufolge auch jenes Wettbewerbsverhalten, das den Wettbewerb als solchen gefährdet oder die erwarteten Wettbewerbsergebnisse vereitelt (anders noch BGE 107/1981 II 1287 = GRUR 1982 467: Denner Preisaktionen).

Zur gesetzeskonformen Auslegung der Generalklausel ist es uner- 59
lässlich, dem Richter wie den Gewerbetreibenden einzelne Richtlinien
zu geben, an denen das Verhalten der Wettbewerbsteilnehmer gemessen
wird. Das tägliche Leben kennt etwa die folgenden Grundprinzipien:

a) Leistungswettbewerb
Der Konkurrenzkampf soll mit der eigenen, positiven Leistung
geführt werden. Unlauter sind daher die Anschwärzung und Behinderung der Konkurrenz sowie die Ausbeutung fremder Leistung in
allen ihren vielen verschiedenen Erscheinungsformen (anlehnende
Werbung, Verursachen von Verwechslungsgefahr, direkte Leistungsübernahme, Verletzung von fremdem geistigem Eigentum
und Geschäftsgeheimnissen).

b) Wahrheit und Klarheit im Auftreten am Markt
Nicht nur sind die eigenen Absichten offenzulegen (Erkennbarkeit
der Werbung), sondern es sind auch die bei den Käufern erweckten
Erwartungen zu erfüllen. Daraus resultieren die Verbote von
Schleichwerbung, Täuschung und Irreführung der Konsumenten
sowie die Gebote zur sachlichen Werbung und zur Deklaration von
Preisen und Qualität.

c) Achtung der Persönlichkeit des Abnehmers
Der Käufer soll weder gebeutelt noch belästigt werden. Verboten
sind daher aggressive Werbe- und Vertriebsmethoden, die Verwendung missbräuchlicher Geschäftsbedingungen, die Ausnützung des
Spieltriebes oder die Verleitung zu überstürzten Hamsterkäufen
mittels Werbung mit Angst.

d) Wahrung der Interessen der Allgemeinheit
Die Öffentlichkeit ist an einer guten Versorgung interessiert, gekennzeichnet durch zahlreiche Verkaufspunkte und ein vielfältiges
Angebot. Unlauter ist daher jenes Geschäftsgebaren, welches der
Funktion des Wettbewerbs zuwiderläuft, indem es über kurz oder
lang zu einer spürbaren Verringerung der Zahl der Anbieter oder
der von ihnen angebotenen Waren führt. Entsprechend verboten
sind das Kleingewerbe ruinierende Lockvogelaktionen und Preisdiskriminierungen.

Das Verhältnis zwischen Generalklausel und Spezialtatbeständen 60
kann nicht generell definiert werden. Einzelne Spezialtatbestände sind
derart genau präzisiert worden, dass sie gleichzeitig die Grenzen des
unlauteren Verhaltens aufzeigen, so dass das nicht vom Spezialtatbestand erfasste Verhalten als lauter zu gelten hat. Andere Spezialtatbestände stellen sozusagen nur die Spitze eines Eisbergs dar, weshalb auch
ähnliche, nicht alle Merkmale des Spezialtatbestandes erfüllende Ver-

haltensweisen als unlauter zu betrachten sind. Als Regel darf gelten, dass relativ allgemein gefasste Spezialtatbestände (z. B. das Verbot besonders aggressiver Vertriebsmethoden) durch die Generalklausel zu ergänzen sind, während sehr konkret ausgestaltete Spezialtatbestände (z. B. das Lockvogelverbot) den Sachverhalt abschliessend regeln. Das Verhältnis von Generalklausel zu Spezialtatbeständen ist daher von Fall zu Fall unter Einbezug der Gesetzesmaterialien abzuwägen. Wegen der verdoppelten Zahl der Spezialtatbestände dürfte in den ersten Jahren der Anwendbarkeit des revidierten Gesetzes die Bedeutung der Generalklausel abnehmen; doch ist damit zu rechnen, dass alsbald neue, heute noch unbekannte Praktiken der Generalklausel neue Anwendungsbereiche erschliessen.

61   Im Laufe der Jahrzehnte haben sich einzelne Fallgruppen zur Generalklausel herausgeschält, welche im folgenden näher zu kommentieren sind.

2.2   Unkorrektes Verhalten gegenüber Mitbewerbern

2.2.1   *Hinterlist*

62   Die listige Ausnützung von Unwahrheiten zur Erzielung eines Wettbewerbsvorteils bildet einen typischen Anwendungsfall täuschenden Verhaltens gemäss Generalklausel. Die Häufung von Unkorrektheiten, welche jede für sich allein noch nicht unlauter zu sein braucht, kann durchaus ein unlauteres Gesamtbild entstehen lassen. Die Unlauterkeit liegt dabei im quantitativen Aufwand, mit welchem versucht wird, Konkurrenten oder Konsumenten übers Ohr zu hauen. Das Bundesgericht umschreibt ein solches Verhalten als arglistiges oder sonstwie unkorrektes Vorgehen (procédés astucieux ou incorrects; BGE 105/1979 11 301: Monsieur Pierre).

63   Wer beispielsweise Waren unter Angabe unrichtiger Motive zu kaufen versucht, begeht zwar keinen unlauteren Wettbewerb. Wenn sich aber daran eine weitere Unkorrektheit anschliesst (z. B. Kopierung), kann das Gesamtbild unlauter werden. Wer Gegenstände nachahmt (was für sich allein nicht unlauter zu sein braucht), welche er durch Täuschung des Lieferanten oder durch Bruch einer ausdrücklichen oder

stillschweigenden Geheimhaltungspflicht erhalten hat, begeht insgesamt unlauteren Wettbewerb. Ein unlauteres Gesamtbild kann sich auch bei der an und für sich erlaubten Konkurrenzierung des früheren Arbeitgebers ergeben. Wird dieser unter unrichtigen Angaben über den Kündigungsgrund sowie unter Mitnahme von Unterlagen wie Kundenlisten, Konstruktionszeichnungen, Kalkulationstabellen etc. verlassen, und werden auch noch Kataloge und Werbemittel nachgeahmt, so erscheint die so aufgebaute Konkurrenz als unlauter und widerrechtlich. Allein schon die systematische Bearbeitung von Kunden eines Mitbewerbers aufgrund einer unrechtmässig erlangten Kundenliste oder das Fortsetzen von Verhandlungen, die am alten Arbeitsort angebahnt wurden, vom neuen Arbeitsort aus widerspricht Treu und Glauben. Unlauter waren etwa:

> die Nachahmung einer Maschine durch einen Unternehmer, der für den Besteller einen Prototyp anfertigte (BGE 77/1951 II 263: Strassenhobel),

> das Nachahmen von Kleiderstoffen, die zur Bemusterung verlangt, aber zur Kopierung verwendet wurden (BGE 90/1964 II 56: Kleiderstoffe, zustimmend BGE 113/1987 II 322: Metallgestelle),

> die Nachahmung von Uhrenetuis, wenn sie unter schmarotzerischer Leistungsübernahme erfolgte (SIZ 65/1969 297 Nr. 144).

2.2.2   *Systematisches und raffiniertes Vorgehen*

Keine Nachahmungserlaubnis besteht, wenn der Nachahmer in   **64** systematischer oder raffinierter Weise versucht, aus dem guten Ruf seines Konkurrenten Nutzen zu ziehen. Noch im Jahre 1969 hat das Bundesgericht die Frage offen gelassen, ob die systematische Nachahmung zu verurteilen sei (BGE 95/1969 II 199: Tobler Mint, 469: Parisiennes, kritisiert von Kummer in ZBJV 107/1971 228). Mittlerweile hat es aber die Unlauterkeit einer systematischen Häufung raffinierter Nachahmungen von Produkten der Konkurrenz grundsätzlich bejaht, aber vorerst noch keinen Anwendungsfall gefunden (BGE 104/1978 II 334: Bata-Stiefel, 105/1979 II 301: Monsieur Pierre; Mitt. 1980 158: Tank L.C. Cartier; BGE 108/1982 II 75: Rubik's Cube, 332: Lego III). Im Jahre 1987 verurteilte es jedoch die systematische Kopierung eines Möbelprogramms, bestehend aus sieben Stühlen, Polstersesseln und Sofas, als unlauter, zumal der Nachahmer seine Möbel ausdrücklich als Kopien bezeichnet hatte (BGE 113/1987 II 202: Möbel Le Corbusier). Auch das Obergericht des Kantons Zürich verurteilte bereits 1984 das unbefugte Nachdrucken von urheberrechtlich nicht geschützten Texten wegen des quantitativen Ausmasses als systematische Nachahmung (ZR 83/1984 Nr. 106 E. 5 b: Briefe an das Personal).

65   Die Systematik eines Vorgehens wird gewöhnlich darin gesehen, dass eine Vielzahl von Modellen, eine ganze Serie von Produkten oder eine Reihe von Einzelheiten kopiert wird, wodurch bei einer mosaikartigen Gesamtbetrachtung eine Verwechslungsgefahr entsteht, welcher der Nachahmer nicht vorbeugt (BGE 108 1992 II 333: Lego III). Die Unlauterkeit beruht damit auf einem rein quantitativen Element, dessen untere Grenze leider nur schwer auszumachen ist. Erstaunlicherweise sieht das Bundesgericht einen Unterschied, je nachdem, ob der Nachahmer bei einem einzigen Konkurrenten oder bei einer Mehrzahl Anleihen gemacht hat. Im letzteren Fall erachtet es nämlich eine wiederholte Nachahmung als erlaubt (BGE 95/1969 II 199: Tobler Mint), während sie im ersten Fall als unzulässig erkannt wird. Dieser Unterschied scheint nicht gerechtfertigt, denn unlauter ist jedes ständige Schmarotzen, unabhängig davon, ob die Leistung von einem einzelnen oder von verschiedenen übernommen wird.

66   Die deutsche Praxis nimmt systematisches Vorgehen aber auch dann an, wenn nicht nur das Produkt, sondern auch die Werbeanstrengungen hiefür (Ausstattung, Reklame auf Produkten Dritter, Zugaben usw.) kopiert werden (GRUR 1965 602: Sinalco). Entsprechend könnte eine systematische Nachahmung auch darin liegen, dass nicht nur die Abmessungen und Materialien eines bestimmten Produktes, sondern auch dessen Farben, Verzierungen, Verpackungen und Werbematerial kopiert werden. So hat das Bundesgericht einen Fabrikanten gerügt, weil dieser nicht nur eine naheliegende Etikettendarstellung, sondern auch die gängige Form und Grösse von Dosen übernommen hatte (BGE 103/1977 II 216: Choco-Dragées). Die Kumulation verschiedener Nachahmungen, die jede für sich allein zulässig ist, vermag durchaus ein unlauteres Gesamtbild zu ergeben.

2.2.3   Sklavische Nachahmung

67   Die sklavische Nachahmung von Warenformen ist vor allem dann unlauter, wenn diese Kennzeichnungskraft für den Hersteller er-

langt haben. Da das schweizerische Recht Formmarken und dreidimensionale Marken (marques plastiques) gegenwärtig noch nicht zum formellen Markenschutz zulässt, ist der Kennzeichnungscharakter einer Warenform aufgrund der gesamten Umstände zu untersuchen. Hiezu gehören insbesondere die Originalität der Warenform, die Dauer und der Umfang ihres Gebrauches sowie die Art der hiefür betriebenen Werbung. Ist die nachgemachte Warenform kennzeichnungskräftig, ist deren Nachbildung wegen der damit eintretenden Verwechselbarkeit schon gemäss Art. 3 lit. d UWG unlauter (vgl. Ziff. 4.2).

Die Nachahmung einer nicht-kennzeichnungskräftigen Gestaltung **68** ist namentlich dann unlauter, wenn ohne Änderung der technischen Konstruktion und ohne Beeinträchtigung des Gebrauchszweckes eine andere Gestaltung möglich und auch zumutbar wäre, aber vorsätzlich oder fahrlässig unterlassen wurde (BGE 93/1967 II 272: Kuttelreinigungsmaschine, 116/1990 II 369: Nivea-Flaschen). Ein Abweichen von einer technischen Konstruktion des Originals ist indessen nur dann sinnvoll, wenn es von der Käuferschaft überhaupt bemerkt wird. Sind nur Änderungen in Einzelheiten möglich und haben diese auf den Gesamteindruck keinen Einfluss, so brauchen sie nicht verändert zu werden (BGE 79/1953 II 316: Schnurschalter, ZR 64/1965 Nr. 149: Melitta-Filter). Selbst wenn technische Konstruktionen Auswirkungen auf das Aussehen einer Ware haben und ihr ein besonderes Gepräge geben, dürfen sie nachgeahmt werden, jedoch soll in solchen Fällen zur besseren Unterscheidung wenigstens eine angemessene Kennzeichnung durch eine nach Wortlaut und Farbe deutlich verschiedene Marke erfolgen (BGE 84/1958 II 579 = GRUR Int. 1959, 651: Cosy IXO), oder es ist auf andere Weise die Unterscheidbarkeit zu fördern (BGE 108/1982 II 327: Lego III).

Keine Erlaubnis zur Kopierung besteht, wenn der Nachahmer durch **69** unkorrektes oder hinterlistiges Verhalten an die nachgeahmten Gegenstände gekommen ist oder er in systematischer und raffinierter Weise versucht, Nutzen aus dem guten Ruf seines Konkurrenten zu ziehen (vgl. Ziff. 2.2.1)

2.2.4   *Verletzung von Schutzrechten*

Die Verletzung von gesetzlich geschützten Rechten (Marken, **70** Patenten, Pflanzensorten, Mustern und Modellen, Werken der Literatur und Kunst) ist nicht nur nach den entsprechenden Spezialgesetzen verpönt, sondern bildet gleichzeitig auch unlauteren Wettbewerb. Für Marken, welche typische Kennzeichnungsgüter darstellen, ergibt sich dies direkt aus Art. 3 lit. d UWG (vgl. Ziff. 4.2).

71   Der spezialgesetzliche Schutz steht einzig dem Schutzrechtsinhaber zu, bei Werken der Literatur und Kunst dem Urheber oder dessen Rechtsnachfolger, insbesondere dem Verleger. Diese sind denn auch in erster Linie berufen, allfällige Verletzungen wahrzunehmen. Jedoch sind nicht nur sie allein daran interessiert, Verletzungen von Schutzrechten gerichtlich zu unterbinden, sondern ein solches Interesse kommt allen denjenigen zu, welche von diesem Schutzrecht in befugter Weise Gebrauch machen, d. h. insbesondere auch den Lizenznehmern. Diese sind freilich praxisgemäss nicht ermächtigt, sich gegenüber Dritten auf das ihnen ausschliesslich oder nicht-ausschliesslich eingeräumte Schutzrecht zu berufen, noch kann ihnen ein solches Recht vertraglich verschafft werden. Indessen besteht kein Grund, ihnen ein Vorgehen nach Wettbewerbsrecht vorzuenthalten. Denn die flagrante Verletzung fremder Schutzrechte ist ein Verhalten, das krass gegen den Grundsatz von Treu und Glauben verstösst. Da es den Lizenznehmer in seiner Kundschaft bedroht, kann er den wettbewerbsrechtlichen Schutz gegen diese schmarotzerische Konkurrenz in Anspruch nehmen. Das Gesetz gegen den unlauteren Wettbewerb ist daher geeignet, den in seinen wirtschaftlichen Interessen bedrohten Lizenznehmer wirksam zu schützen, der sich wegen fehlender Schutzrechtsinhaberschaft nicht auf ein Spezialgesetz des gewerblichen Rechtschutzes berufen kann.

2.2.5 *Vertragsumgehungen*

72   Nach schweizerischem Recht wirkt ein Vertrag nur unter den Vertragsparteien. Eine am Vertrag nicht beteiligte Partei kann ihn nicht verletzen. Nicht einmal die Verleitung zu Vertragsbruch ist für sich allein in der Regel widerrechtlich. Die Ausnützung fremden Vertragsbruchs ist jedoch dann unzulässig, wenn sie unter besonders gravierenden Umständen erfolgt, die sie namentlich in Ansehung des damit verfolgten Zweckes oder der angewandten Mittel (wie z. B. Schädigungsabsicht aus blosser Rachsucht oder arglistige Täuschung des Lieferanten etc.) als gegen die Grundsätze von Treu und Glauben verstossend erscheinen lassen (BGE 52/1926 II 381: Zigarettenindustrie, 57/1931 II 339: Bäckermeister). Wer daher den schweizerischen Alleinvertreter umgeht,

indem er gelegentlich von vertragsbrüchigen ausländischen Grossisten direkt importiert, handelt noch nicht unlauter.

Auch das Markenrecht war bisher nicht geeignet, unerwünschte Parallelimporte zu verhindern und ungenügende vertragliche Bindungen mit Wiederverkäufern zu stärken (BGE 84/1958 IV 124: Saba, 86/1960 II 284 = GRUR Int. 1961 294: Philips ZR). Bezüglich Presseerzeugnissen und anderen urheberrechtlich geschützten Werken hat das Urheberrechtsgesetz früher sogar ausdrücklich festgehalten, dass das Inverkehrbringen rechtmässig hergestellter Exemplare nicht widerrechtlich sein könne, selbst wenn es entgegen einer territorialen Einschränkung des Absatzgebietes erfolge (Art. 58 altURG). Der EWR hätte demgegenüber eine EG-weite Erschöpfung gebracht, doch ist seit dessen Ablehnung umstritten, ob die Erschöpfung national oder international gelten soll (vgl. ZR 93/1994 Nr. 78 = SMI 1995 107: Timberland, Head, SMI 1995 126: Nikon, 1995 133: Pentax). **73**

Nicht einmal die Tarnung des erfolgten Vertragsbruches durch Entfernen der Fabrikationsnummern ist bisher als unlauter betrachtet worden (BGE 86/1960 II 114: Eschenmoser). Doch dürfen Waren mit ausgefrästen Fabrikationsnummern nicht mehr als fabrikneu und zum vollen Preis angeboten werden (SJZ 53/1957 367: Omega). Zudem kann das Entfernen von Fabriknummern unter Umständen als Urkundenunterdrückung im Sinne von Art. 254 StGB geahndet werden (ZR 54/1955 Nr. 52: Motornummern, BJM 1969 130: Radioapparate). **74**

Nach der bisherigen Rechtsprechung des Bundesgerichtes pflegte eine Markenverletzung dann vorzuliegen, wenn Waren, die in der Schweiz hergestellt und hier mit einer Fabrikmarke versehen worden waren, durch Importe von Markenwaren einer ausländischen Konzernfabrik konkurrenziert wurden (BGE 78/1952 II 172: Lux, 105/1979 II 52 = GRUR Int. 1979 569: Omo). Demgegenüber lässt die Rechtsprechung der Europäischen Union Parallelimporte aus den Staaten der Gemeinschaft zu, nicht aber aus Ländern ausserhalb der EU. **75**

Preisbindungen finden sich zwar nur noch in vereinzelten Branchen wie im Buchhandel und im Apothekergewerbe. Doch dürfen auch preisgebundene Waren von Dritten, die sich nicht zur Einhaltung der Preisbindung verpflichtet haben, zu beliebigen Preisen vertrieben werden. Sogar Verlustverkäufe sind nach geltendem Recht (vgl. Ziff. 2.6.4) zulässig, selbst wenn sie nur in der Absicht getätigt werden, damit den Zutritt zum Markt zu ermöglichen oder zu verbessern (vgl. bezüglich Lockvogelangeboten jedoch Ziff. 4.5). **76**

77   Einzig in bezug auf Arbeitsverträge scheint die Praxis strenger zu sein. Wegen des stark ausgebildeten Treueverhältnisses zwischen dem Arbeitgeber und seinem Personal erscheint es als unlauter, wenn Konkurrenten Vertragsverletzungen von Arbeitnehmern provozieren und ausnützen. Grob unlauter war daher die Aufforderung gegenüber einem Vertreter der Konkurrenz, statt der Bestellung für dessen Auftraggeberin Bestellungen für eigene Artikel aufzunehmen (Mitt. 1960 187: Reisevertreter). Unlauter ist auch die Ausnützung der Verletzung eines arbeitsvertraglichen Konkurrenzverbotes, wenn der Arbeitnehmer hiezu vom neuen Arbeitgeber angestiftet wird (vgl. Ziff. 2.5.3), und gemäss Spezialklausel (Art. 4 lit. c UWG) besonders auch die Verletzung arbeitsvertraglicher Geheimhaltungspflichten (vgl. Ziff. 8.3).

2.3   Unlautere Werbe- und Vertriebsmethoden

2.3.1   *Ausnützen des Spieltriebes*

78   Lotterien sind in der Schweiz bewilligungspflichtig und werden in der Regel für die Werbung nicht bewilligt. In Verdeutlichung des Lotteriegesetzes stellt Grundsatz Nr. 3.10 der Lauterkeitskommission folgende Regeln auf:

> Werbegewinnspiele oder Publikumswettbewerbe sind unlauter, sofern sie folgende Merkmale kumulativ aufweisen:
> 1. Abschluss eines Rechtsgeschäftes (Zwang zum Vertragsabschluss) oder Leistung eines vermögensrechtlichen Einsatzes als Teilnahmevoraussetzung. Dem Zwang zum Vertragsabschluss gleichzusetzen sind:
>   – Spielanlagen, die den Teilnehmer im unklaren darüber lassen, ob ein Kauf für die Teilnahme nötig ist, oder glauben lassen, ein Kauf würde die Gewinnchancen erhöhen.
>   – Teilnahmebedingungen, die verlangen, dass die Teilnahmeerklärung auf einem Formular für eine verbindliche oder probeweise Bestellung eingereicht wird, sofern auf dem gleichen Formular nicht unmissverständlich die wahlweise und chancengleiche Teilnahme auch ohne verbindliche bzw. probeweise Bestellung erwähnt wird.
>   – Teilnahmebedingungen, bei denen die Teilnahmeerklärung auf unterschiedlichen Formularen, Umschlägen oder Frankaturen zu erfolgen hat.

2. Gewährung eines vermögenswerten Vorteils als Gewinn.
3. Zufällige Ermittlung der Gewinner oder der Höhe der Gewinne (Verlosung), so dass die Geschicklichkeit des Teilnehmers nicht mehr wesentlich erscheint.
4. Planmässigkeit des Spiels, indem der Veranstalter sein eigenes Spielrisiko limitiert.

Es ist unlauter, im Rahmen eines Werbegewinnspiels mit Vorabverlosung (Sweepstake) namentlich aufgeführten Personen ausgesetzte Gewinne in Aussicht zu stellen, sofern der Veranstalter weiss oder wissen könnte, dass den genannten Personen die erwähnten Gewinne nicht zugeteilt worden sind. Die Gewinnzuteilung durch technische Vorrichtungen oder beauftragte Dritte ist dem Wissen des Veranstalters anzurechnen.

Für die Werbung kommen daher praktisch nur Gratisverlosungen in Betracht. Dabei verlangen die Grundsätze der Wahrheit und Klarheit der Werbung, dass allen Wettbewerbsteilnehmern die Teilnahme- und Gewinnbedingungen genau bekannt gegeben werden. Der Teilnehmer sollte sich insbesondere eine Vorstellung machen können über seine Gewinnchancen, das heisst einerseits über die Anzahl und Grösse der ausgesetzten Gewinne und andererseits über den Kreis der Teilnehmer. Er darf nicht im Glauben belassen werden, die angekündigten Gewinne würden nur an einen kleinen Kreis ausgewählter Teilnehmer verteilt, während in Wirklichkeit ein weit zahlreicheres Publikum zur Teilnahme eingeladen worden ist, noch darf ihm suggeriert werden, er habe einen Hauptpreis gewonnen, während in Wirklichkeit nur Trostpreise verteilt werden. **79**

Die Gewinne sind genau zu umschreiben: Von einem «wertvollen Geschenk» darf man je nach den Umständen annehmen, dass es wenigstens Fr. 100.– wert sei. Eine öffentliche oder unter notarieller Aufsicht durchgeführte Verlosung ist nicht erforderlich. Indessen muss das Ergebnis der Ziehung in geeigneter Weise öffentlich bekannt gegeben werden. Unzulässige Lotterien sind freilich kaum je als unlauter vor dem Zivilrichter eingeklagt worden (vgl. jedoch SJZ 60/1964 101 Nr. 58: Orangina). Sie bilden offensichtlich die Domäne der Gewerbepolizei, die sich nur allzu oft auf vertrauliche Hinweise der lieben Konkurrenz stützt. **80**

Betr. Gewinnspiele mit offenem oder verdecktem Kaufzwang vgl. Ziff. 5.8.

2.3.2   *Aggressive Werbemethoden*

2.3.2.1 Grundsatz

81   Der Gesetzgeber hat zwar die besonders aggressiven Werbemethoden aus dem ihm vom Bundesrat vorgelegten Katalog der Spezialtatbestände mit dem Hinweis gestrichen, man wolle die mögliche Aggressivität eines Werbetextes nicht durch den Richter überprüfen lassen. Dennoch ist unbestreitbar, dass nicht nur besonders aggressive Verkaufsmethoden, sondern auch besonders aggressive Werbemethoden gegen Treu und Glauben verstossen können. So können die sog. Sweepstakes mit Schnelleinsendeprämien, Geschenken, Gewinnversprechen und anderen Vorteilen unter Umständen eine solch übermässige Verlockung bilden, dass nicht mehr wegen des eigentlich angebotenen Produktes, sondern nur noch wegen der Beigaben bestellt wird.

2.3.2.2 Direktwerbung (Briefwerbung)

82   Direktwerbung ist namentlich für solche Produkte zulässig, deren Werbung nicht der Bewilligungspflicht unterliegt (wie z. B. Heilmittel). Geschäftliche Preislisten und Prospekte unterstehen zwar keiner gesetzlichen Pflicht zur Angabe eines Impressums (Bekanntgabe von Drucker und Druckort; Art. 322 StGB). Grundsatz Nr. 4.1 der Lauterkeitskommission stellt jedoch folgende Anforderungen an die Direktwerbung auf:

> Die Ankündigung muss klar sein, damit der Käufer den vollen Umfang seiner einzugehenden Verpflichtungen erkennen kann.

> Die Preisangabe soll unmissverständlich offenlegen, welche Totalkosten erwachsen.

> Der volle Name und die vollständige Adresse des Anbieters müssen in der Ankündigung enthalten sein. Aus dem Bestellformular muss übersichtlich und deutlich hervorgehen, welche Verpflichtungen der Verkäufer und welche der Käufer mit der Bestellung eingeht.

83   Die Absenderadresse hat wenigstens so ausführlich zu sein, dass sich der Adressat über die Identität des Werbungtreibenden ohne kriminalistische Studien schlüssig werden kann. Ist der Werbungtreibende im Handelsregister eingetragen, genügen genaue Firma und Sitz; die Zustelladresse lässt sich dann leicht beim Registeramt ausfindig machen.

Ist die Firma jedoch nicht eingetragen, hat der Absender neben seiner Firma oder Enseigne seinen bürgerlichen Namen und eine Zustelladresse bekannt zu geben; die Angabe eines Postfaches genügt nicht, da die PTT-Betriebe nicht verpflichtet sind, über den tatsächlichen Inhaber eines Postfaches Auskunft zu geben. Anonyme Direktwerbung verstösst zudem gegen das Gebot der Klarheit im Wettbewerb, insbesondere dasjenige der Erkennbarkeit des Anbieters.

Der Empfänger kann die Annahme von Briefwerbung verweigern,   84
sei es im Einzelfall durch Rückweisung gegenüber dem Briefträger oder unfrankierte Rücksendung an den Absender, oder sei es generell durch ein beim Richter nachgesuchtes allgemeines Verbot, das den Einwurf von unadressierten Drucksachen und unabonnierten Zeitungen mit Polizeibusse bedroht (ZR 73/1974 Nr. 103).

2.3.2.3 Zusendung unbestellter Waren

Die Zusendung unbestellter Waren zum Zwecke ihrer Entäus-   86
serung ist für sich allein noch nicht unlauter und bei periodischen Presseerzeugnissen in der Form von Schnupperabonnementen geradezu üblich. Indessen ist deren Empfänger nicht gehalten, diese bei Nichtbedarf zurückzusenden, und er muss sie nicht einmal zur Abholung durch den Absender bereit halten. Eine Aufbewahrungspflicht besteht nur für den Fall, dass dem Empfänger eine unbestellte Sache offensichtlich irrtümlich zugesandt worden ist (Art. 6a OR).

Unlauter ist jedoch das gleichzeitige Inkasso des Kaufpreises durch   87
Nachnahme. Dies ergibt sich deutlich aus Grundsatz Nr. 4.3 der Lauterkeitskommission, der für Geschäftsabschlüsse ohne Bestellung folgendes festlegt:

Jeder Geschäftsabschluss mittels Nachnahme ist unlauter, wenn
1. keine eindeutige Bestellung vorliegt,
2. gemäss OR 6 wegen der besonderen Natur des Geschäftes eine ausdrückliche Bestellung nicht zu erwarten ist, oder
3. es sich um eine Ansichtssendung handelt.

2.3.2.4 Versand von Rechnungen für unbestellte Leistungen

Namentlich in der Werbung für Eintragungen in irgendwelche   90
internationale Telex- und Telefaxverzeichnisse scheint es üblich geworden zu sein, Abonnenten Rechnungen und ausgefüllte Einzahlungs-

scheine zuzusenden, aus denen sich nicht oder höchstens beiläufig ergibt, dass hier nur für einen Eintrag geworben wird, aber noch keine Bestellung vorliegt. Werbung mit Einzahlungskarten und Einzahlungsscheinen für unbestellte Leistungen ist indessen täuschend, wenn der Empfänger annehmen könnte, es handle sich um die Rechnung für eine früher aufgegebene Bestellung. Grundsatz Nr. 4.4 der Lauterkeitskommission, der sich mit der Werbung mit Einzahlungsscheinen befasst, besagt denn auch:

91   Der Gebrauch von (PTT-)Einzahlungskarten oder -scheinen zu Bestellzwecken ist unlauter, sofern im Text oder in begleitenden Schriftstücken nicht deutlich hervorgehoben wird, dass mit der Bezahlung des Betrages auch erst die Bestellung erfolgt.

Aus dem Bestellformular hat klar hervorzugehen, welche Rechte und Pflichten der Verkäufer und der Käufer mit der Bestellung eingeht.

2.3.2.5 Degustationen und Abgabe von Warenmustern

92   Die Durchführung von Degustationen in Verkaufsläden und die Abgabe von Warenproben zur Prüfung durch den Verbraucher werden nicht als unlauter beurteilt. Zu beachten ist freilich, dass verwaltungsrechtliche Vorschriften die Verteilung von Mustern entweder vollständig (Spirituosen, Gifte und apothekenpflichtige Heilmittel) oder an Minderjährige (Tabakwaren, alkoholische Getränke) verbieten. Die Übertretung dieser Vorschriften verschafft einen unlauteren Wettbewerbsvorteil.

93   Unlauter, weil täuschend, ist selbstverständlich die Werbung zum Anfordern von Warenmustern, die sich im Nachhinein als Werbung zum Kauf entpuppt. Zu verweisen ist auf Grundsatz 4.3 Ziff. 3 der Lauterkeitskommission (vgl. Rz 87), der das Inkasso per Nachnahme von Ansichtssendungen ausdrücklich als unlauter bezeichnet.

2.4   **Unsachliche Werbung**

2.4.1   *Werbung mit Wohltätigkeit*

94   Das Fördern von wohltätigen Institutionen und dessen Betonung zu Werbezwecken ist grundsätzlich zulässig. Wird darauf hingewie-

sen, dass der Kauf eines Erzeugnisses einen gemeinnützigen Zweck fördert, so sind Angaben zu machen, welcher Anteil am Detailpreis der Wohltätigkeitsorganisation zufliesst. Besteht der Verdacht, dass die Werbeversprechen nicht eingehalten werden, hat der Werbetreibende belegte Auskunft über die Ergebnisse seiner Aktion zu geben. Wer für wohltätige Organisationen gesammelte Gelder nicht an diese weiter gibt, macht sich des Betruges, unter Umständen sogar des gewerbsmässigen Betruges schuldig (BGE 107/1981 IV 173: Spendenaufruf).

Behindertenbetriebe dürfen auf diesen Umstand in der Werbung   95
hinweisen. Von einem Behindertenbetrieb kann jedoch erst die Rede sein, wenn ein wesentlicher Anteil der Arbeitsplätze so eingerichtet ist, dass an ihnen Behinderte arbeiten können. Die bloss teilweise Mitbeschäftigung von Behinderten im Betrieb genügt nicht (SAG 18/1945 93: Blinden- und Mindererwerbsfähigen-Werkstätten). Ist der Betriebsinhaber selbst invalid, so wird man erwarten, dass er seine Arbeitskraft soweit als möglich dem Betrieb zur Verfügung stellt, besteht doch kein Anlass, Behinderte als Kapitalanleger anders zu behandeln als Gesunde.

Grundsatz Nr. 2.3 der Lauterkeitskommission definiert den Begriff   96
«invalid» im übrigen wie folgt:

> Als «invalid» werden im Zusammenhang mit Werbemassnahmen Personen verstanden, die infolge angeborener oder später entstandener körperlicher, geistiger oder seelischer Schäden in ihrer Erwerbsfähigkeit so stark behindert sind, dass sie bei der Abgabe der ihnen noch möglichen wirtschaftlichen Leistungen auf die Wohltätigkeit der Abnehmer angewiesen sind.

2.4.2   Werbung mit Selbstverständlichkeiten

Die Werbung, in der eine Selbstverständlichkeit als Sonderlei-   97
stung herausgestrichen wird, ist unlauter (SMI 1986 330: Warnung vor Verwechslungen). Grundsatz 3.7 der Lauterkeitskommission sagt bezüglich der Werbung mit Selbstverständlichkeiten schlicht:

> Jede Werbung, die für einzelne Waren, Werke oder Leistungen bestimmte Eigenschaften hervorhebt, ist irreführend und damit unlauter, wenn diese Eigenschaften für die meisten dieser Waren, Werke und Leistungen ohnehin zutreffen, üblich oder vorgeschrieben sind.

Dies sollte auch in bezug auf Rücknahmegarantien für den Fall   98
gelten, dass das angepriesene Produkt nicht über die zugesicherten

Eigenschaften verfügt oder nicht die versprochenen Leistungen erbringt. Denn die Rücknahmegarantie ist nichts anderes als die ausdrückliche Offerte zur Wandelung, d. h. zur Rückgängigmachung des Kaufes. Sie ist im Gesetz (Art. 205 Abs. 1 OR) statuiert, mithin selbstverständlich, sofern tatsächliche und zugesicherte Eigenschaften erheblich auseinander liegen. Die Lauterkeitskommission erlaubt indessen ausdrücklich die Werbung mit garantierter Rückgabemöglichkeit (vgl. Ziff. 4.1.8).

99   Die Gerichtspraxis hat beispielsweise folgende Angaben als unzulässig betrachtet:

> «Aufsichtsbehörde: Eidgenössisches Departement des Innern, Bern» anlässlich der Sammelaktion einer Stiftung, da so der Eindruck erweckt wird, die Beaufsichtigung einer Stiftung durch eine Behörde sei eine spezielle Auszeichnung oder Anerkennung (BGE 105/1979 II 74: Gemeinsam-Stiftung; verwaltungsrechtlicher Entscheid; müsste bei wettbewerbsrechtlicher Beurteilung gleich entschieden werden);

> «Diese herrliche Torte enthält garantiert kein Sojamehl», da die Abwesenheit von Sojamehl kein wesentliches Kriterium für die Qualität der Torten darstellt (SMI 1986 330: Warnung vor Verwechslungen).

2.4.3   *Negativwerbung*

100   Die Werbung mit der Aussage, ein Produkt weise gewisse Eigenschaften nicht auf, ist dann unlauter, wenn es solche Eigenschaften von Gesetzes wegen gar nicht haben darf. Ein solches Qualitätsmerkmal bildet dann ebenfalls eine Selbstverständlichkeit; zudem darf die Einhaltung gesetzlicher Qualitätsvorschriften kein besonderes Werbeargument bilden. Entsprechend sind beispielsweise in der Lebensmittelwerbung Hinweise auf nicht verwendete Zusatzstoffe nur dann erlaubt, wenn diese Zusatzstoffe im betreffenden Lebensmittel überhaupt zugelassen wären (vgl. Art. 19 Abs. 1 lit. b LMV).

2.4.4   *Werbung mit Geschenken (Wertreklame)*

101   Die Werbung mit Geschenken gegenüber Beamten und Angestellten einer öffentlichen Verwaltung und der Rechtspflege ist strafbar

(Art. 288 StGB). Das gleiche gilt auch gegenüber Arbeitnehmern und anderen Hilfspersonen eines Konkurrenten (vgl. Ziff. 6.2). Demgegenüber ist die Werbung mit Zugaben gegenüber Abnehmern in der Schweiz grundsätzlich erlaubt, solange sie nicht über den tatsächlichen Wert der damit vorgesehenen Waren täuschen (Art. 3 lit. g UWG, vgl. Ziff. 4.6).

Freilich können übermässige Werbegeschenke, namentlich wenn sie   102
zwar schon vor, aber im Hinblick auf ein Angebot erfolgen, unter dem Gesichtspunkt der psychischen Beeinflussung unlauter werden, indem ein Verbraucher unter Umständen dazu gebracht wird, «aus Dankbarkeit» ein Produkt zu einem übersetzten Preis zu erwerben. Solche Missbräuche sind vor allem bei den Werbefahrten (vgl. Ziff. 5.5) bekannt geworden und sollten dort wegen der Koppelung zwischen der Abgabe eines Geschenkes und der daran geknüpften Erwartung einer Bestellung unterbunden werden.

Bezüglich der Ausgestaltung von Gratis-Gutscheinen zu Werbe-   103
zwecken legt Grundsatz Nr. 3.9 der Lauterkeitskommission folgendes fest:

> Gutscheine, die zum verbilligten oder kostenlosen Bezug von Waren oder Leistungen berechtigen, müssen auf dem Gutschein selbst die Bedingungen enthalten, zu denen die Waren oder Leistungen erhältlich sind.

> Fehlen entsprechende Angaben, so darf angenommen werden, dass die Gutscheine unbefristet und ohne Einschränkung eingelöst werden dürfen.

2.4.5 *Werbung mit Belanglosigkeiten*

Die Werbung soll sich nur auf Umstände beziehen, welche für   104
die angebotene Leistung wesentlich sind. So ist es unlauter, wenn beispielsweise auf die Vermögensverhältnisse, die Rasse, die Nation oder Religion einzelner Konkurrenten hingewiesen wird. Unzulässig war die Behauptung «jüdische Firma» (vgl. ZR 43/1944 Nr. 217), umstritten der Aufruf «Wer in Warenhäusern ausländische Artikel kauft, fördert die Arbeitslosigkeit» (ZBJV 71/1935 287).

Besondere Einschränkungen bestehen für die Spirituosenwerbung,   105
welche nur Angaben und Darstellungen enthalten darf, die sich unmit-

telbar auf das Produkt und seine Eigenschaften beziehen (Art. 42b AlkG). Die Werbung wird damit beschränkt auf die Abbildung des Produktes und seiner natürlichen Umgebung und Herkunft (vgl. Ziff. 11.5.4).

2.4.6 *Diskriminierende Werbung*

106   Da Werbung sachlich sein soll, hat sie jede Diskriminierung von Rasse, Religion oder Geschlecht zu vermeiden. Allein schon aus diesem Grunde ist das Ansprechen ausländerfeindlicher Gefühle untersagt (vgl. ZR 88/1989 Nr. 62: ausländisch beherrschte Fabrikanten, amerikanische Fabrikanten). Auch oft verwendete, nichtsdestoweniger aber diskriminierende Clichés wie Negerordnung, Judenschule etc. sind im Wettbewerb tabu.

Namentlich der mehr oder weniger bekleidete Frauenkörper scheint sich als Blickfang für viele Produkte anzubieten. Wo keine Beziehung zwischen der Abbildung und dem beworbenen Produkt besteht, muss deren Verwendung als unsachlich und damit unlauter gebrandmarkt werden. Konkurrenten scheinen sich zwar an solchen Aufhängern nicht zu stossen, doch sind insbesondere aus Konsumentenkreisen in den letzten Jahren Stimmen gegen sexistische Werbung laut geworden. Ein im Nationalrat gestellter Antrag, die Würde der Frau verletzende Verkaufs- oder Werbemethoden als unlauter zu erklären, wurde indessen als unjustiziabel abgelehnt.

107   Bezüglich der geschlechterdiskriminierenden Werbung legt Grundsatz 3.12 (Fassung 1993) der Lauterkeitskommission fest:

1. Werbung, die ein Geschlecht diskriminiert, indem sie die Würde von Frau und Mann herabsetzt, ist unlauter.
2. Geschlechterdiskriminierende Werbung liegt insbesondere dann vor, wenn sie die ein Geschlecht verkörpernde Person
   – als Objekt von Unterwerfung, Untertänigkeit, Ausbeutung etc. darstellt;
   – visuell, verbal oder akustisch herabwürdigt;
   – im Kindes- und Jugendalter nicht mit erhöhter Zurückhaltung respektiert;
   – in sexistischer Art und Weise beeinträchtigt. Sexistische Beeinträchtigung ist vor allem dann gegeben, wenn zwischen der das Geschlecht verkörpernden Person und dem Produkt kein natür-

licher Zusammenhang besteht oder die Person in rein dekorativer Funktion (Blickfang) dargestellt wird.

2.4.7 Werbung mit Angst

Hinweise auf gesundheitliche Gefährdungen beim Nichterwerb 108 eines Produktes versetzen den Interessenten unter Umständen in eine Zwangslage und sind daher unlauter. Der Konsument fürchtet sich vor den noch nicht feststellbaren Symptomen und glaubt, rechtzeitig etwas zu deren Prophylaxe tun zu müssen. Entsprechend verbietet beispielsweise Art. 7 Abs. 1 lit. d des IKS-Regulativs den Gebrauch von Wendungen oder Abbildungen in der Reklame für Heilmittel, welche Angst erzeugen können. Unzulässig sind daher Ausdrücke wie «Nehmen Sie X, sonst könnte es zu spät sein», «Gehen Sie kein Risiko ein, lieber zu früh als zu spät», «Karies droht» oder auch nur «Rette Dein Haar». Selbst weniger weitgehende gesundheitliche Anpreisungen können schon sittenwidrig sein, wenn sie hinsichtlich der angepriesenen Erzeugnisse nicht gerechtfertigt sind oder eine zu Recht bestehende Furcht vor Gesundheitsschädigung verniedlichen wollen. Das Bundesgericht beanstandete den Slogan «Rauchen Sie gesünder: Marocaine Filter, die Zigarette, die nicht zum Husten reizt» zwar nur aufgrund des Lebensmittelrechtes, hätte ihn aber bei Vorliegen eines Strafantrages auch aufgrund des Wettbewerbsrechtes verurteilen müssen (BGE 81/1955 IV 182: Marocaine Filter).

Unterschwellige Angst vor einer Verschlimmerung des eigenen kör- 109 perlichen Zustandes ist auch der Motor für Käufe von vielerlei Mitteln und Apparaten mit gesundheitlichen Anpreisungen. Das Verwaltungsrecht hat hiezu vielfältige Einschränkungen erlassen, einerseits um den Patienten nicht zu veranlassen, mit seinem Gang zum Arzt übermässig zuzuwarten, und zum anderen, um einer Übervorteilung und Ausbeutung des leidenden Konsumenten entgegenzuwirken. Die Grenze des Verwaltungsrechtes liegt aber im Bereiche der traditionellen Medizin. Hypnose, Magie, magnetopathisches Handauflegen und geistige Fernbehandlung (SJZ 79/1983 217 Nr. 38: Magnetismus) wie auch der Verkauf von Kupferringen sind keine Tätigkeiten, die aus den obgenannten Gründen zu reglementieren wären.

Eine besondere Erscheinungsform der Werbung mit der Angst bildet 110 die Werbung mit befristeten Preisvorteilen. Es hat sich gezeigt, dass die Furcht, eine bestimmte Ware in naher Zukunft nicht oder nicht mehr zum selben Preis zu erhalten, ein gutes Verkaufsargument sein kann. Die Aufhebung der Bewilligungspflicht für Ausverkäufe und Sonderverkäufe brachte in dieser Hinsicht eine erwünschte Liberalisierung. Unlauter bleiben dabei selbstverständlich unrichtige Ankündigungen, wie Rabatte auf imaginären Preisen (Phantasiepreise, Mondpreise) oder die Anzeige von gar nicht beabsichtigten Preiserhöhungen.

2.5   Sittenwidrige Behinderung der Konkurrenz

2.5.1   *Anstiftung zu Boykott oder Diskriminierung*

111   Zwar ist das Markten um Vorzugsbedingungen beim Vertragspartner dem Wettbewerb wesenseigen. Die Grenzen der Lauterkeit werden aber dort überschritten, wo ein ständiger Abnehmer seinen Lieferanten veranlasst, Bestellungen der Konkurrenz nicht mehr oder zu ungünstigeren Konditionen auszuführen und statt dessen den Veranlasser zu bevorzugen. Wer Lieferanten auffordert, andere Abnehmer zu boykottieren oder zu diskriminieren, missbraucht seine Unternehmenskraft, selbst wenn ihm keine Marktmacht im Sinne des Kartellgesetzes zukommt. Der Abnehmer mag zwar bei seinem Lieferanten um bevorzugte Lieferung buhlen, doch widerspricht es dem Leistungswettbewerb, wenn er auf Bezugsbedingungen seiner Konkurrenz Einfluss zu nehmen sucht. Derartige Sachverhalte scheinen freilich – wahrscheinlich wegen der Schwierigkeiten des Beweises – von der Praxis nur sehr selten aufgerollt zu werden.

112   Unlauter war jedenfalls folgendes Rundschreiben:

> Die Apotheker von Lausanne und Umgebung würden es als unfreundlichen Akt betrachten, wenn ihre Lieferanten diese neue Offizin in ihre Kundenlisten aufnähmen. Wir möchten Sie also auch in diesem Fall ersuchen, auf Ihre alten Kunden gebührend Rücksicht zu nehmen (SJZ 59/1963 9 Nr. 1: Apotheker von Lausanne).

113   Zulässig ist dagegen die Aufforderung eines Anbieters gegenüber potentiellen Abnehmern, ihren Bedarf bei ihm statt bei der Konkurrenz zu decken, da das Umwerben der Abnehmer jedem Angebot wesenseigen ist.

2.5.2   *Behinderung durch Parallelanmeldungen von Schutzrechten*

Namentlich im internationalen Handel wird oft versucht, sich   **114**
gegenseitig durch die vorsorgliche Eintragung von Schutzrechten zu
behindern. Dies ist vor allem dann möglich, wenn der Schutz solcher
Rechte unabhängig von ihrer materiellen Neuheit verliehen wird. Dies
ist im internationalen Verhältnis der Fall für Firmen (BGE 79/1953 II
315 = GRUR Int. 1954 29: Interchemie), Marken (BGE 78/1952 II 171:
Lux) sowie für Muster und Modelle (BGE 59/1933 II 199: Stoffdessins).

Wegen des Territorialitätsprinzips können in der Schweiz Marken,   **115**
Muster und Modelle hinterlegt oder Firmen eingetragen werden, unabhängig davon, ob ein anderer schon identische Kennzeichen im
Ausland benutzt. Solange der Inhaber des ausländischen Kennzeichens sich in der Schweiz nicht in nennenswertem Umfange betätigt
hat, erachtet die schweizerische Rechtsprechung eine Parallelanmel-
dung durch einen anderen in der Schweiz nicht als unlauter (BGE
76/1950 II 92: Cinéac). Wettbewerbsrechtlich geschützte Kennzeich-
nungen und Ausstattungen, die in der Schweiz nur lokal gebraucht
werden (z. B. Enseignes), dürfen in anderen Gegenden durch Dritte
nachgeahmt werden (BGE 88/1966 II 32: Au Bucheron, Mitt. 1978 59:
Epoca).

Unlauter ist zwar nicht die Nachahmung ausländischer, in der   **116**
Schweiz jedoch nicht geschützter Kennzeichen, wohl aber die Absicht,
durch eine solche dem ausländischen Konkurrenten den Zugang zum
inländischen Markt zu versperren (BGE 63/1937 II 126: Virilium, Mitt.
1983 II 45: Raylon, SMI 1985 95 = GRUR Int. 1986 215: Golden
lights). So wurde die Wahl eines Firmennamens verurteilt, den bereits
ein weltweit organisiertes Unternehmen trug und das überdies ange-
kündigt hatte, demnächst in der Schweiz eine Niederlassung zu eröffnen (BGE 109/1983 II 483: Computerland). In diesem Sinne verbietet
beispielsweise Art. 10 Abs. 2 der IHK-Richtlinien einem Werbetreibenden die Nachahmung der Werbung eines anderen, wenn dieser im
Bereiche verschiedener Länder tätig ist und dessen Erzeugnisse in
einem dieser Länder bereits auf dem Markt eingeführt sind, so dass er
gehindert wird, seine Werbung in den anderen Ländern zu verwenden.
Aus ähnlichen Beweggründen sieht Art. 6[septies] PVUe vor, dass der
Agent oder Vertreter eines ausländischen Markeninhabers verpflichtet
werden kann, die ohne dessen Zustimmung im eigenen Namen hinter-

legte Marke zu löschen, wenn jener seine Handlungsweise nicht rechtfertigen kann (Mitt. 1974 126: Columbus, 1981 61: Jizer). Es besteht
indessen kein Anlass, diese Regel nur auf Marken anzuwenden, da die
Interessenlage bei Handelsnamen, Mustern und Modellen gleich ist
(BGE 107/1981 II 365: San Marco; zustimmend Dessemontet in Mitt.
1982 132).

117   Eine ähnliche Situation findet sich bei notorisch bekannten Marken,
die aus irgend einem Grunde im Inland noch nicht registriert oder
gebraucht worden sind (Art. 6bis PVUe, Art. 3 Abs. 2 lit. b MSchG). Die
Absicht, den Ruf von international bekannten Warenzeichen und Handelsnamen Dritter auszunützen und zum Nachteil des berechtigten In-
habers Kunden zu gewinnen, ist hier relativ leicht zu beweisen. Die
Übernahme solcher berühmter Kennzeichen in fremde Marken und
Firmen wurde denn auch unter Heranziehung des Wettbewerbsgesetzes
verurteilt (Mitt. 1981 91 = GRUR Int. 1980 529: Wells Fargo, Mitt. 1981
101: Wells Fargo II).

2.5.3   *Personalabwerbung*

118   Das Gesetz schweigt sich zur Lauterkeit der Personalabwerbung
aus. Überbordende und unverhältnismässige Personalanwerbemetho-
den können freilich zu einem inflatorischen Anstieg des Lohnniveaus
führen und damit volkswirtschaftlich unerwünscht sein (vgl. BGE
73/1947 II 76: Coiffeurmeister). Aus diesem Grunde haben der Zentral-
verband Schweiz. Arbeitgeber-Organisationen und der Schweiz. Gewer-
beverband gemeinsam Grundsätze für Anwerbung und Anstellung von
schweizerischen und bereits in der Schweiz tätigen ausländischen Arbeitnehmern und Lehrlingen jeglicher Arbeitnehmerkategorie festgelegt, welche weitgehend als Richtlinien für lauteres Verhalten dienen
können. Sie sind von den Arbeitgebern auch Dritten (Werbe-, Personal-
vermittlungsagenturen, Personalberatern, Mitarbeitern usw.) zu über-
binden und haben im wesentlichen folgenden Wortlaut (Fassung vom
November 1989):

> 1. Der Arbeitgeber darf sich weder durch *persönliche Werbung* noch
> durch *Mittelspersonen* an namentlich bekannte Arbeitnehmer wen-
> den, welche sich bei anderen Firmen in ungekündigter Stellung
> befinden, um sie zum Stellenwechsel zu veranlassen.

Ausnahmen sind nur bei der Besetzung einzelner hoher, leitender Kaderpositionen, sofern auf dieser Stufe der Berufungsweg üblich und unumgänglich ist.

2. Die Personalanwerbung soll die gebräuchlichen Werbemittel zurückhaltend und verhältnismässig einsetzen; dabei sind die übrigen Bestimmungen dieser «Grundsätze» zu beachten.

3. Bei der Personalanwerbung sind folgende Kriterien zu beachten:
   a) Werbemittel, die sich durch Aufmachung, Erscheinungsart, Häufung oder andere Merkmale gezielt an einzelne Arbeitnehmer oder an das Personal bestimmter Firmen wenden, sind zu unterlassen.
   b) Die Personalanwerbung darf andere Firmen weder durch Vergleiche noch auf andere Weise herabsetzen.
   c) Lohnangaben sind zu unterlassen, ebenso Hinweise auf Leistungen, die über die geltenden orts- und branchenüblichen Arbeitsbedingungen hinausgehen oder isoliert betrachtet einen falschen Eindruck erwecken.
   d) Stellenangebote sollen in der Regel mit dem Firmennamen gezeichnet werden. Stellenangebote unter Chiffre oder über Personalberater/vermittler sind bei der Suche nach besonders qualifiziertem Personal oder aus Diskretionsgründen zulässig.

4. *Eintritts- und Werbeprämien* oder ähnliche Vergünstigungen sind unzulässig. Die Anwerbung darf ferner nicht mit *Wettbewerben* verbunden werden.

5. Die Arbeit darf beim neuen Arbeitgeber erst aufgenommen werden, wenn das Arbeitsverhältnis beim früheren Arbeitgeber unter *Respektierung der Kündigungsfrist* abgelaufen ist und alle *übrigen Vertragsbedingungen* aus dem Arbeitsvertrag erfüllt sind.
   In Zweifelsfällen sind die Angaben der anzuwerbenden Arbeitskräfte beim früheren Arbeitgeber zu überprüfen und mit diesem Verabredungen über die Modalitäten des Stellenwechsels anzustreben.

Nach Wettbewerbsrecht erscheint die vereinzelte Abwerbung von **119** Personal der Konkurrenz noch nicht unlauter. Die Schwelle der Lauterkeit wird jedoch überschritten, wenn die Abwerbung systematisch erfolgt zum Zwecke der Behinderung oder gar Lahmlegung der Konkurrenz, oder falls der Abwerbende den Bruch des Arbeitsvertrages des Abzuwerbenden oder eine Verletzung von dessen Konkurrenzverbot in Kauf nimmt (BJM 1965 191). Auch andere Begleitumstände können eine Abwerbung als unlauter erscheinen lassen, so etwa, wenn der

Abzuwerbende eingeladen wird, einzelne Unterlagen oder gar Geschäftsgeheimnisse des früheren Arbeitgebers mitzunehmen und sie dem neuen zur Verfügung zu stellen.

2.5.4   Preisunterbietungen

120   Grundsätzlich ist jeder Gewerbetreibende berechtigt, die Preise für seine Waren nach eigenem Ermessen festzusetzen. Dem Handeltreibenden steht es kraft seines Eigentumsrechtes an der Ware frei, die Preise nach seinem Belieben zu bestimmen. Es kann ihm nicht verwehrt werden, billiger zu verkaufen als seine Konkurrenten, sei es, weil er dazu durch Beschaffung der Ware zu günstigen Bedingungen in der Lage ist oder weil er sich mit einem bescheidenen Gewinn begnügt in der Hoffnung, durch vermehrten Absatz einen Ausgleich zu erzielen. Ein Händler darf seine Ware unter Vorbehalt des Lockvogelverbotes (vgl. Ziff. 4.5) sogar mit Verlust verkaufen, wenn er sie anders nicht abbrächte oder er sich dadurch eine verbesserte Position im Geschäftsverkehr verspricht (BGE 85/1959 II 450: Gratiskleid, 107/1981 II 280 = GRUR Int. 1982 467: Denner-Preisaktionen). Aus dem Recht auf freie Kalkulation ergibt sich, dass der Kaufmann auch berechtigt sein muss, eine Mischkalkulation anzuwenden (VKK 13/1978 330 Nr. 48: Rosinenstrategie). Eine solche Kalkulation darf aber nur zum Risikoausgleich oder zur Ankurbelung des Umsatzes eingesetzt werden. Wird sie zum Zwecke der Werbung eingesetzt, verstösst sie gegen das neue Verbot der Lockvogelangebote (vgl. Ziff. 4.5).

121   Preisunterbietungen werden indessen dann unlauter, wenn sie nur wegen eines zuvor begangenen Rechtsbruches möglich geworden sind. Verbilligungen, die wegen Unterbezahlung von Arbeitnehmern und den daraus resultierenden niedrigeren Gestehungskosten ermöglicht worden sind, sind schon unmittelbar aufgrund von Art. 7 UWG (soziales Dumping) untersagt. Darüber hinaus sind aber auch jene Billigpreise unlauter, die auf einer Steuer- oder Zollhinterziehung, Schmuggelgeschäften, Verletzung von Clearing-Vorschriften oder anderen Rechtsverletzungen beruhen (BGE 71/1945 II 233: Clearing-Umgehung, a. A. 86/1960 II 117 E. 3 a: Eschenmoser).

122   Amtliche Festpreise sind heute selten und finden sich vorwiegend noch für einheimische Landesprodukte und konzessionierte Transportunternehmungen. Da sie auch zur Erreichung der Wettbewerbsneutralität festgelegt worden sind (VPB 35/1971 Nr. 86: Flugfrachttarife), ist ein Abweichen hievon nicht nur unlauter, sondern es kann unter Umständen sogar auch als Urkundenfälschung oder Betrug qualifiziert werden (ZR 46/1947 Nr. 12: Waschmittelpreise).

Preisunterbietungen sind nach bisheriger Praxis auch dann unlauter, **123** wenn sie gezielt zur Behinderung oder gar Vernichtung eines missliebigen Konkurrenten eingesetzt werden. Wer sich durch Preisschleuderei seiner Mitbewerber zu entledigen sucht, um nachher den Markt allein zu beherrschen, missbraucht seine Unternehmenskraft (BGE 85/1959 II 450: Gratiskleid). Als weitere Schranke der Preisunterbietung hat auch das Preisniveau gegolten, das zur Erhaltung gesunder Verhältnisse im betreffenden Gewerbezweig und zur Sicherung der Existenz zahlreicher Detailgeschäfte unumgänglich nötig wäre (BGE 86/1960 II 113: Eschenmoser). Heute wären diese Sachverhalte wohl besser dem Kartellrecht zuzuordnen (vgl. Ziff. 10.3.4.5).

Aus den gleichen Gründen ist auch das massenweise Verschenken **124** von Originalware unlauter. Wer aus irgendwelchen Gründen den Markt mit Gratisware überschwemmt, gefährdet den Wettbewerb und handelt unlauter. Die schweizerische Praxis musste sich mit diesem Phänomen noch nie auseinander setzen.

Bezüglich der Abgabe von Warenmustern ist auf Ziff. 2.3.2.5 zu verweisen.

2.5.5   Abfangen von Kunden

Das Abfangen von Kunden vor dem Geschäft der Konkurrenz **125** ist nicht nur unter dem Titel des aggressiven Kundenfanges, sondern auch als aktive Behinderung der Konkurrenz unlauter. Die Praxis hatte sich mit diesem Problem freilich noch nie zu beschäftigen.

2.5.6   Herausziehen von Konkurrenzprodukten

Grundsätzlich gilt es nicht als unlauter, wenn auf dem Markt **126** angebotene Produkte von der Konkurrenz aufgekauft werden, um den Auswirkungen von Preisunterbietungen die Stirne zu bieten. Aus diesem Grunde wird die Abgabe von Aktionsartikeln oft auf übliche Haushaltmengen, beziehungsweise auf den Tages- oder Wochenbedarf beschränkt. Solche Einschränkungen sind nicht unlauter, da ein Kaufmann frei ist, die abzugebende Menge auf eine bestimmte Anzahl Stücke zu beschränken.

127   Die Grenzen der Lauterkeit werden freilich dort erreicht, wo sich der Kampf gegen ein Konkurrenzprodukt nicht gegen dessen Preis, sondern gegen das Produkt als solches richtet und es aufgekauft wird, wann und wo immer es auf dem Markt erscheint. Dadurch wird sein Auftreten am Markt unterbunden, und es wird ihm die Chance genommen, sich ein Markenimage aufzubauen. Eine derartige Behinderung der Konkurrenz ist klarerweise unlauter.

2.5.7   Konkurrenzausschlüsse

128   Wettbewerbsverbote finden sich namentlich in Miet-, Liefer- und Lizenzverträgen. Während der Dauer des Vertragsverhältnisses sind solche Konkurrenzverbote nach schweizerischem Recht unbedenklich. Oft werden sie aber gerade auch für eine gewisse Zeit nach Auflösung eines Dauervertrages vereinbart. Dies ist zulässig, falls das Konkurrenzverbot nach Ort, Zeit und Gegenstand beschränkt wird. Örtlich ist höchstens eine Beschränkung im bisherigen Tätigkeitsgebiet des Vertragspartners zulässig; auch sachlich darf es nicht darüber hinausgehen. Zeitlich sieht das Arbeitsvertragsrecht im allgemeinen eine Maximaldauer von drei Jahren vor (Art. 340 a Abs. 1 OR). Bei anderen Verträgen dürfte die Obergrenze bei fünf bis zehn Jahren liegen. Zeitlich unbeschränkte Konkurrenzverbote müssten vom Richter wegen unsittlicher Einschränkung der eigenen Handlungsfreiheit als ungültig erkannt (Art. 27 ZGB: Schutz der Persönlichkeit vor übermässiger Bindung) oder nach dem mutmasslichen Parteiwillen ergänzt werden (BGE 107/1981 II 217).

129   Grunddienstbarkeiten im Sinne von Art. 730 ZGB mit Konkurrenzverboten sind zulässig, solange sie den körperlichen Zustand, die äussere Erscheinung oder den wirtschaftlichen Charakter des dienenden Grundstücks bestimmen und sich die verbotene Verhaltensweise unmittelbar schädigend, belästigend oder störend auswirkt. Zulässig waren folgende Verbote:

eine Autogarage zu führen (ZBJV 64/1928 283),

einen Hotelbetrieb zu führen (BGE 87/1961 I 311),

Kolonialwarenhandel zu betreiben (BGE 85/1959 II 177, 86/1960 II 243; ZBJV 98/1962 497),

ein Immissionen verursachendes Gewerbe zu betreiben (BGE 91/1965 II 339),

ein Ladengeschäft oder eine Bäckerei zu betreiben, nicht aber in einem Ladengeschäft bloss ein bestimmtes Sortiment zu führen (BGE 114/1988 II 318: Bäckereiprodukte).

Unzulässig sind in der Regel negative Dienstbarkeiten mit dem In- 130 halt, keine Konkurrenzprodukte zu vertreiben oder Konkurrenztransporten kein Wegrecht einzuräumen, wenigstens solange hiefür keine besonderen Anlagen (z. B. Zapfsäulen) benötigt werden (vgl. die Kommentare zu Art. 730 ZGB).

Die Umgehung eines vertraglichen Konkurrenzverbotes stellt für 131 sich allein keinen Akt unlauteren Wettbewerbes dar, sondern ist als Vertragsumgehung zu ahnden (vgl. Ziff. 2.2.5 sowie Merz, Berner Kommentar, N. 94 und 288 zu Art. 2 ZGB; BGE 53/1927 II 331, 71/1945 II 274). Doch darf die rechtliche Selbständigkeit einer Tochtergesellschaft unbeachtet bleiben, wenn sie von jemandem beherrscht wird, der mit einem Konkurrenzverbot belastet ist und wenn dies der Grundsatz von Treu und Glauben im Verkehr erfordert (BGE 71/1945 II 274: Naville).

2.5.8 *Unzutreffende Verwarnungen*

Die Vorwürfe an die Konkurrenz, sie begehe unlauteren Wett- 132 bewerb oder sie verletze die eigenen Patente, Marken, Muster oder Geheimnisse, werden bei der Herabsetzung näher behandelt (vgl. Ziff. 3.1). Sie können jedoch zum Teil auch als aktive Behinderung von der Generalklausel erfasst werden.

2.5.9 *Andere Behinderungen*

In Deutschland wird das Entfernen einer kundenspezifischen 133 Kodierung, welche vom Hersteller zur Kontrolle des Vertriebsweges der Ware angebracht worden ist, als unlautere Behinderung gewertet. Dies u. E. durchaus zu Recht, denn die Anbringung solcher Codierungen geschieht zur Abwehr von Vertragsbruch, und es widerspricht

Treu und Glauben, Vertragsbrüche durch das Beseitigen von Beweismitteln noch zu begünstigen (vgl. auch Ziff. 3.2). Die schweizerische Praxis scheint sich jedoch zurückhaltend zu zeigen (vgl. auch BGE 86/1960 II 114: Eschenmoser; SMI 1992 343: ausgekratzte Fabrikationsnummern).

3. Rufschädigungen

3.1 Herabsetzung

Werbung soll weder direkt noch indirekt herabsetzende Bezug- **151**
nahmen auf Unternehmen oder Erzeugnisse enthalten, weder durch
Verdächtigungen noch durch Verächtlichmachung oder in anderer Weise (IHK-Richtlinien 7). Dieser Grundsatz ist auch im Wettbewerbsgesetz an prominenter Stelle ausdrücklich formuliert worden (Art. 3 lit. a
UWG):

> Unlauter handelt, wer andere, ihre Waren, Werke, Leistungen, deren
> Preise oder ihre Geschäftsverhältnisse durch unrichtige, irreführende
> oder unnötig verletzende Äusserungen herabsetzt.

Dieser Artikel will nicht die vergleichende Werbung oder die Kritik, **152**
wohl aber die Verletzung der Persönlichkeit und des guten Rufes des
Mitbewerbers unterbinden. Herabsetzend im Sinne des Gesetzeswort-
lauts ist nicht schon jede negative Aussage, sondern erst diejenige, die
eine gewisse Schwere aufweist. Der französische Text spricht deutlicher
«dénigrer», d. h. anschwärzen oder verächtlich machen. Eine Anschwär-
zug ist beispielsweise dann vorhanden, wenn ein Erzeugnis als wertlos,
seinen Preis nicht wert, unbrauchbar, fehlerhaft oder schadhaft hingestellt wird (BGE 122/1996 IV 36: Fonds-Anlage). Es besteht eine gewisse
Analogie zur Ehrverletzung: bei dieser wird ein Mensch herabgesetzt,
dort seine Waren, Werke usw.

Eine Äusserung kann in verschiedener Hinsicht unnötig verletzen. **153**
Einmal kann sie ihrer Form nach eine Entgleisung darstellen, indem sie
weit über das hinaus geht, was aufgrund des ihr zum Anlass dienenden
Vorfalles als angemessen erscheinen würde (BGE 70/1944 II 135: Hod-
ler, SJZ 74/1978 194 Nr. 37: Wucher-Vorwurf). Auch bei richtiger tatbeständlicher Grundlage können die darauf beruhenden Werturteile widerrechtlich sein, wenn sie auf Grund des Sachverhaltes nicht vertretbar
sind. Schliesslich kann eine Äusserung aber auch deshalb verletzen, weil
sie unrichtig ist oder ohne begründeten Anlass und vorwiegend in der
Absicht erhoben wird, einem anderen zu schaden. Unzulässig ist daher
die unerlaubte Form, der unerlaubte Inhalt und der unerlaubte Zweck
einer Kritik (vgl. auch Ziff. 4.4.1). Bei werblichen Äusserungen wird die

unnötige Herabsetzung (dénigrement) rascher angenommen, da es Aufgabe der Werbung und Ziel des Leistungswettbewerbes sein sollte, das eigene Produkt zu rühmen und nicht die Konkurrenz anzuschwärzen. Eine unnötige Verletzung kann insbesondere schon die Warnung vor Verwechslungen mit einem Produkt der Konkurrenz darstellen, da dadurch unterstellt wird, dieses sei minderwertig (SMI 1986 330).

154   Auch der unberechtigte Vorwurf, unlauteren Wettbewerb zu begehen, bildet eine Herabsetzung der Konkurrenz, gleichviel, ob dieser Vorwurf nur in einem Verwarnungsschreiben oder in einem Rundschreiben an gemeinsame Kunden enthalten ist (ZR 66/1967 Nr. 32: Kehricht-Container). Demgegenüber ist der berechtigte Vorwurf unlauteren Verhaltens immer zulässig (BGE 93/1967 II 141: Ingenieur HTL).

155   Beanstandet wurden etwa die folgenden *unrichtigen* Behauptungen:

Die (wegen Patentnichtigkeit) unzutreffende Warnung vor der Verwendung des eigenen (nichtigen) Patentes (BGE 67/1941 II 58: Lackspachtelapparat; ähnlich ZR 2/1903 Nr. 150: Hartpetroleum).

Die objektiv unrichtige Behauptung, das eigene Produkt sei in der Schweiz patentrechtlich geschützt und werde von einer Schweizer Firma nachgeahmt (BGE 60/1934 II 130: Poupon-Sauger).

Der unhaltbare Vorwurf der sklavischen Nachahmung (ZR 66/1967 Nr. 32: Kehricht-Container).

Der wahrheitswidrige Vorwurf, der Konkurrent habe seine ehemalige Arbeitgeberin als Folge der von ihm begangenen ungetreuen Geschäftsführung im Gesamtbetrage von über Fr. 250 000.– verlassen müssen (SJZ 66/1970 25 Nr. 8).

Der Vorwurf gegenüber Dritten, sie verletzten die eigenen Patente, wenn der Patentinhaber um die Nichtigkeit seiner Patente weiss oder zumindest an deren materiellen Bestand Zweifel haben muss (BGE 108/1982 II 226 = GRUR Int. 1983 814: Faltrolladen; Mitt. 1978 220: Durch sieben Patente geschützt).

Der Vorwurf der Verletzung von Geschäftsgeheimnissen, wenn der Geheimnisträger wissen muss, dass sie nicht mehr geheim sind (Mitt. 1984 387: Vorgetäuschter Patentschutz).

156   Keine Herabsetzung bildeten jedoch:

Die Aussage in sachlich nüchterner Form, ein Konkurrent könne etwas nicht herstellen, ohne die eigenen Patente zu verletzen, und der Kunde begehe deshalb Patentverletzungen durch den Betrieb seiner vom

Konkurrenten erworbenen Anlage (Mitt. 1967 141: Stranggussanlagen).

Äusserungen betreffend die Unzulässigkeit der Titel Ingenieur HTL und Architekt HTL (BGE 93/1967 II 141).

Die unrichtige Behauptung, für einen bestimmten Anlagefonds seien kaum bezahlte Preise zu ermitteln (BGE 122/1996 IV 35: Anlagefonds).

Als *unnötig verletzend* wurden beispielsweise die folgenden Äusserungen über die Konkurrenz und deren Produkte beurteilt: 157

mauvaise imitation (BGE 17/1891 471);

minderwertig und mangelhaft (BGE 21/1895 1191);

gefährlich (ZR 27/1928 Nr. 163);

übelriechend und stinkend (BGE 56/1930 II 26: Maggi);

«Ohä, ohne Hänkel» (Ohä gegen Henkel); «berühmtes Götzenbild Persil», «grosskapitalistisches Unternehmen, das seine Rechtsstellung unbedingt und masslos ausnützt» (BGE 58/1932 II 461: Persil);

Wimmern Sie nicht über den hohen Preis, sondern «pängen» Sie hinfort fröhlichen Herzens (Päng gegen Vim, BGE 59/1933 II 20);

«N'achetez pas d'appareils américains – ne payez pas frs. 800.– pour un appareil incomplet» (BGE 61/1935 II 345: Maxa);

Der Schweizer Bürger solle gezwungen werden, Lux-Seife zu Fr. –.80 zu kaufen, obschon diese zu Fr. –.50 verkauft werden könnte; unrühmliche Berühmtheit, Trusttyrann (BGE 79/1953 II 411: Lux II);

«Dieser Kurs ist nicht zu verwechseln mit jenem des sogenannten 'Instituts für Bildungswesen Luzern'» (SJZ 54/1958 259 Nr. 146: Buchhaltungskurs);

die voreilige Mitteilung, gegen leitende Angestellte des Konkurrenzunternehmens sei ein Strafverfahren eingeleitet und das Strafverfahren werde voraussichtlich eine Verurteilung ergeben (Mitt. 1965 107);

die Behauptung, die Apotheke B. sei unzuverlässig, man gebe dort den Leuten gerade, was man wolle (BGE 92/1966 IV 95: Ehrverletzung, könnte heute als unlauterer Wettbewerb verurteilt werden);

«Kalksandstein eignet sich nicht für Brandmauern» (ZR 67/1968 Nr. 41 = GRUR Int. 1970 88: Neues von N.);

«Tatsächlich dient der hohe Preis bei Klein-Haushaltapparaten nicht selten dazu, den entsprechenden Gegenwert vorzutäuschen; wir halten es anders: unsere Preise sind fair» (SJZ 66/1970 277 Nr. 125);

Vorbehalte gegenüber der Konkurrenz wegen Lügens, Betrügens und Wuchers (SJZ 74/1978 195 Nr. 37: Wucher-Vorwurf);

der Kundenservice der Konkurrenz sei der teuerste und erst noch schlecht (Mitt. 1980 54: Anschwärzung);

Vorwurf unrichtiger Bilanzen und unkorrekten Geschäftsgebarens (SMI 1985 107: Drohende Enthüllungen);

«Verwechseln Sie dieses Produkt nicht mit einem Konkurrenzprodukt, welches Sojamehl enthält» (SMI 1986 329: Warnung vor Verwechslungen);

Formulierungen wie «Zittern in Tabakkreisen», «ausländische Zigarettenfabrikanten umgehen den Volkswillen», deren hohe Preise würden «auf dem Buckel des Konsumenten gerettet», die Schweizer Raucher würden «nach Strich und Faden geschröpft», die Zigarettenfabrikanten steckten sich einen «nicht zu rechtfertigenden Gewinn» in die Tasche, sie verdienten «viel zu viel», sie erzielten «unverschämte Preise» oder sie strichen «in der Schweiz unverantwortliche Supergewinne» ein, für die Tabak-Fabrikanten seien die «Schweizer Raucher die Dummen», die andern seien «Profiteure», «Preisvögte» oder «Zigarettenvögte», «die amerikanischen Fabrikanten würden sich hier so aufführen, dass sie dafür zu Hause ins Gefängnis kämen» und meinten, sie könnten «sich in der Schweiz schadlos halten», «das Tabakkartell halte die Preise künstlich hoch und mache die Zigaretten künstlich teuer», «die eigenen kartellfreien Zigaretten seien gleich gut, nur noch billiger als Kartellzigaretten», die Kunden sollten «von Kartell-Zigaretten auf ebenso gut schmeckende kartellfreie umsteigen» und es «fehlten Qualitätsunterschiede», «die Zigarettenfabrikanten seien mehrheitlich ausländisch beherrscht», die Zigarettenproduzenten «hätten Angst vor der Wahrheit» und würden den Konsumenten «weiterhin zuviel Geld abnehmen», die «Wahrheit über die Zustände und die herrschende Geistesverfassung im Tabakkartell dürfe nicht gesagt werden», der eingeklagte Grossverteiler dürfe «nach dem Willen des Tabakkartells und des Tabakhandels in Inseraten nicht sagen, was den Konsumenten interessiere» und was «ihm wichtig erscheine» (ZR 88/1989 Nr. 62: Tabakkartell).

Das auf richtiger tatbeständlicher Grundlage beruhende Werturteil, die Befürwortung von Tempo 100/130 sei in Anbetracht der dadurch in Kauf genommenen zusätzlichen Toten und Schwerverletzten «eine

menschen- und lebensverachtende Kampagne» (SMI 1991 249: Aufforderung zum Austritt).

Keine Herabsetzung im Sinne einer unnötigen Verletzung bildeten: **158**

der nicht wider besseres Wissen gegebene Hinweis eines Garagechefs,
das von der Klägerin stammende Motorenöl eigne sich nicht für Ford-
wagen (SJZ 54/1958 181 Nr. 99: Markenöl);

der Hinweis, das Konkurrenzunternehmen habe Personen angestellt,
welche andernorts wegen Unregelmässigkeiten entlassen worden seien
(Mitt. 1965 107);

die mit einem Kreuz durchgestrichene Abbildung mit einer Zahnprothese in einem mit Flüssigkeit gefüllten Zahnglas, ohne Nennung der
Marke der im Zahnglas befindlichen Reinigungsflüssigkeit (Mitt. 1980
48);

Lockvogelaktionen mit bekannten Markenartikeln (BGE 107/1981 II
285 = GRUR Int. 1982 467: Denner Preisaktionen);

der Vorwurf der Patentverletzung, solange der Patentinhaber nicht
ernsthafte Zweifel an der Rechtsbeständigkeit seines Patentes haben
muss (BGE 108/1982 II 225 = GRUR Int. 1983 814: Faltrolladen);

die unwahre Behauptung, ein Angestellter sei bei der Konkurrenz aus
gesundheitlichen Gründen ausgetreten (Mitt. 1984 398: Kreditschädi-
gung);

die Beschuldigung, der Konkurrent habe eine «Piratenausgabe» veröffentlicht, wenn mehrere Teile dieser Ausgabe wörtlich und andere mit
nur kleinen Abweichungen vom eigenen Werk übernommen wurden
(SMI 1985 114: Who's who);

die zutreffenden Behauptungen, ein Kartell zerstöre kleine Betriebe
und setze konsumentenfeindliche Verkaufspreise durch (VKK 21/1986
Nr. 67 S. 90 ff: Denner);

die sachliche Behauptung, Anteile eines bestimmten Fonds seien für
eine bestimmte Anlagestrategie nicht geeignet (BGE 122/1996 IV 35:
Anlagefonds).

3.2   **Andere Rufschädigungen**

Neuerdings werden Fälle bekannt, bei welchen Discounter   **159**
durch Ausstanzen von Code-Nummern usw. die Präsentation von Mar-

kenartikeln ungünstig beeinflussen und so das Image von Markenarti-
kelfabrikanten beeinträchtigen (vgl. Ziff. 2.5.9). Obwohl eine solche
Beeinträchtigung nicht vorsätzlich geschieht, sondern als Nebeneffekt
der Verschleierung des Bezugsortes auftritt und den Discounter ebenfalls schädigt (ist er doch an einer vorzüglichen Präsentation der angebotenen Produkte genau so interessiert wie der Markenartikelfabrikant
selbst), kann doch der Einfluss solcher Praktiken auf das Renommée
von Markenartikeln nicht geleugnet werden. Der Discounter setzt sich
jedoch darüber hinweg und nimmt einen Imageverlust zur Erzielung
eines höheren Umsatzes in Kauf. Die eventualvorsätzliche Beeinträchtigung von Präsentation und Image von Markenartikeln erscheint damit
als unlautere Schädigung des Fabrikanten, zumal es andere Mittel gäbe,
um den Lieferanten geheim zu halten (z. B. Umpacken, offener Verkauf).

160   Eine Rufschädigung kann auch vorliegen, wenn Markenartikel als
Vehikel für Lockvogelaktionen eingesetzt werden (vgl. Ziff. 4.5). Die
regelmässige Verbilligung immer wieder der gleichen Markenartikel
kann den Eindruck erwecken, deren Preise seien zur Vortäuschung einer
überdurchschnittlichen Qualität oder zur Aufpolierung des Markenre-
nommées generell überhöht. Der Markenartikelfabrikant braucht es
sich nicht gefallen zu lassen, in ein derart schiefes Licht zu geraten.
Dennoch hat das Bundesgericht die Lockvogelpolitik von Discountern
nicht als unlauter erklärt (BGE 107/1981 II 280 = GRUR Int. 1982 467:
Denner-Preisaktionen).

4. Irreführende Werbung

4.1 Irreführung im engeren Sinne

4.1.1 *Allgemeines*

Bereits die Generalklausel (Art. 2 UWG) nennt als wichtigsten **181** Fall unlauteren Wettbewerbes täuschendes Verhalten oder Geschäftsgebaren. Der Schutz von Treu und Glauben im Geschäftsverkehr verlangt gebieterisch die Wahrhaftigkeit in der Werbung. Art. 3 lit. b UWG verbietet daher kategorisch unrichtige oder irreführende Angaben, indem unnötig weitschweifig ausgeführt wird:

> Unlauter handelt, wer über sich, seine Geschäftsbezeichnung, seine Ware, Werke oder Leistungen, deren Preise, die vorrätige Menge oder seine Geschäftsverhältnisse unrichtige oder irreführende Angaben macht oder in entsprechender Weise Dritte im Wettbewerb begünstigt.

Hiezu ergänzt Art. 3 lit. i UWG: **182**

> Unlauter handelt, wer die Beschaffenheit, die Menge, den Verwendungszweck, den Nutzen oder die Gefährlichkeit von Waren, Werken oder Leistungen verschleiert und dadurch den Kunden täuscht.

Täuschung und Irreführung unterscheiden sich voneinander nur hinsichtlich ihrer Intensität. Täuschung verletzt die Wahrheit, Irreführung **183** die Klarheit. Täuschung wird durch Behauptungen bewirkt, deren Unrichtigkeit vom Durchschnittskäufer nur schwer oder gar nicht festgestellt wird. Irreführung liegt dann vor, wenn unrichtige Behauptungen nur zwischen den Zeilen suggeriert werden oder wenn sie an anderer, oft nicht leicht auffindbarer Stelle berichtigt oder präzisiert werden. Irreführungen können sogar auch in richtigen Angaben liegen, zum Beispiel, wenn übliche Qualitäten so herausgestrichen werden, dass sie als einmalig empfunden werden (vgl. Ziff. 2.5.2).

Angaben sind nur solche Aussagen, welche ernst genommen werden. **184** Marktschreierische Übertreibungen von Werturteilen, die ihrem Inhalt nach ohnehin nicht überprüft werden können, sind gestattet, falls sie vom Verkehr als Übertreibung erkannt werden (Mitt. 1981 167: Aargauer Blätter). Denn auch die Werbung kann so wenig wie die

Umgangssprache auf Übertreibungen verzichten, die sich nun einmal eingebürgert haben. Zulässig sind daher Ausdrücke wie «das Beste» (vgl. Ziff. 4.4.4), «unübertrefflich», «Backwunder», «Uhrendoktor», «Puppen-Klinik» usw. Bei humorvollen Slogans wird man die Toleranzschwelle ruhig etwas höher ansetzen dürfen als bei sachlichen Deklarationen.

185   Etwas grösser ist der Schutzbereich der Bestimmung gegen Verschleierungswerbung gemäss Art. 3 lit. i UWG. Solche kann nicht nur durch Angaben, sondern auch durch andere Mittel wie namentlich Produktegestaltung oder gar Unterlassung von Hinweisen erfolgen, z. B. durch Unterlassung des Hinweises, dass die unter einem Chiffre-Inserat beworbenen Occasionswaren von einem Occasionshändler angeboten werden (BGE 84/1958 IV 43: Occasionsmöbel). Art. 3 lit. i UWG beinhaltet daher unter Umständen auch eine eigentliche Deklarationspflicht, beispielsweise in bezug auf Warnaufschriften (vgl. Ziff. 11.4.6 und 11.4.7).

186   Angaben und Ankündigungen sind so auszulegen, wie sie der unbefangene Leser in guten Treuen verstehen darf, und nicht etwa so, wie sie der Werbungtreibende verstanden haben will (BGE 94/1968 IV 36 = GRUR Int. 1969 234: Billigste Preise der Schweiz). Der Sinn von Werbeäusserungen ist aufgrund der allgemeinen Lebenserfahrung und der besonderen Umstände des Einzelfalles zu ermitteln. Oft werden sie nur oberflächlich und wenig kritisch gelesen, worauf der Werbungtreibende Rücksicht zu nehmen hat. Sind Angaben mehrdeutig, haben alle möglichen Auslegungen zu stimmen, es wäre denn, sie seien derart wirklichkeitsfremd, dass sie mit Fug ausser acht bleiben dürfen. Auf Usanzen des Fachhandels kann sich der Werbungtreibende nicht berufen, wenn die Usanzen dem weiten Publikum nicht bekannt sind und dem allgemeinen Sprachverständnis zuwider laufen. Betrachtet der Fachhandel beispielsweise eine Uhr erst dann als wasserdicht, wenn sie als «100 % wasserdicht» angepriesen wird, so dürfen in der Publikumswerbung dennoch keine solchen Wortklaubereien angewendet werden, da es für den Konsumenten nur wasserdichte oder nicht-wasserdichte Uhren gibt (vgl. SJZ 67/1971 171 Nr. 70). Auch können Steigerungen die ursprüngliche Bedeutung des Wortes nicht ändern. Eine Seidenbluse hat aus Seide zu sein, unabhängig davon, ob sie «aus Seide», «aus echter Seide» oder gar «aus garantiert echter Seide» angepriesen wird. Selbst Ausdrücke wie «silk look», «seidiger Jersey», «Seidenglanz» weisen auf Naturseide hin, denn ein Konsument darf davon ausgehen, dass Artikel, die wie Seide ausse-

hen, auch aus Seide sind. Einzig geläufig gewordene Bezeichnungen für synthetische Waren, wie zum Beispiel «Kunstseide», sind geeignet, Qualitätshinweise zu denaturieren.

Unrichtige und täuschende Angaben können in der Regel nicht berichtigt werden; Widersprüche bleiben irreführend. Unlauter waren daher die folgenden Angaben:

Suisse – Schweizer Schokolade, hergestellt in Viersen bei Köln (BGE 32/1906 I 694);

Kölnisch Wasser «Alt Köln», Schweizer Erzeugnis (ZR 36/1937 Nr. 91);

«Extrakt aus reinem Kaffee. Mit natürlichem Aromaträger» für einen Pulverkaffee, dessen Kaffee-Extrakt bloss die Hälfte ausmacht (ZR 48/1949 Nr. 1);

«Goldbesteck» trotz der Präzisierung «vergoldet» im Inseratetext (BGE 111/1985 IV 185).

Eine Vielzahl von Verwaltungsvorschriften versucht, Definitionen **187** von bestimmten Werbeausdrücken zu geben und so deren irreführende Verwendung zu unterbinden. Namentlich in der Lebensmittelverordnung finden sich viele Bestimmungen, welche die Verwendung einzelner Ausdrücke von besonderen Bedingungen abhängig machen. Auch die Grundsätze der Lauterkeitskommission befassen sich verschiedentlich mit der Verwendung einzelner Begriffe in der Werbung, so die Grundsätze Nr. 5.11 (Versicherung), 5.2 (Bank, Sparen, Anlagefonds), notariell beglaubigte Auflage), 5.8 (Edelsteine, Edelmetalle, Doublé- und Ersatzwaren). Die Verwendung unklarer oder mehrdeutiger Begriffe (z. B. «Garantie») in Allgemeinen Geschäftsbedingungen kann unter Umständen gemäss Art. 8 UWG verfolgt werden (vgl. Ziff. 4.3).

4.1.2   *Irreführung über geschäftliche Verhältnisse; Missbrauch von Titeln*

Die Wahrheit und Klarheit von Firmeneintragungen wird durch **188** die Handelsregisterämter überprüft. Wettbewerbsrechtliche Urteile hierüber sind relativ selten.

Unrichtige Angaben über die Geschäftsbezeichnung liegen schon **189** dann vor, wenn über die eigene Firma ungenau orientiert wird. Grundsatz Nr. 3.1 der Lauterkeitskommission legt daher zur Firmengebrauchspflicht in der Werbung folgendes fest:

> Wer nach kaufmännischer Art eine selbständige, auf dauernden Erwerb gerichtete wirtschaftliche Tätigkeit betreibt (u. a. Handels- und Fabrikationsunternehmen), hat im Geschäftsverkehr und insbesondere auch in der Werbung die im Handelsregister eingetragene oder eine allgemein bekannt gewordene Kurzbezeichnung oder eine eingetragene Marke, bei Nicht-Eintrag die nach den Bestimmungen über die Firmenbildung vorgeschriebene Bezeichnung unverändert und ausnahmslos zu gebrauchen. Die Firmenbezeichnung ausländischer Zweigniederlassungen oder Betriebsstätten hat den Gesetzen am Ort der Hauptniederlassung zu entsprechen, muss wahr sein, darf nicht irreführen, insbesondere nicht über die Nationalität des Geschäftes täuschen, sowie keinem öffentlichen Interesse zuwiderlaufen.

> Unzulässig und damit unlauter sind alle Angaben, Änderungen oder Weglassungen am Wortlaut der Firma, die geeignet sind, das Publikum über wesentliche, tatsächliche oder rechtliche Verhältnisse irrezuführen, wie insbesondere das Weglassen des Familiennamens des Inhabers bei Einzelfirmen, die Führung von Enseignes oder sonstiger Geschäftsbezeichnungen anstelle von Firmenbezeichnungen, die Nichtangabe des Sitzes der Hauptniederlassung bei Zweigniederlassungen oder blossen Betriebsstätten ausländischer Unternehmen.

190   In der Werbung muss zwar von Gesetzes wegen die Firma des Werbenden in der Regel nicht eindeutig bezeichnet werden (ausgenommen bei Ankündigungen von Abzahlungskäufen und Konsumkrediten, vgl. Ziff. 11.1, in der Direktwerbung und bei Stelleninseraten, vgl. Ziff. 2.6.3, sowie bei Haustürgeschäften und ähnlichen Verträgen, Art. 40 c OR), sondern es genügt, wenn der Werbungtreibende unter einem Kurznamen oder einer (Phantasie-)Dienstleistungsmarke auftritt. Insbesondere ist auch anonyme Werbung zulässig (Chiffre-Inserate, Inserate von Personalvermittlern usw.). Die Firmengebrauchspflicht besteht jedoch beim Abschluss von Verträgen, der Stellung von verbindlichen Angeboten, dem Ausstellen von Quittungen wie überhaupt bei jeder firmenmässigen Zeichnung (BGE 103/ 1977 IV 203 = Praxis 66/1977 Nr. 237: Rispa).

191   Irreführend war etwa die Verwendung folgender Ausdrücke:

> Übernahme der Firma eines weggezogenen und umfirmierten Reisebüros durch ein neu gegründetes Reiseunternehmen, wenn das neue

Unternehmen im gleichen Geschäftslokal betrieben wird (SJZ 54/1958 290 Nr. 154: Flora-Reisen);

«Staatlich geprüft und bewilligt» für einen Privatdetektiv, der keinen gewerbepolizeilichen Beschränkungen unterliegt und keiner Bewilligung bedarf (SIZ 57/1961 130 Nr. 30);

«International» für eine schweizerische Gesellschaft, die im Ausland keinen Betrieb unterhält, noch an ausländischen Gesellschaften beteiligt ist (BGE 87/1961 I 305, firmenrechtlicher Entscheid);

«Möbel- und Bettenhaus» für eine Bettwarenfabrik (SJZ 66/1970 Nr. 115);

«Taxizentrale» für einen Einmannbetrieb (SJZ 68/1972 99 Nr. 41: Direktor);

«Rispa-Neuheiten-Direktversand», «Rispa-Glückwunschversand», «Euromail International» als alleinige Namen der im Handelsregister ohne Zusatz eingetragenen Firma «Spaeth AG» (BGE 103/1977 IV 203 = Praxis 66/1977 Nr. 237, firmenstrafrechtlicher Entscheid, müsste aber bei wettbewerbsrechtlicher Beurteilung gleich entschieden werden);

«Vertreter» oder «Agent», wenn diese Stellung nicht durch Vertrag eingeräumt worden ist (Mitt. 195573, BGE 105/1978 II 60: Singer-Nähmaschinen);

«Aufsichtsbehörde: Eidgenössisches Departement des Innern, Bern», anlässlich der Sammelaktion einer Stiftung, da so der Eindruck erweckt wird, diese Aktion unterscheide sich von anderen durch eine spezielle staatliche Kontrolle (BGE 105/1979 II 73: Gemeinsam-Stiftung; verwaltungsrechtlicher Entscheid, müsste aber bei wettbewerbsrechtlicher Beurteilung gleich entschieden werden);

«Wir sind Händler und Fabrikanten», wenn nur Händlereigenschaft vorliegt (BGE 106/1980 IV 222: Fabrikpreis);

«Brockehus», für ein Unternehmen, das nicht auf gemeinnütziger Basis betrieben wird (SJZ 80/1984 132 Nr. 21).

Beliebt ist die Werbung mit hohem Firmenalter. Die Praxis ist freilich **192** nicht sehr streng und lässt formelle Umstrukturierungen unbeachtet (BGE 70/1944 II 162). Auch mehrdeutige Ausdrücke werden toleriert (SMI 1986 257: Four centuries old tradition).

Obwohl die Verwendung unrichtiger Titel und Berufsbezeichnungen **193** bereits als unzutreffende Angabe über die eigenen Leistungen gemäss

Art. 3 lit. b UWG geahndet werden könnte, hat es der Gesetzgeber für notwendig befunden, dies in der Spezialnorm des Art. 3 lit. c UWG zu verdeutlichen:

> Unlauter handelt, wer unzutreffende Titel oder Berufsbezeichnungen verwendet, die geeignet sind, den Anschein besonderer Auszeichnungen oder Fähigkeiten zu erwecken.

Analog dazu hält Grundsatz 2.2 betr. die Verwendung akademischer Titel fest:

> Die Verwendung ausländischer, akademischer Titel in der Werbung ist unlauter, sofern nicht nachgewiesen werden kann, dass zur Erlangung eine vergleichbare Voraussetzung wie in der Schweiz erfüllt werden musste.

194   Der wettbewerbliche Titelschutz wird ergänzt durch das Berufsbildungsgesetz, das die Anmassung von Titeln, die erst nach einer bestandenen Prüfung verliehen werden, mit Haft oder Busse bedroht. Den Kantonen steht es frei, für die von ihnen verliehenen Fähigkeitsausweise weitere Titel vorzusehen.

Die Praxis hat folgende Kreationen verurteilt:

> «Zahnarzt», für einen nur kantonal patentierten Zahnarzt, da verwechselbar mit eidg. dipl. Zahnarzt (ZBl 47/1946 376);

> «internat. diplom. Fachfotograf», für einen Fotografen, der das eidgenössische Meisterdiplom «dipl. Fotograf», nicht besitzt, aber an Ausstellungen in Italien oder Österreich mit einem Diplom ausgezeichnet worden ist (VEB 23/1953 187 Nr. 94);

> «eidg. dipl. Coiffeurmeister», für einen dipl. Herrencoiffeur, der einen Damensalon betreibt (ZR 57/1958 Nr. 129);

> «Inhaber des schweiz. Fähigkeitsausweises», für gelernten Installateur mit Fähigkeitszeugnis (Mitt. 1960 84);

> «Horlogers qualifiés», für Uhrenmacher, da es keine solche Berufsbezeichnung gibt (Mitt. 1969 179);

> «Ingenieur HTL», statt «Ingenieur-Techniker HTL», da verwechselbar mit dipl. Ing. ETH (BGE 93/1967 II 135);

> «Direktor», für den Inhaber eines Einmannbetriebes (SJZ 68/1972 99 Nr. 41: Taxi-Zentrale);

«Maître-opticien», falls nur der Vorgänger ein Meisterdiplom hatte (Mitt. 1983 II 103).,

«Avocat», falls nur lic.iur. (SMI 1990 394).

Von einem Doktortitel wird erwartet, er sei in der Schweiz erworben **195** worden, oder er entspreche zum mindesten den in der Schweiz üblichen Anforderungen, wie längeres Fachstudium, einlässliche Prüfung und wissenschaftliche Dissertation (VEB 31/1963 108 Nr. 53). Dementsprechend dürfen Doktortitel oder gar Ehrendoktortitel, die an amerikanischen oder anderen Scheinuniversitäten erworben wurden, nicht zum wirtschaftlichen Wettbewerb eingesetzt werden (SJZ 55/1959 10 Nr. 2 Ambrosiana, 77/1981 390 Nr. 58: Collegium Neotarianum Philosophiae, BGE 113/1987 II 281: Universidad Politécnica de El Salvador). Witwen dürfen den Doktortitel ihres verstorbenen Ehemannes nicht führen (VEB 17/1944 197 Nr. 96).

Unlauter kann auch die Verwendung eines richtigen Titels sein, wenn **196** er falsche Erwartungen weckt. Unzulässig wäre es, eine Arznei mit dem Hinweis: «nach einem Rezept von Professor Eisenstein» anzupreisen, wenn dieser nicht Mediziner, Chemiker oder Pharmakologe, sondern beispielsweise Jurist wäre.

4.1.3   *Irreführung über geographische Herkunft*

Die Verwendung von geographischen Angaben ist an die Bedin- **197** gung geknüpft, dass die damit versehenen Waren tatsächlich aus der angegebenen Gegend stammen. Die geographische Örtlichkeit wird dabei oft als pars pro toto für das ganze Land verstanden, vor allem wenn ihr kein besonderer Ruf zukommt. Säntis-Batterien müssen aus der Schweiz, Florida-Getränke aus den USA stammen. Naturerzeugnisse müssen am angegebenen Ort gewachsen sein, die Bearbeitung kann freilich anderswo erfolgen. Industrielle und handwerkliche Erzeugnisse gelten als von dort herstammend, wo der wesentliche Teil der Herstellungskosten anfällt. Zudem sollen die wesentlichen Bestandteile und der Fabrikationsprozess, welche einem Produkt die charakteristischen Merkmale verleihen, mit dem behaupteten Ursprung übereinstimmen (PMMBl 21/1982 1 82 = GRUR Int. 1983 882); bei komplizierten Waren auch das im Fabrikat verkörperte geistige Eigentum.

198   Etwas vereinfachend legt Grundsatz Nr. 2.1 der Lauterkeitskommission zur Verwendung des Begriffs «Schweiz» fest:

> Der Begriff «Schweizer Ware» oder eine gleichlautende Bezeichnung in der Werbung ist unlauter, mit Ausnahme für
> 1. Einheimische Produkte
> 2. Fabrikate,
>   – soweit sie zu 100 % in der Schweiz hergestellt werden,
>   – soweit sie in der Schweiz zu neuen Produkten mit mehrheitlich anderen typischen Merkmalen und mit einem völlig verschiedenen Gebrauchsnutzen umgestaltet werden,
>   – soweit eine sonstige Verarbeitung in der Schweiz wertmässig mindestens 50 % der totalen Produktionskosten (Rohmaterialien, Halbfabrikate, Zubehörteile, Löhne, Fabrikationsgemeinkosten) ausmacht.
>
> Ein Handels-, Fabrikations- oder sonstwie nach kaufmännischen Grundsätzen geführtes Unternehmen darf sich in der Werbung nur dann als «Schweizerisch» oder gleichlautend bezeichnen, wenn es, vorbehältlich der Einzelfirmen mit einem Jahresumsatz von weniger als Fr. 100 000.–, in der Schweiz als Firma im Handelsregister eingetragen ist und in dem beworbenen Bereich in der Schweiz eine Tätigkeit ausübt.

199   Wird eine Ware unter Lizenz hergestellt, so ist als Fabrikationsort der Sitz des Lizenznehmers und nicht jener des Lizenzgebers zu betrachten (BGE 89/1963 I 54 = GRUR Int. 1963 609: Berna; PMMBl 19/1980 1 17: Italia). Die Verwendung sogenannter entlokalisierender Zusätze (z. B. nach Art von, Typ, Façon, Genre, Nachahmung, Rezept) schliesst im allgemeinen die Verwechselbarkeit mit der verwendeten Ortsbezeichnung nicht aus.

200   Einzelne geographische Herkunftsangaben haben sich freilich im Laufe der Zeit zu Gattungsbezeichnungen umgewandelt (z. B. Eau de Cologne, nicht aber Kölnisch Wasser, oder Frankfurterli, nicht aber Frankfurter Würstchen). In der heutigen Zeit wird dies jedoch durch einen wirksamen Schutz der Herkunftsbezeichnungen weitgehend verhindert. An die Umwandlung geographischer Angaben zu Waren- oder Sortennamen ist daher ein strenger Massstab anzulegen; im Zweifel ist zugunsten des Schutzes als geographische Herkunftsangabe zu entscheiden (PMMBl 21/1982 I 82 = GRUR Int. 1983 882). Dies führt dazu, dass in der Schweiz noch Herkunftsangabe sein kann, was in Deutschland bereits Gattungsbezeichnung ist (PMMBl 13/1974 I 11 = GRUR Int. 1975 26: Holiday Pils).

Keine geographischen Angaben sind offensichtliche Phantasiebe- **201**
zeichnungen wie Congo-Salbe, Eiscreme Nordpol usw. Indessen haben
sich mittelbare Herkunftsangaben (wie die Verwendung von Städtebil-
dern, von Abbildungen typischer Bauten, Denkmälern, Bergen, von
historischen Persönlichkeiten, Trachten und Uniformen, von Folklore-
motiven, typischen Sprachausdrücken, Landessymbolen, flaggenartigen
Farbkombinationen, ausländischen Schriften oder Sitzangaben des Wie-
derverkäufers) an die allgemeinen Regeln zu halten.

Die Richtigkeit einer geographischen Bezeichnung wird meistens **202**
schon von den Handelsregisterbehörden oder dem Bundesamt für Geistiges Eigentum im Rahmen des Firmen- und Markeneintragungsver-
fahrens überprüft. Die dort erarbeiteten Grundsätze lassen sich sinngemäss auch auf das Wettbewerbsrecht anwenden, zumal hier die Praxis
spärlich ist. Irreführend waren etwa:

> Italienische Nationalfarben für schweizerische Tabakwaren (BGE 38/
> 1912 II 546, 41/1915 II 281),

> «Vino Vermouth», für in Zürich hergestellten Wermut (ZR 34/1935
> Nr. 175),

> «Kölnisch Wasser», für ein Schweizer Erzeugnis (ZR 36/1937 Nr. 91),

> «La Française», für Schweizer Zigaretten (BGE 73/1947 II 134),

> «Schweizer Gruss», für im Ausland gezüchtete Rosen (BGE 79/1 253,
> markenrechtlicher Entscheid),

> die Verwendung eines Bandes mit den französischen Landesfarben und
> der Bezeichnung «Nationales», für algerische Zigaretten (BGE 84/
> 1958 II 454),

> «Genova», für Bieler Uhren (Mitt. 1968 84),

> «Swissor» und «Helvetio», für ausländische Füllhalter (Mitt. 1969 61),

> «Elle est tellement France», für eine in der Schweiz hergestellte Ziga-
> rette, die ausser französischen Kapitals keine Beziehungen zu Frank-
> reich hat (Mitt. 1969 82),

> «Bienna», für ausländische Uhren (Mitt. 1971 210, 1975 107),

> «Saucisson vaudois», für eine in Genf hergestellte Wurst (Mitt. 1984
> 323),

> «Swiss Panzer», für ein in Deutschland hergestelltes, aber für die
> Schweiz bestimmtes Türschloss (SMI 1986 95).

«Swiss Chocolate Liqueur», für einen im Ausland unter Verwendung von Schweizer Schokolade produzierten und abgefüllten Liqueur (SMI 1996 302).

203   Nicht täuschend waren demgegenüber:

«Solis», für zürcherische Heizkissen, da Bündner Gemeinde Solis unbekannt (BGE 79/1953 II 101),

«Dobb's of London», für zürcherische Kosmetikartikel, da London keinen besonderen Ruf hiefür haben soll (Mitt. 1961 148),

«Jena», für Mainzer Glaswaren (Mitt. 1961 62),

«Parisiennes», für schweizerische Zigaretten, da sich diese Bezeichnung im Verkehr durchgesetzt haben soll (BGE 89/1963 I 296: Dorset & La Guardia),

«Tea blended in London», für einen in Liverpool gemischten Tee, wenn der Rezepteigentümer in London ansässig ist (SMI 1985 144),

«Maraschino di Zara», als italienische Bezeichnung für jugoslawischen Likör, wenn daneben deutlich der jugoslawische Herkunftsort «Zadar», angegeben wird (SMI 1986 257),

«Sabag Luzern AG», für eine Firma mit Hauptbetriebsstätte in Rothenburg, wobei sich der Sitz mit kleinem Geschäftsbüro in Luzern befinden (SMI 1987 131).

4.1.4.   *Irreführung über die Qualität*

204   Irreführende Angebotsgestaltung erreicht namentlich dann die Schwelle der Unlauterkeit, wenn wesentliche Angaben für den Gebrauch verschleiert werden. Auch korrekte Angaben verhindern eine Irreführung nicht, wenn durch die Art der Aufmachung falsche Vorstellungen über den Inhalt einer Packung geweckt werden. Entsprechend dürfen selbst richtig und mit Warnaufschriften gekennzeichnete Gifte nicht in der Form von Spielzeugen, Scherzartikeln, Lebensmitteln und dergleichen in den Verkehr gebracht werden (Art. 40 Giftverordnung). Legt der Gesamteindruck nahe, dass eine besondere Qualität einer bestimmten Ware angeboten wird, dies jedoch durch Aufschriften widerlegt wird, so liegt bereits eine Irreführung des Käufers vor. Verkaufsanpreisungen und Produkteinformationen sind daher besonders sorgfältig zu redigieren.

Typischer Fall von Irreführung über die Beschaffenheit ist die unzu- **205**
treffende Behauptung, eine Ware sei gesetzlich geschützt oder habe eine
gewerbliche Auszeichnung errungen. Verbote von Schutzrechtsbe-
rühmungen finden sich in den meisten Spezialgesetzen des Immaterialgüterrechtes. Unzulässig waren etwa die Ausdrücke:

> «Patent angemeldet», bei Fehlen einer Patentanmeldung (BGE 82/
> 1956 IV 206),

> «patentiert», bei blossem Vorliegen einer Patentanmeldung (Mitt. 1960
> 189, 1984 387),

> «Name geschützt», bei Fehlen einer Markenhinterlegung (BGE 82/
> 1956 IV 205).

Des weiteren wurde etwa die Verwendung folgender Ausdrücke mit **206**
Erfolg beanstandet:

> «Extrakt aus reinem Kaffee», für eine Zusammensetzung aus Kaffee-
> Extrakt und nicht kaffeeeigenen Kohlehydraten (ZR 48/1949 Nr. 1, 491
> 1950 Nr. 33);

> «Verbandwatte», für eine Mischung aus Baumwolle und Kunstfasern
> (BGE 81/1955 II 67);

> «fabrikneu», für Uhren, welche nach Ausmerzen der Fabrikations-
> nummern zum vollen Preis angeboten werden (SJZ 53/1957 368: Ome-
> ga);

> «Modell-Mass», für Konfektion, nicht aber «industrielles Modell-
> Mass», (BGE 88/1962 II 54, Mitt. 1967 92);

> «komplette Dreizimmereinrichtung», für Wohnungseinrichtungen
> ohne Bettinhalt (BGE 90/1964 IV 45);

> «wasserdicht», für eine Uhr, die nicht ohne Schaden zu nehmen wäh-
> rend längerer Zeit im Wasser getragen werden kann (SJZ 67/1971 161
> Nr. 70);

> «Internationaler Fern- und Direktunterricht», für eine zürcherische
> Fernschule mit 8 % Schülern im Ausland (ZR 75/1976 Nr. 75, E. 7
> S. 193: Akademikergemeinschaft II);

> «das ärztlich empfohlene Schlafsystem», «das Schlafsystem, das Ihren
> Rücken wieder gesund werden lässt», wenn keine neutralen und ob-
> jektiven Ärzte das Produkt empfohlen haben (Mitt. 1982 214);

«Serienmässig mit Semperit», wenn mit Semperit-Reifen ausgerüstete Fahrzeuge höchstens in kleinen Spezialserien in die Schweiz gelangen (SMI 1987 121);

«Baumwollputz», für Innenputz, der weniger als 50 % Baumwolle enthält (SMI 1990 185)»,

«Le plus grand centre Opel du Canton», für ein gemeinsames Inserat von 2 Autohändlern, von denen nur der eine eine Opel-Vertretung hat (SMI 1990 417: Garage du Roc),

«Sauce für Spaghetti Bolognese», wenn kein Hackfleisch dabei ist (SMI 1990 203).

207   Andrerseits nahmen die Gerichte keinen Anstoss an den Bezeichnungen:

«Wir entwerfen und bauen unsere Möbel selbst», wenn das Zeichnen, die Auswahl der Materialien, die Herstellungsüberwachung und das Zusammensetzen durch einen Innenarchitekten erfolgt (SJZ 55/1959 110 Nr. 51);

«Plasticleder», für nicht-tierisches Leder (BGE 87/1961 II 345), könnte heute aber auch als plastifiziertes Naturleder verstanden werden;

«Swissor», für Füllhalter, von denen nicht sämtliche Metallteile aus reinem Gold bestehen (Mitt. 1969 64);

«permanence dentaire», für eine Zahnarztpraxis, die zwar täglich, aber nicht nach 22 Uhr geöffnet ist (BGE 102/1976 IV 265);

«Le plus grand centre Opel», für eine Garage, die wohl den grössten Opel-Umsatz des Kantons, nicht aber der Westschweiz aufweist (SMI 1990 418: Garage du Roc).

4.1.5   *Irreführung über Menge und Vorrat*

208   Nicht nur die Qualität, auch die Quantität hat den Erwartungen zu entsprechen. Die Gesetzgebung über das Messwesen verlangt denn auch, dass Packungen und Behältnisse nicht durch die Art ihrer Aufschriften oder durch ihre Aufmachung über die vorhandene Warenmenge täuschen (Art. 10 Abs. 2 DV). Das Konsumentinnenforum hat daher die Regel aufgestellt, dass der Kostenanteil der Verpackung nicht mehr als 10 % des Warenpreises betragen soll.

Waren, die nicht oder nicht in ausreichendem Vorrat zur Verfügung **209** stehen, dürfen nicht besonders angepriesen werden (Mitt. 1955 73: erhebliche Werbung; BGE 107/1981 II 285 = GRUR Int. 1982 467: Denner-Preisaktionen). Reklame für nicht vorhandene Güter ist Lockvogelwerbung in optima forma (vgl. Ziff. 4.5). Dies gilt namentlich auch für inserierte Billigreisen, wo die (wenigen) Zimmer mit dem angepriesenen Minimalpreis nicht schon lange vor Erscheinen des Inserates ausgebucht sein dürfen. In Zweifelsfällen ist der Vorrat bekannt zu geben. Wenn eine Discountkette mit einer Vielzahl von Filialen eine Million Schokoladetafeln anbietet, so ist nicht zu beanstanden, wenn die beliebteste Sorte in einigen Verkaufsstellen schon nach 1–2 Tagen nach der Anzeige nicht mehr erhältlich ist.

Werbung für eine beschränkte Warenmenge ist im Zusammenhang **210** mit einer angekündigten Vergünstigung früher als bewilligungspflichtige Ausverkaufs-Veranstaltung betrachtet worden. Seit der Aufhebung der Ausverkaufsregelung ist die Frage der Zulässigkeit der Bewerbung beschränkter Warenmengen jedoch obsolet geworden.

4.1.6 *Irreführung über den Preis*

Für alle Waren, die dem Konsumenten zum Kauf angeboten **211** werden, sowie für die meisten Dienstleistungen ist der tatsächlich zu bezahlende Preis in Schweizerfranken (Detailpreis) bekanntzugeben (Art. 16 UWG, vgl. Ziff. 11.4.2 und 11.5.3). Die Werbeangaben sollen dem Interessenten ein ungefähres Bild darüber vermitteln, welche Gegenleistungen er für den zu bezahlenden Preis erwarten darf. Das Bundesamt für Industrie, Gewerbe und Arbeit hat verschiedene Empfehlungen betreffend den Vollzug der PBV veröffentlicht, welche insbesondere die Anforderungen an die Spezifizierung verschiedener Waren und Dienstleistungen näher umschreiben (vgl. Ziff. 11.5.3). Werden in der Werbung Preise genannt, so muss deutlich angegeben werden, auf welche Ware und Verkaufseinheit oder auf welche Art, Einheit und Verrechnungssätze von Dienstleistungen sich der Preis bezieht. Die Waren sind nach Marke, Typ, Sorte, Qualität oder Eigenschaften oder dergleichen zu spezifizieren. Insbesondere muss sich der genannte Preis auf die allenfalls abgebildete oder mit Worten bezeichnete Ware beziehen (Mitt. 1953 218: Gasherde ab Fr. 319.–). Unlauter wäre namentlich die Wiedergabe eines teureren Modells mit einer billigeren Preisangabe unter Hinzufügung der Präzisierung «ab Fr. ...», da sich so der Leser über den wirklichen Preis kein Bild machen kann.

212   Selbst die Benennung des Preises kann irreführend sein. So wird unter der Angabe «Fabrikpreis» jener Preis verstanden, den der Fabrikant einem Wiederverkäufer (Grossist oder Detaillist) in Rechnung stellt. Wer das Produkt nicht selbst fabriziert, kann es nur dann zum Fabrikpreis verkaufen, wenn er auf Gewinn und Deckung der Kosten im Zusammenhang mit der Verteilung an den Konsumenten (Lager, Miete, Verkaufspersonal) verzichtet (BGE 106/1980 IV 220; a.A. SMI). Ebenso dürfen Preisermässigungen nicht als eigene Leistung des Detaillisten dargestellt werden, wenn dessen Marge gleich bleibt und sie nur aufgrund von Preisermässigungen des Fabrikanten möglich geworden sind (BJM 1954 213: Radiopreise).

213   Werbung mit den eigenen, billigen Preisen mündet oft in mittelbare Preisvergleiche mit der Konkurrenz (vgl. Ziff. 4.4.3). Aus diesem Grunde ist die Werbung mit Preisangaben für Spirituosen generell verboten worden (Art. 42 b Abs. 2 AlkG).

214   Bereits das Wettbewerbsgesetz enthält vier Bestimmungen über die Preisbekanntgabe an Konsumenten, welche durch die Verordnung über die Bekanntgabe von Preisen vom 11. Dezember 1978 (PBV) ergänzt werden. Sie will die Klarheit und Vergleichbarkeit von Preisen und damit Markttransparenz und Preisbewusstsein fördern. Von besonderer Bedeutung ist die Pflicht zur Spezifizierung der Preise, namentlich auch in der Werbung. Bezüglich der irreführenden Preisbekanntgabe sieht Art. 18 UWG folgendes vor:

> Es ist unzulässig, in irreführender Weise
> a. Preise bekanntzugeben;
> b. auf Preisreduktionen hinzuweisen oder
> c. neben dem tatsächlich zu bezahlenden Preis weitere Preise aufzuführen.

215   Die detaillierte Darstellung der verwaltungsrechtlichen Vorschriften zur Preisbekanntgabe erfolgt unter Ziff. 11.4.2 und 11.5.3, diejenigen zu den Preisvergleichen unter Ziff. 4.4.3. Soweit diese Vorschriften die Irreführung der Konsumenten verhindern wollen, stellt deren Übertretung auch unlauteren Wettbewerb dar. Mit der verwaltungsrechtlichen Durchsetzung der Preisbekanntgabe hat jedoch die zivilrechtliche Ahndung irreführender Preisangaben vollständig an Bedeutung verloren.

Unlauter waren etwa die folgenden Aussagen: **216**

> «Jeder macht's auf seine Weise, – A. senkt die Radiopreise!», wenn die Preissenkungen nicht auf Kosten des A., sondern auf Kosten seiner Lieferantin gehen (BJM 1954 213),

> «Billigste Preise der Schweiz», wenn dies von einem anderen Händler widerlegt werden kann, da er billiger offeriert (BGE 94/1968 IV 347 = GRUR Int. 1969 234),

> «Enorme Rabatte», «60 % des üblichen Preises», wenn das Unternehmen ausserhalb des Liquidationsverkaufes die gleichen Preise verlangt (BGE 101/1975 IV 344),

> «Fabrikpreise», wenn die Waren teurer als zum Verkaufspreis ab Fabrik abgegeben werden (BGE 106/1980 IV 218, a.A. SMI 1995 410: Fabrikpreise),

> «Garantiert günstigste Preise», wenn dies nur auf einen Teil der Leistungen zutrifft, aber allgemein proklamiert wird (Mitt. 1984 370),

> «Garantiert tiefste Preise in der Schweiz», wenn der Verkäufer nur bereit ist, die Preisdifferenz zu allfällig nachgewiesenen billigeren Preisen zurückzuerstatten (Mitt. 1984 376).

4.1.7 *Irreführung über Auszeichnungen und Referenzen*

In der Werbung dürfen Gutachten, Zeugnisse und Empfehlun- **217** gen Dritter nur dann erwähnt werden, wenn sie echt und durch die Erfahrungen ihrer Urheber gerechtfertigt sind. Eine Bezugnahme auf fiktive Referenzpersonen hat selbst dann zu unterbleiben, wenn über die Fiktion keine Unklarheit bestehen kann. Die Verwendung von Medaillen und Diplomen ist näher zu präzisieren. Es genügt die Angabe des Jahres, des Ortes und der Art der Ausstellung, an welcher eine Auszeichnung erworben wurde. Die Angaben müssen so genau sein, dass ihre Überprüfung möglich ist. Sie müssen auch dann gemacht werden, wenn blosse Hinweise (z. B. Marke Goldmedaille) gegeben werden (BGE 22/1896 798).

In der Werbung verwendete Gutachten, Zeugnisse und Empfehlun- **218** gen Dritter müssen im Original vorgelegt oder sonstwie belegt werden können. Dies gilt auch für ausländische Gutachten, da man sie dort überprüfen können muss, wo sie als Werbeargument verwendet werden. Äusserungen namentlich genannter Dritter dürfen überdies aus Gründen des Persönlichkeitsschutzes dann nicht veröffentlicht werden, wenn der Autor sein Einverständnis hiezu nicht gibt oder widerruft. Dies gilt auch, wenn lediglich auf den Namen eines Dritten als Erfinder hingewiesen wird, es wäre denn, dessen Name sei zur Beschreibung des Produktes gebräuchlich geworden (Dieselmotor, Röntgenapparat).

219   Die Lauterkeitskommission hat hiezu Grundsätze über Testimonials und Referenzen sowie über ausländische Gutachten und dergleichen erlassen:

Grundsatz Nr. 3.3

Testimonials sind subjektive Aussagen von natürlichen Personen über ihre Erfahrungen mit bestimmten Produkten oder Dienstleistungen. Sie haben sich auf Angaben zum Produkt oder zur Dienstleistung zu beschränken. Sie müssen hinsichtlich ihres Inhaltes und Urhebers belegt werden können.

Jeder Hinweis auf Personen soll wahr und nicht irreführend sein. Die Bezugnahme auf fiktive Personen hat selbst dann zu unterbleiben, wenn über die Fiktion keine Unklarheit bestehen kann.

Grundsatz Nr. 3.5

Die Werbung mit ausländischen Gutachten und dergleichen, die als Werbeargumente verwendet werden, ist unlauter, sofern sie in der Schweiz nicht verifizierbar sind.

220   Verwaltungsrechtlich wird gelegentlich für bestimmte Produkte die Verwendung von Zeugnissen, Gutachten oder Empfehlungen zu Werbezwecken überhaupt verboten, so für Heilmittel (Art. 7 lit. c IKS-Regulativ) und Gifte (Art. 52 Abs. 2 Giftverordnung). Bezüglich der Verwendung von Medizinalpersonen legt Grundsatz Nr. 2.4 der Lauterkeitskommission überdies fest:

In der Werbung für Erzeugnisse, Vorrichtungen und Methoden, die der IKS nicht unterstehen, aber mit der Gesundheit in Verbindung gebracht werden, ist es nicht gestattet, in einer Weise auf Medizinalpersonen oder medizinisch-technisches Fachpersonal als Referenzen oder anderweitig hinzuweisen, die dem beworbenen Erzeugnis den Anschein eines Heilmittels oder eines heilmittelähnlichen Produktes gibt.

4.1.8   *Irreführung über Verkaufsanlass und Verkaufsbedingungen*

221   Aus der Werbung soll ersichtlich sein, ob es sich beim Werbetreibenden um einen Geschäftsmann oder einen Privaten handelt. Es wäre täuschend, wenn sich ein Kaufmann als Privatmann ausgäbe, da bei Käufen von diesen vielmehr die Erwartung einer günstigen Gelegenheit mitschwingt (BGE 84/1958 IV 43: Occasionsmöbel).

Aus den Verkaufsbedingungen dürfen sich keine Unklarheiten ergeben. Über solche wird oft geklagt im Zusammenhang mit der «garantierten Rückgabemöglichkeit», mit welcher im Direktverkauf verschiedener Produkte geworben wird. Grundsatz Nr. 3.11 der Lauterkeitskommission legt daher fest: 222

> Jede Werbung, die die Rückgabe eines Produktes innert einer bestimmten Frist in Aussicht stellt, ist unlauter, sofern sie nicht die folgenden Anforderungen erfüllt:
> 1. Wird die Rückgabe ohne nähere Bedingungen oder in genereller Weise wie z. B. durch Wendungen «bei Nichtgefallen Geld zurück» und dergleichen angeboten, so muss das unbeschädigte Produkt unter gleichzeitiger Rückerstattung der entrichteten Kaufsumme Zug um Zug ohne jegliche Abzüge und ohne Vorbehalt zurückgenommen werden.
> 2. Ist die Rücknahme an gewisse Bedingungen gebunden, so müssen diese klar und allgemein verständlich in der Werbung genannt werden. Der Empfänger ist lediglich gehalten, das Fehlen dieser Bedingungen glaubhaft zu machen.
> 3. Die Rückgabefrist für Produkte mit einer zugesicherten Eigenschaft oder Wirkung muss so bemessen sein, dass dem Empfänger die Überprüfung und Beurteilung dieser Eigenschaft oder Wirkung effektiv möglich ist.
> 4. Werden Waren auf Probe oder auf Besicht oder zur freien Prüfung angeboten, ist deutlich zu machen, wer die Rücksendekosten übernimmt und wie die Retournierung zu erfolgen hat.

4.2 Irreführung über Betriebsherkunft: Verwechselbarkeit

Art. 3 lit. d UWG bestimmt in praktisch identischer Formulierung wie der frühere Gesetzestext: 223

> Unlauter handelt, wer Massnahmen trifft, die geeignet sind, Verwechslungen mit den Waren, Werken, Leistungen oder dem Geschäftsbetrieb eines anderen herbeizuführen.

Diese Bestimmung hat den sogenannten Kennzeichnungsschutz im Auge, das heisst den Schutz dessen, was einen Wettbewerber, sein 224

Unternehmen und seine Leistungen äusserlich kennzeichnet und von den Mitbewerbern unterscheidet. Zu diesen Kennzeichen können Firma, Enseigne, Marken, Zeitschriftentitel, Etiketten, Warenformen, Signete und Slogans gehören.

225   Kennzeichnen kann nur, was phantasievoll und originell ist. Rein beschreibende Angaben wie Sachbezeichnungen, Beschaffenheitsangaben, Herkunftsbezeichnungen etc. oder technisch bedingte Gestaltungen sind dem Verkehr grundsätzlich freizuhalten und eignen nicht zur Monopolisierung für eine bestimmte Ware oder Dienstleistung. Ausser den banalsten Ausdrücken (wie Schuhe, Kleider, super, dominant, etc.) können sich im Gemeingut stehende Zeichen aber dennoch im Laufe der Zeit für einen ganz bestimmten Träger im Verkehr durchsetzen und erlangen mit dem Eintritt der Verkehrsgeltung Schutz als Kennzeichen. Je nach dem Umfang des Gebrauchs und der Art der hiefür verwendeten Werbung tritt dieser Schutz schon nach wenigen Jahren (Bankverein, Zürcher Zeitung, Schweizerhof) oder auch erst nach Jahrzehnten ein. Kennzeichnungscharakter haben vor allem ganze Etiketten und Signete, die ja geschaffen werden, um das damit versehene Produkt von andern zu unterscheiden und den Abnehmer zu veranlassen, sich beim nächsten Einkauf an diese Etikette zu erinnern. Demgegenüber erfüllen Warenformen (im Gegensatz zu Phantasieverpackungen) und Stoffdessins nur ausnahmsweise Kennzeichnungsfunktionen (vgl. z. B. SMI 1987 158: Landschaftsdessin). Im übrigen verläuft die Grenze zwischen gemeinfreien und monopolisierenden Zeichen und Ausstattungen gleich wie im Markenrecht. Für die näheren Details kann daher auf die markenrechtliche Literatur verwiesen werden.

226   Besonders heikel ist der Schutz von Initialwörtern (Akronyme). Diese werden immer mehr Mode, doch ist ihre Anzahl beschränkt. Auch besteht ein Bedürfnis des Verkehrs, solche Buchstabenwörter als Typenbezeichnungen zur Benützung durch jedermann freizuhalten. Bis sich solche Zeichen im Verkehr durchsetzen, bedarf es eines besonders langen und intensiven Gebrauchs (Mitt. 1977 158: für BBC genügten jedenfalls 60 Jahre).

227   Als wettbewerbsrechtlich schützbare Kennzeichen wurden etwa die folgenden Attribute betrachtet:

> Die im schweizerischen Handelsregister nicht eingetragene Firma (BGE 98/1972 II 63: Commerzbank Aktiengesellschaft; Mitt. 1975 117: General Binding Corporation),

die im schweizerischen Handelsregister eingetragene Firma (BGE 63/1937 II 76: Vimi-Neon S.A., 82/1956 II 342: Eisen- und Metall AG; Semjud 70/1948 478: Indeco S.A.; ZBJV 86/1950 83: Carbonia GmbH.),

der Kurzname eines Unternehmens (BGE 80/1954 II 285: FAS), nicht aber die Telegrammadresse einer Firma (Semjud 70/1948 472: Indeco),

der Name des Geschäftslokals (ZR 44/1945 Nr. 140: Apotheke Fluntern; BGE 81/1955 II 470: Ciné-Studio, 91/1965 II 20: La Résidence),

der Name einer Ausstellung (BGE 114/1988 II 106: Cebit).

der Titel einer Zeitschrift (BGE 75/1949 IV 23: Fachblatt für schweizerisches Anstaltswesen; ZR 47/1948 Nr. 57: Phoebus; SJZ 66/1970 237 Nr. 116: Kunststoffe-Plastics),

der Slogan (Mitt. 1970 228: Mettez un tigre dans votre moteur),

die nicht eingetragene Etikette (BGE 82/1956 II 350: Mineralwasser-Etiketten, 90/1964 IV 172: Honig-Etikette, 95/1969 II 461: Zigarettenpackungen),

die nicht eingetragene Wortmarke (BGE 83/1957 IV 199: Expresso),

die eingetragene Marke (SJZ 64/1968 136 Nr. 92: Neocolor),

die Dienstleistungsmarke (BGE 87/1961 II 352: Einfach-Reinigung),

die besondere Form einer Ware (BGE 83/1957 II 160: Blumenhalter, 88/1962 IV 80 Jura-Heizapparat; ZBJV 95/1960 383: Schalttafeln für Läutmaschinen, ZR 89/1990 Nr. 62: Epilady),

die Aufmachung einer Ware (BGE 70/1944 II 111: Randstreifen auf Skis; Mitt. 1961 71: runde Baustein-Schachteln, 1968 62: mehrfarbige Tanksäulen, 1977 180: Adidas Schuhe mit drei Streifen).

Zur Herbeiführung der vom Wettbewerbsgesetz verpönten Verwechslungsgefahr genügt jede Massnahme, die den Erfolg verwirklichen hilft. Insbesondere bedarf es nicht notwendigerweise eines Inverkehrbringens und Absetzens der Ware, sondern es reicht schon die Herstellung, auch wenn der Verkauf ins Ausland erfolgt. **228**

Bezüglich der Nachahmung werblicher Gestaltungen präzisiert Grundsatz Nr. 3.8 der Lauterkeitskommission folgendes: **229**

> Die Nachahmung werblicher Gestaltungen ist unlauter. Dies gilt auch, wenn sich die Nachahmung nur auf einzelne, aber wesentliche Elemente des Werbemittels, wie Headline, Layout, Signet, Bildfolge bei Filmen usw., bezieht.

Wenn die nachgeahmte werbliche Gestaltung
– für ein Produkt der gleichen oder einer ähnlichen Branche im Schweizer Markt verwendet wurde,
– wenigstens sechs Monate vor dem ersten Erscheinen des Nachahmers erstmals erschienen ist,
– höchstens fünf Jahre vor dem ersten Erscheinen des Nachahmers letztmals gebraucht wurde,
wird a priori angenommen, dass der Nachahmer das nachgeahmte Werk kennt, bzw. kennen muss. Solche Fälle werden als besonders gravierend angesehen.

230   Der Massstab der Verwechselbarkeit ist der gleiche wie im Markenrecht. Massgebend ist das Erinnerungsbild des Letztabnehmers. Abzustellen ist auf den Gesamteindruck, den die sich gegenüberstehenden Kennzeichen als Ganzes hinterlassen. Dabei kommt dem prägnanten Hauptelement eines Kennzeichens eine besondere Bedeutung zu. Die Übereinstimmung in gemeinfreien Bestandteilen kann die Verwechselbarkeit erhöhen oder gar eine solche schaffen, wenn die kennzeichnenden Teile für sich allein eine solche gerade noch ausschliessen. Die Unterscheidbarkeit muss besonders gross sein, wenn die verwendeten Kennzeichen für völlig identische Waren oder für Massenartikel des täglichen Bedarfs benutzt werden. Die vielfältigen Regeln zur Beurteilung der Verwechselbarkeit können etwa durch folgende Leitsätze ausgedrückt werden:

a.   Ausdrücke mit gleichem Stamm, aber anderer Endung, sind in der Regel verwechselbar.

b.   Das Hinzufügen oder Weglassen einer Endsilbe schafft in der Regel keinen anderen Gesamteindruck.

c.   Die Beifügung oder Weglassung einer Mittelsilbe ändert im Gesamteindruck nichts.

d.   Verwechselbar sind Worte, die sich reimen, da hier der Wortklang in der Regel übereinstimmt.

e.   Die Hinzufügung einer Vorsilbe kann die Verwechslungsgefahr nicht immer bannen, vor allem wenn die Vorstellung einer Serienmarke mitschwingt.

f.   Die Übernahme eines einzigen charakteristischen Bestandteiles genügt, um Verwechslungen hervorzurufen.

g.   Bei Wortmarken kann auch der Sinngehalt einen ähnlichen Gesamteindruck erzeugen, während ein deutlich verschiedener Sinngehalt den ähnlichen Wortklang aufwiegen kann.

h.   Etiketten sind selbst bei völlig verschiedenen Wortmarken verwechselbar, wenn sie sich in bezug auf Grösse, Farben und Aufteilung ähnlich sind.

Beispiele zu lit. a: 231

   Carbonia GmbH/Carbo-Nova (ZBJV 86/1950 83),

   Vivil/Vivol (Mitt. 1973 165),

   Aquasant/Aquasana (Mitt. 1980 136).

Beispiele zu lit. b: 232

   Lysol/Lysotab (ZBJV 75/1939 374),

   Dogma/Dog (BGE 82/1956 II 539),

   Bic/Big Pen (BGE 87/1961 II 38),

   Sihl/Silbond (BGE 92/1966 II 261).

Beispiele zu lit. c: 233

   Sanatogen/Sanagen (ZBJV 57/1921 464),

   Technochemie/Technomie (Mitt. 1978 227).

Beispiele zu lit. d: 234

   Noxmel/Chocmel (Mitt. 1972 126),

   Bolex/Folex (Mitt. 1980 144).

Beispiele zu lit. e: 235

   Figor/Cafidor (BGE 70/1944 II 189),

   Jade/Naiade (SMI 1985 46),

   Chanel/Essanelle (Mitt. 1983 II 119).

Beispiele zu lit. f: 236

   William Sports/Sports William Thomas (Mitt. 1969 98),

   Helena Rubinstein Men's Club/Eden Club Super Star (BGE 96/1970 II 403),

   Audemars, Piguet & Co./Jacky Audemars Genève (Mitt. 1972 65),

   General Binding Corporation/Interbinding Corp. (Mitt. 1975 117),

   Aquasant/Wagner Aquasana International (Mitt. 1980 137).

237   Beispiele zu lit. g:

Verwechselbarkeit bejaht:

Weissenburger/Schwarzenburger (BGE 82/1956 II 350),

Stern mit Firma/Bildmarke mit 5 Sternen (Mitt. 1966 142),

Blauer Bock/Gold-Bock, roter Bock, grüner Bock (BGE 96/1970 II 248).

Verwechselbarkeit verneint:

Pond's/Respond (BGE 97/1971 II 80),

Kaba/Kapra Café fig. (Mitt. 1972 64),

Puschkin/Mustrin (Mitt. 1975 80),

Schweppes/Schwippschwapp (Mitt. 1976 57),

Touring Garantie/Touring-Hilfe (BGE 117/1991 II 200, da der Ausdruck «Touring» gemeinfrei ist).

238   Beispiele zu lit. h:

Verwechselbarkeit bejaht:

gleich aussehende elektrische Schnurschalter (BGE 79/1953 II 316),

runde, hohe Büchsen von gleichen Farben und Ausmassen für Klemmbausteine, trotz verschiedener Marken Lego und Diplomat (Mitt. 1961 71: Lego I),

Heizgeräte gleicher Formgebung (BGE 88/1962 IV 79: Jura-Schnellheizer),

Zigarettenpackungen gleicher Grundfarbe und gleicher farblicher Ausgestaltung, trotz den verschiedenen Marken Gauloises und Caravelle (Semjud 87/1965 52 = Mitt. 1967 147),

Verwendung von Geschäftspapieren, Verpackungen und Reklamen mit der Silhouette eines nackten Bébés, welche in ähnlicher Form auch von der Konkurrenz verwendet worden ist (Mitt. 1971 218: Primenfance),

identische runde Dosen, deren Dosenwickler vor der roten Grundfarbe angehäufte Schokoladendragées zeigt, darüber die umlaufenden Warenbezeichnungen und Hausmarken in weiss-goldener Schrift, trotz verschiedenen Deckeln und verschiedener Wortmarken Disch bzw. Rast (BGE 103/1977 II 217 Choco-Dragées),

Kunststoffwürfel, aufgeteilt in neun Würfelchen gleicher Grundfarbe auf jeder Seite, mit leicht abgerundeten, schwarzen Kanten (BGE 108/ 1982 II 73: Rubik's Cube),

kreisrunde Signete gleicher Farbe und Grösse, je mit einigen Schafen und der Wortmarke «bico», bzw. «dodo», (Mitt. 1978 52),

gleichlautende Prospekte für verschiedene Massage-Schulen (Mitt. 1983 280),

identische Modellbausätze einschliesslich Verpackung, Bau und Betriebsanleitung (SMI 1989 138),

Haarentfernungsgeräte gleicher Gestaltung und Farbe, da der Ruf des prioritätsälteren Erzeugnisses schmarotzerisch ausgebeutet worden ist (ZR 89/1990 Nr. 62: Epilady).

Demgegenüber waren nicht verwechselbar: **239**

gleich aussehende elektrische Einbauschalter (BGE 79/1953 II 316),

identische Scharniere, da ohne Kennzeichnungskraft (BGE 87/1961 II 54: Anuba-/Mofor-Band),

gleich gestaltete Klemmbausteine in verschiedener Verpackung und mit verschiedenen Marken (Mitt. 1962 159: Lego II),

grasgrüne Schokoladepackungen, auf welcher eine Lage von Eiswürfeln und 3 Schokoladetäfelchen sowie die Marke Tobler-Mint in goldener und weisser Schrift abgebildet sind, neben einer blaugrünen Schokoladepackung, auf welcher ein Häufchen Eiswürfel und die Marken Polar-Menthe Chocolat Rast in weisser und goldener Schrift wiedergegeben sind (BGE 95/1969 II 193),

Zigarettenpackungen mit roter Grundfarbe und weisser Beschriftung, aber verschiedener Gestaltung des Etiketts und den Bezeichnungen «Parisiennes», bzw. «Stella super» (BGE 95/1969 II 466),

Uhren mit verschiedenen Marken, an deren Schale oben und unten je ein tangential verlaufendes Stäbchen zur Aufnahme des Lederarmbandes angebracht ist, das die Stäbchen weitgehend verdeckt, so dass nur die halbkugelförmigen Klötzchen bei der Befestigung und an den Enden der Stäbchen sichtbar sind (BGE 105/1979 II 298: Monsieur Pierre),

ähnlich aussehende Spielautomaten, die mit unterschiedlichen Firmen und Marken versehen worden waren (SMI 1991 241),

übereinstimmende Auto-Kotflügel, wenn der Käufer über die verschiedene Betriebsherkunft orientiert wird (BGE 116/1990 II 472:
Volvo-Kotflügel).

4.3   Irreführung mittels missbräuchlicher Geschäfts-bedingungen

240   Der Gesetzgeber führte als Unlauterkeitstatbestand die Verwendung von missbräuchlichen Geschäftsbedingungen (AGB) ein, die
einseitig zum Nachteil der anderen Vertragspartei vom gesetzlich vorge-
zeichneten Interessenausgleich erheblich abweichen, in dem er folgendes statuierte (Art. 8 UWG):

> Unlauter handelt, wer vorformulierte allgemeine Geschäftsbedingun-
> gen verwendet, die in irreführender Weise zum Nachteil einer Vertrags-
> partei
> a. von der unmittelbar oder sinngemäss anwendbaren gesetzlichen
>   Ordnung erheblich abweichen oder
> b. eine der Vertragsnatur erheblich widersprechende Verteilung von
>   Rechten und Pflichten vorsehen.

241   Eine erhebliche Abweichung von den geschriebenen Normen des
zwingenden und dispositiven Rechtes als auch von der von Lehre und
Rechtsprechung entwickelten und anerkannten Grundsätzen indiziert
damit Unlauterkeit. Die Bestimmung will selbst auf Innominatkontrak-
te Anwendung finden und ungewöhnliche und überraschende Klauseln
erfassen, die nicht in direktem Zusammenhang mit dem eigentlichen
Rechtsgeschäft zu stehen brauchen. Mit einer solchen Blankettnorm
dürften die Grenzen des Lauterkeitsrechtes erreicht sein.

242   Herauszustreichen bleibt, dass bloss die irreführende Verwendung
missbräuchlicher Geschäftsbedingungen unlauter ist. Wer seinen Vertragspartner auf die Ausserordentlichkeit einzelner Vertragsbestim-
mungen hinweist, beispielsweise durch Hinweis auf die ansonst tatsächlich anwendbaren dispositiven Bestimmungen des Obligationenrechts
oder durch Heraushebung der nachteiligen Bestimmungen mittels Fett-
druck, täuscht nicht. Wohl aber derjenige, dessen Vertragsbestimmun-
gen einen widerrufbaren Abzahlungskauf vortäuschen, richtig aber einen gewöhnlichen Kauf beinhalten.

Die neue Bestimmung vermochte bisher keine Ordnung im Wild- **243** wuchs missbräuchlicher Geschäftsbedingungen zu schaffen. Denn es genügt nicht, die AGB abstrakt zu prüfen, sondern es ist ein aktueller, tatsächlich verwendeter Vertrag unter Einschluss der individuellen Abmachungen der Beurteilung zugrunde zu legen. Die Abweichungen zum Nachteil des Verwenders wie z. B. die Verlängerung der Rügefrist sind gegen Abweichungen zum Nachteil des Vertragspartners (z. B. Verzicht auf Minderung) abzuwägen. Erst wenn sich die Waagschale deutlich und fühlbar, wenn auch nicht krass, zum Vorteil des Verwenders neigt, ist der Unlauterkeitstatbestand erfüllt (SMI 1993 172). Eine erhebliche Abweichung ist immer dann vorhanden, wenn die AGB zwingenden Gesetzesnormen, der öffentlichen Ordnung oder den guten Sitten widersprechen. Bezüglich der dispositiven Rechtsnormen hat namentlich das deutsche Recht einen einlässlichen Katalog von Klauseln aufgestellt, welche als Verstoss gegen die Ausgewogenheit anzusehen sind. So nennt das deutsche AGB-Gesetz, dessen Kernsatz ungefähr unserem Art. 8 UWG entspricht, u. a. folgende, das Gleichgewicht störende Bedingungen:
– unangemessen lange Überlegungs- und Nachfristen,
– ungerechtfertigte Rücktritts- oder Änderungsvorbehalte,
– kurzfristige Preiserhöhungen,
– Wegbedingung von Retentionsrechten,
– Verzicht auf Verrechnung,
– Verzicht auf Mahnung und Nachfristansetzung,
– unangemessene Pauschalierung von Schadenersatzansprüchen,
– unangemessener Mietzins oder Auslagenersatz bei Rücktritt oder Kündigung,
– Konventionalstrafe für Zahlungsverzug,
– Ausschluss der Haftung bei Vorsatz und grober Fahrlässigkeit,
– Verzicht auf Rücktritt und Schadenersatz bei Verzug oder Unmöglichkeit,
– Ausschluss oder Beschränkung der gesetzlichen Gewährleistungspflicht,
– Beschränkung der Haftung für zugesicherte Eigenschaften,
– übermässige Laufdauer von Dauerschuldverhältnissen,
– Wechsel der Vertragspartei ohne Zustimmung des Vertragspartners,
– zusätzliche Haftung für Parteivertreter,
– Änderung der Beweislast,
– erschwerende Formvorschriften,
– fingierte Erklärungen und Zustellungsfiktionen

244   Da die Verwendung irreführender AGB nicht nur unlauter, sondern gemäss Art. 2 UWG auch widerrechtlich ist und die Verträge mit widerrechtlichem Inhalt nichtig sind (Art. 20 OR), steht dem Opfer missbräuchlicher AGB neben den Klagen gemäss Art. 9 UWG auch die Einrede der Nichtigkeit der entsprechenden Formularbestimmungen zur Verfügung. Hier liegt somit einer der seltenen Fälle vor, wo dem durch unlauteren Wettbewerb verletzten Konsumenten die Möglichkeit geboten wird, unlautere Akte ungeschehen zu machen (a. A. P. Gauch, Die Verwendung «missbräuchlicher Geschäftsbedingungen», BR 1987 51 ff.).

245   Andererseits erfüllt die Verwendung missbräuchlicher AGB im Gegensatz zu den meisten übrigen Spezialklauseln keinen Straftatbestand.

4.4   Irreführung mittels vergleichender Werbung

4.4.1   *Grundsatz*

246   Die von der Praxis entwickelten Grundsätze zur Lauterkeit der vergleichenden Werbung sind nun kodifiziert und halten folgendes fest (Art. 3 lit. e UWG):

> Unlauter handelt, wer sich, seine Waren, Werke, Leistungen oder deren Preise in unrichtiger, irreführender, unnötig herabsetzender oder anlehnender Weise mit anderen, ihren Waren, Werten, Leistungen oder deren Preisen vergleicht oder in entsprechender Weise Dritte im Wettbewerb begünstigt.

247   Im Gegensatz zum früheren deutschen Recht ist im schweizerischen Recht die vergleichende Werbung grundsätzlich immer erlaubt gewesen (BGE 87/1961 II 113 = GRUR Int. 1961 544: Oil-Therm ca. Oertli, BGE 94/1968 IV 39 = GRUR Int. 1969 234: Billigste Preise der Schweiz, 104/1978 II 127 = GRUR Int. 1979 272: Weltcup Rangliste). Die konkrete Auseinandersetzung mit der Leistung des Mitbewerbers dient der Information des Konsumenten und gibt ihm die Möglichkeit, die für ihn günstigste Wahl zu treffen. Das Verwaltungsrecht hat lediglich in einzelnen Bereichen vergleichende Werbung verboten, so für Vitamin-Anpreisungen oder generell mittels Preisvergleichen in den elektronischen Medien.

Vergleichende Werbung darf freilich nicht schrankenlos betrieben **248** werden. Grundsätzlich lassen sich nur gleichartige Waren oder Dienstleistungen vergleichen, wobei wiederum nur Produkte gleicher Qualität und Quantität vergleichbar sind (BGE 104/1978 II 133 = GRUR Int. 1979 272: Weltcup-Rangliste). An diese Voraussetzung ist ein strenger Massstab zu legen, da sonst den Missbräuchen Tür und Tor geöffnet wäre. Eine Analyse der Gerichtspraxis zeigt denn auch, dass Vergleiche dieser selbstverständlichen Anforderung oft nicht gerecht und daher verboten werden.

Grundsatz Nr. 3.6 der Lauterkeitskommission zieht aus der Ge- **249** richtspraxis zur vergleichenden Werbung folgende Schlüsse (Fassung 1980):

> Die vergleichende Werbung gilt als unlauter, sofern sie mittels unrichtiger, irreführender oder unnötig verletzender Äusserungen die Waren oder Leistungen der Konkurrenz herabsetzt.
> 1. Unrichtig ist eine Äusserung dann, wenn
>   – die verglichenen Waren oder Leistungen nicht vergleichsfähig sind, d.h. einen umfassenden und abschliessenden sachlichen Vergleich nicht ermöglichen,
>   – der Bezugnahme nicht identische oder nicht vergleichbare – im System- oder Warenartenvergleich nicht austauschbare oder vertretbare – Elemente zugrunde gelegt werden,
>   – die Angaben den Tatsachen, wie sie das Publikum versteht, nicht entsprechen.
> 2. Irreführend ist eine Äusserung dann, wenn
>   – die Angabe Tatsachen unterdrückt, die nach den Erwartungen des Publikums im Zusammenhang mit der Äusserung ebenfalls gesagt werden müssten,
>   – die Bezugnahme dem durchschnittlichen Verständnis des Empfängers nicht Rechnung trägt,
>   – lediglich einzelne Vor- und Nachteile miteinander verglichen werden und die übrigen Elemente nicht identisch sind,
>   – die Bezugnahme fälschlicherweise umfassend und abschliessend dargestellt wird.
> 3. Unnötig verletzend ist eine Äusserung dann, wenn
>   – ihr Inhalt unerlaubt ist, d.h. Werturteile wiedergibt, die für die sachliche Aufklärung der Abnehmerschaft nicht nötig sind,
>   – ihr Zweck unerlaubt ist, d.h. mehr als für die Erstellung der Markttransparenz nötig in die Persönlichkeit des oder der Mitbewerber greift,

> – sie, statt das beworbene Erzeugnis oder die beworbene Leistung zu rühmen, das verglichene Produkt oder die verglichene Leistung in direkter Weise herabsetzt.
>
> 4. Unnötig anlehnend ist eine Äusserung, die in der Absicht erfolgt, sich den guten Namen oder Ruf eines anderen Werbetreibenden zunutze zu machen oder von einer fremden Unternehmensleistung zu profitieren.

250   In Anwendung dieser Richtlinien wurden folgende Vergleiche als unlauter erklärt:

Kein Persil, aber gleich gut (BGE 58/1932 II 462);

die Gegenüberstellung der zum Wechselkurs umgerechneten Preise für ausländische Ware mit dem Preis für das schweizerische Erzeugnis, da noch andere Faktoren als der Wechselkurs den Preis ausländischer Ware bestimmen (BGE 79/1953 II 409: Lux II);

das Markenklassement des Ski-Weltcups, wenn es sich über einen wichtigen Berechnungsfaktor ausschweigt (BGE 104/1987 II 124 = GRUR lnt. 1979 272: Weltcup-Rangliste);

die Gegenüberstellung der Beachtungsgrade von Inseraten in verschiedenen Zeitungen, wenn sie sich den Anschein wissenschaftlicher Objektivität gibt, aber aufgrund umstrittener Untersuchungsmethoden zustande gekommen ist (SJZ 75/1979 209 Nr. 57).

251   Andererseits waren folgende Gegenüberstellungen nicht unlauter:

«Industrielles Modell-Mass kleidet wie nach Mass, aber zu Konfektionspreisen, da das Wort «industriell» den Käufer über die Herstellungsart informiert (Mitt. 1967 92);

Die mit einem Kreuz durchgestrichene Abbildung einer Zahnprothese in einem mit Flüssigkeit gefüllten Zahnglas (ohne Nennung der Marke der im Zahnglas befindlichen Reinigungsflüssigkeit) als Werbung für ein Zahnreinigungsmittel zur direkten Anwendung im Mund (Mitt. 1980 48).

Die von Aargauer Blättern verbreitete Werbebroschüre mit der These «Demgegenüber fand die gegenteilige Parole des Tages-Anzeigers wenig Beachtung», da sie nur an Werbefachleute verteilt wurde, welche diese irreführende und täuschende These als marktschreierische Übertreibung erkannten (Mitt. 1981 167: Aargauer Blätter).

4.4.2 *Anlehnende Werbung*

Bei der vergleichenden Werbung schaut der Werbungtreibende **252** auf das verglichene Produkt der Konkurrenz mit Genugtuung herab und bringt zum Ausdruck, dass seine eigene Ware besser ist. Bei der anlehnenden Werbung ist die Blickrichtung anders. Der Werbungtreibende blickt zum Produkt der Konkurrenz hinauf und behauptet, er sei imstande, ebenso gute Ware herzustellen. Eine Herabsetzung des Konkurrenzproduktes ist damit nicht verbunden, da man ja dessen Goodwill auszunützen trachtet.

Durch die Behauptung, das eigene Produkt sei mindestens so gut wie **253** ein anderes Markenprodukt, soll der mit viel Mühe und Geld erzielte Erfolg des eingeführten Markenproduktes kostenlos für das eigene ausgebeutet und der eigenen Werbung dienstbar gemacht werden. Der Mitbewerber braucht sich freilich nicht gefallen zu lassen, dass die Qualitätsvorstellungen, die mit seiner Marke verbunden sind, auf Konkurrenten übertragen werden. Ein jeder soll mit seiner eigenen Leistung werben und für seine Produkte ein eigenes Image aufbauen. Die Entlehnung von Warenbeschreibungen bei der Konkurrenz, wie namentlich durch die Verwendung der Ausdrücke «Ersatz für», usw. verstösst gegen Treu und Glauben (BGE 58/1932 II 462: Ersatz für Persil, 102/1976 II 296 = GRUR Int. 1977 376: Bico-Flex, Mitt. 1980 52: Imitation Van Cleef).

Anlehnend ist auch der Hinweis, die technischen Daten der eigenen **254** Produkte könnten dem Katalog der Konkurrenz entnommen werden. Mit einem solchen Hinweis schmarotzt der Anbieter an den Leistungen seines Konkurrenten, was gegen das Prinzip des Leistungswettbewerbs verstösst (SJZ 55/1959 261 Nr. 107: Vorspanndienste). Ebenso wurde die Behauptung beanstandet, die kartellfreien Zigaretten seien gleich gut, aber billiger als die Kartellzigaretten (ZR 88/1989 Nr. 62: Tabakkartell).

Ausnahmen bestehen für die bezugnehmende Werbung, insbesonde- **255** re für das Ersatzteilgeschäft, da in der Werbung darauf hingewiesen werden darf, dass sich die eigenen Produkte für den Einbau in fremde Markenprodukte eignen und als Ersatz für Verbrauchsprodukte mit Drittmarken bestimmt sind (SMI 1987 75: Têtes de lecture). Geschieht dies jedoch nur, um den Goodwill des fremden Markenproduktes auszunutzen und sich dessen Verkaufserfolg nutzbar zu machen, so ist dies unlauter (ZR 46/1947 Nr. 157, BGE 73/1947 II 197: Original-Gillette-

Schlitz-Stanzung). Auch wer fremde Markenprodukte repariert oder verarbeitet, darf in der Werbung deren Marke nur dann herausstreichen, wenn er hiezu vom Markeninhaber als Vertragshändler ermächtigt worden ist (BGE 104/1978 II 60: Singer-Nähmaschinen; vgl. Ziff. 41.2). Doch wird man es einem Alleinvertreter nicht verargen können, wenn er nach einem Wechsel des Auftraggebers (Lieferanten) darauf hinweist, dass er nun anstelle des Produktes A fortan das Produkt B vertreiben werde, das sich gegenüber dem bisherigen Produkt A in diesen und jenen Punkten unterschiede.

4.4.3   *Preisvergleiche*

256   Preisvergleiche bezüglich identischer Waren und Dienstleistungen verschiedener Anbieter (sog. Konkurrenzvergleiche) sind zulässig, falls sie zutreffen. Insbesondere dürfen jene Konkurrenten namentlich genannt werden, die an einem bestimmten Stichtag teurere Preise verlangt haben (a.A. SJZ 57/1961 238 Nr. 96: Toura-Preisvergleich). Wenn sich jedoch ein Newcomer einzig mit dem Marktleader vergleicht, ist anzunehmen, dass damit eher eine unlautere Anlehnung (vgl. Ziff. 4.4.2) als ein lauterer Preisvergleich beabsichtigt wird. Auch muss sich ein teurerer Konkurrent nicht als Ausbeuter der Konsumenten betiteln lassen, da jeder Anbieter in der Preisfestsetzung grundsätzlich frei ist (BGE 79/1953 II 413: Lux II, SJZ 66/1970 277 Nr. 125: Unsere Preise sind fair, ZR 88/1989 Nr. 62: Tabakkartell).

257   Oft behaupten Werbungtreibende ohne grosse Erklärungen, die tiefsten Preise in der Schweiz zu verlangen. Sie begründen dies damit, dass sie bereit seien, beim Nachweis von noch billigeren Angeboten die Differenz hiezu zurückzuerstatten. Solche Garantien sind jedoch oft wertlos, da es meistens (z. B. im Möbelhandel) bei Dritten gar keine identische und somit vergleichbare Ware gibt. Aber auch sonst erwartet man unter günstigsten Preisen nicht bloss eine Rückerstattungsgarantie, sondern schon von allem Anfang an billigere Preise als bei der Konkurrenz (SJZ 66/1970 235 Nr. 115: Aus dem günstigsten Möbelhaus; Mitt. 1983 II 10: Les prix les plus bas, 1984 370: Garantiert günstigste Preise, 376: Garantiert tiefste Preise in der Schweiz).

258   Der Vergleich des eigenen Preises mit allgemeinen Richt- oder Listenpreisen ist dann statthaft, wenn diese von deutlich mehr als der Hälfte der anderen Anbieter im zu berücksichtigenden Marktgebiet für

die gleichen Waren oder Dienstleistungen tatsächlich gehandhabt werden. Ein Vergleich mit sogenannten Mond- oder Phantasiepreisen ist nicht zulässig.

Eigenvergleiche von Preisangaben sind zulässig, wenn die Vergleichspreise unmittelbar vorher oder nachher tatsächlich gehandhabt werden. Bei Preisherabsetzungen von modischer Bekleidung dürfen die herabgesetzten Preise bis zum Ende der laufenden Saison, jedoch höchstens während 4 Monaten angegeben werden, wenn die ursprünglichen Preise vorher während mindestens zweier Monate tatsächlich verlangt wurden. Preisherabsetzungen für schnell verderbliche Waren dürfen am gleichen und am folgenden Tage angegeben werden, wenn der ursprüngliche Preis wenigstens während eines halben Tages verlangt wurde. In den übrigen Fällen darf der herabgesetzte Preis während eines Viertels der Zeit, in welcher der ursprüngliche Preis verlangt wurde, angegeben werden, jedoch höchstens während zweier Monate. Umgekehrt darf man kommende Preiserhöhungen während eines Viertels der Zeit, für welche jene Geltung haben werden, ankündigen, jedoch höchstens während eines Monats, bei Subskriptionen während 4 Monaten (Art. 16 PBV). 259

Zulässig sind Gegenüberstellungen von verschiedenen Preisen des gleichen Gegenstandes, wie etwas des Abholpreises, des Lieferpreises franko Domizil oder des Lieferpreises fertig montiert; ebenso die Gegenüberstellung eines Grundmodells mit individuell ausgewählten und eingebauten Zutaten einerseits mit einer Sonderausführung andererseits, die diese Zutaten schon serienmässig aufweist. Allerdings ist es nicht ganz korrekt, dabei irgendwelche Ersparnisse anzukündigen, da Ausgaben nie Ersparnisse darstellen; korrekter wäre der Ausdruck «günstiger».

4.4.4 *Superlativwerbung und Komparativwerbung*

Die Alleinstellungswerbung vergleicht die eigenen Leistungen nicht mit solchen von bestimmten Mitbewerbern, sondern mit jenen der Konkurrenz schlechthin. Marktschreierische Übertreibung von Werturteilen, die ihrem Inhalt nach ohnehin nicht überprüft werden können, sind gestattet, falls sie im Verkehr als Übertreibungen erkennbar sind. Zulässig sind daher Wendungen wie «das Beste», «unübertrefflich» etc. (vgl. Ziff. 4.1.1). 260

261   Die Praxis hat beispielsweise folgende Ankündigungen von Spitzen-stellungen ohne nähere Abklärung ihrer Richtigkeit toleriert:

«Das Beste», «unübertrefflich» (ZR 2/1903 Nr. 203 E. 4, 3/1904 Nr. 3 E. 3).

TV-Spot mit dem Werbespruch «Einzig Drano ist so sparsam und wirkt so schnell» (SJZ 67/1971 128 Nr. 56).

«Il Maraschino originale» (SMI 1986 265).

262   Werden jedoch Angaben gemacht, die objektiv überprüfbar sind, so haben sie zu stimmen (BGE 87/1961 II 116 = GRUR Int. 1961 544: Oil Therm). Nur zulässig, falls tatsächlich zutreffend, waren beispielsweise folgende Slogans:

«Einziges Spezialbüro in der Schweiz, das sich ausschliesslich mit dem Markenschutz befasst» (ZR 51/1952 Nr. 25),

«Billigste Preise der Schweiz» (BGE 94/1968 IV 37 = GRUR Int. 1969 234),

«Grösste Fernschule der Schweiz» (BGE 102/1976 II 291: Akademi-kergemeinschaft II),

«Denner immer am billigsten» (VKK 15/1980 229 Nr. 53 = SAG 53/1981 32 Nr. 12 = Mitt. 1980 161).

4.4.5   *Werbung mit vergleichenden Warentests*

263   Besondere Vorsicht ist bei der Verwendung der Ergebnisse von vergleichenden Warentests geboten. Insbesondere dürfen einzelne Test-ergebnisse nicht bloss auszugsweise oder aus dem Zusammenhang gerissen zitiert werden, besonders dann nicht, wenn die schlechteren Konkurrenzprodukte namentlich erwähnt werden. Auch kann die kri-tiklose Wiedergabe von Versuchsergebnissen unvollständig oder einsei-tig und daher irreführend sein, wenn sie – obwohl schon früher bestritten – als allgemein gültige Erkenntnisse der Wissenschaft hingestellt werden (ZR 67/1968 Nr. 41 = GRUR Int. 1970 88: Neues von N.).

264   Bei der Publikation der von unabhängigen Testveranstaltern ermit-telten Resultate darf der Name des Testveranstalters nur mit dessen ausdrücklicher Einwilligung genannt werden (vgl. Ziff. 4.1.7). Die Lau-

terkeitskommission ist noch einen Schritt weitergegangen und verlangt
in ihrem Grundsatz Nr. 3.4 bezüglich der Werbung mit Testunterlagen:

> Jeder Hinweis auf neutrale, vergleichende Warentests ist unlauter,
> wenn deren Ergebnisse nicht ausdrücklich für Werbezwecke freigege-
> ben werden.

> Wer in der Werbung Schlüsse aus veröffentlichten Forschungsergeb-
> nissen oder Statistiken ziehen will, bedarf hiezu der ausdrücklichen
> Zustimmung der Autoren

4.5   Irreführung mittels Lockvögeln

Schon vor Inkrafttreten des Lockvogelartikels durften Spirituo-   **265**
sen nicht zu Preisen, welche keine Kostendeckung gewährleisteten,
verkauft werden (Art. 41 Abs. 1 lit. g AlkG). Da die Lockvogelwerbung
für das bedrohliche Ladensterben verantwortlich gemacht worden ist,
sieht nunmehr das Wettbewerbsgcsetz folgende Einschränkung des Ver-
kaufs unterpreisiger Artikel vor (Art. 3 lit. f UWG):

> Unlauter handelt, wer ausgewählte Waren, Werke oder Leistungen
> wiederholt unter Einstandspreisen anbietet, diese Angebote in der
> Werbung besonders hervorhebt und damit Kunden über die eigene
> oder die Leistungsfähigkeit von Mitbewerbern täuscht; Täuschung
> wird vermutet, wenn der Verkaufspreis unter dem Einstandspreis ver-
> gleichbarer Bezüge gleichartiger Waren, Werke oder Leistungen liegt;
> weist der Beklagte den tatsächlichen Einstandspreis nach, so ist dieser
> für die Täuschungsvermutung massgebend.

Aus dem Zweck des Lockvogelverbotes ergibt sich, dass es nur   **266**
gegenüber Detaillisten angewandt werden will. Denn es soll wenigstens
teilweise das Ungleichgewicht beheben, welches zwischen den Grossver-
teilern und den kleinen Tante-Emma-Läden besteht. Dieses Ungleichgewicht wird nicht beeinträchtigt, wenn ein Fabrikant zum Zwecke der
Verkaufsförderung unter seinen Materialkosten verkauft oder entsprechend wertvolle Zugaben beipackt, wobei die Mehrumsätze allen Detaillisten zugute kommen. Dass das Lockvogelverbot nur die Händler-
werbung, nicht aber die Herstellerwerbung betrifft, ergibt sich überdies
auch aus der Verwendung des Begriffs «Einstandspreis» und dem Hinweis auf die Täuschung der «Kunden», unter welchem Ausdruck das

Gesetz im Gegensatz zu den «Abnehmern» nur die Letztverbraucher versteht.

267   Der Lockvogeltatbestand gemäss Wettbewerbsgesetz ist ausserordentlich kompliziert. Er besteht im wesentlichen aus fünf Elementen, nämlich dem Angebot ausgewählter Waren, Werke oder Leistungen, der Preisgestaltung unter Einstandspreis, der Wiederholung solcher Angebote, deren besondere Hervorhebung in der Werbung und der Täuschung der Kunden. Diese Häufung von kumulativen Bedingungen lassen vermuten, dass der Lockvogeltatbestand nur selten angewendet wird.

268   Unter ausgewählten Waren, Werken oder Leistungen sind Teilangebote aus dem Sortiment eines Detaillisten zu verstehen. Gedacht wird offensichtlich in erster Linie an Markenprodukte, welche sich angesichts ihrer gleichbleibenden Qualität und ihres durch Werbung geschaffenen Images besonders für Preisreduktionen und Vergleiche mit den höheren Preisen der Konkurrenz eignen. Als wiederholte Angebote sind Angebote zu verstehen, die mit einer gewissen Regelmässigkeit, beispielsweise alle Wochen oder Monate, durchgeführt werden. Bloss vereinzelte Angebote verderblicher Waren oder demodierter Artikel zählen nicht zu den wiederholten Lockvogelangeboten. Unter Einstandspreis ist der Einkaufspreis (Fakturapreis) zu verstehen, vermindert um Rechnungsabzüge wie Rabatt und Skonti und erhöht um die Bezugskosten wie MWSt, Fracht, Versicherung, Zoll, Provisionen usw. Indessen enthält er weder Verkaufskosten (Einzelkosten, Gemeinkosten) noch eine Gewinnmarge.

269   Lockvogelangebote werden erst dann unlauter, wenn sie in der Werbung besonders hervorgehoben werden. Diese Bestimmung wurde vom Nationalrat in den bundesrätlichen Entwurf aufgenommen. Zu denken ist an auffallend gestaltete Serieninserate, welche namentlich in Verbindung mit dem Hinweis auf die ständige Billigpreispolitik des Anbieters das Lockvogelangebot zur Schau stellen. Lockvogelangebote ohne entsprechende Hervorhebung in der Werbung werden daher vom Artikel 3 lit. f UWG nicht erfasst, sondern – wenn überhaupt – höchstens von der Generalklausel. Dagegen kann ein «wiederholtes Angebot» schon bei einer ersten Verkaufsaktion vorliegen, wenn aufgrund der gesamten Umstände mit Folgeangeboten zu rechnen ist (SMI 1990 224: Club-Einstiegsangebot).

270   Auffallend ist, dass der Gesetzgeber in der Lockvogelbestimmung von Täuschung und nicht, wie es der übrigen Terminologie entsprechen

würde, von Irreführung spricht. Täuschung ist stärker als Irreführung. Ein getäuschter Käufer macht sich falsche Vorstellungen über den Sachverhalt; er ist entsprechend falsch informiert worden. Eine Täuschung des Kunden darf daher nur dann angenommen werden, wenn aus dem Werbetext ausdrücklich oder stillschweigend hervorgeht, dass der tiefe Lockvogelpreis nur wegen der Leistungsfähigkeit des eigenen Unternehmens oder der Leistungsunfähigkeit der Konkurrenz zustande gekommen ist. Zwar wird von Gesetzes wegen vermutet, dass der Konsument zu einer solchen Annahme kommt. Doch kann die Vermutung durch gegenteilige Werbung des Anbieters entkräftet werden, indem beispielsweise auf einen glücklichen Zufall, auf besondere Umstände usw. hingewiesen wird, aufgrund derer das Billigangebot überhaupt möglich geworden ist. Da der Gesetzgeber ausdrücklich davon abgesehen hat, systematische Angebote unter Einstandspreis als unlauter zu erklären, dürfen an den Entlastungsbeweis keine allzu hohen Forderungen gestellt werden, da dies sonst praktisch der Einführung von Mindestpreisen gleichkäme. Solche wurden jedoch als mit der Handels- und Gewerbefreiheit unvereinbar betrachtet.

Die gesetzliche Täuschungsvermutung ist eine Kapitulation des Gesetzgebers vor der Wirklichkeit. Angesichts günstiger Lockvogelpreise macht sich ein Käufer von Billigartikeln kaum und noch weniger falsche Gedanken über die Leistungsfähigkeit des Verkäufers. Kein Wunder, dass unter solchen Umständen ein Nachweis der Täuschung fehlschlagen muss. Die gesetzliche Täuschungsvermutung ist lebensfremd und stellt keine adäquate Lösung des Problems dar. Da der gleiche Sachverhalt auch unter Strafe gestellt wird (Art. 23 UWG), kommt sie auch mit der Unschuldsvermutung gemäss Art. 6 Ziff. 2 der Europäischen Konvention zum Schutze der Menschenrechte in Konflikt. **271**

Die gesetzliche Lockvogelbestimmung sieht keine Rechtfertigungsgründe vor. Dennoch kann nicht zweifelhaft sein, dass es unter bestimmten Umständen gestattet sein muss, ausgewählte Waren wiederholt unter Einstandspreis anzupreisen. Zu denken ist einerseits an die regelmässigen Sonderverkäufe, welche behördlich bewilligt sind und allen Gewerbetreibenden, auch dem Mittelstand, offenstehen. Sodann kann einem Detaillisten nicht verboten werden, regelmässig Waren unter Einstandspreis anzubieten und zu verkaufen, wenn er sie sonst nicht losbrächte. Dies ist namentlich für modische und verderbliche Waren der Fall, deren Tagespreis laufend sinkt und die schon bald nicht einmal mehr zu den Selbstkosten abgestossen werden können. Das Wettbe- **272** werbsgesetz will nur den unlauteren Wettbewerb verhindern. Hierunter fällt nicht die Verramschung überalterter Ware, selbst wenn im übrigen die Voraussetzungen des Art. 3 UWG lit. f erfüllt wären.

4.6   Irreführung mittels Zugaben

273   Nachdem der Bundesrat von seiner im alten Gesetz erteilten Kompetenz, Vorschriften gegen Missbräuche im Zugabewesen zu erlassen, nie Gebrauch machen musste, ist es erstaunlich, dass der Gesetzgeber dennoch glaubte, einen weiteren Spezialtatbestand schaffen zu müssen (Art. 3 lit. g UWG):

> Unlauter handelt, wer den Kunden durch Zugaben über den tatsächlichen Wert des Angebotes täuscht.

274   In der Botschaft und im Parlament wurde der Zugabeartikel damit verteidigt, es müsse befürchtet werden, dass zur Umgehung des Lockvogelverbotes vermehrt wertvolle Zugaben abgegeben würden. Individuelle Zugaben vermögen freilich Verbraucher nur in den seltensten Fällen zu täuschen, da der Käufer in der Regel den regulären Preis der Ware kennt und sich um den Wert der Zugabe nicht kümmert, solange diese wirklich unentgeltlich abgegeben wird.

275   Dass der Kunde eine Ware kauft, obwohl er nicht diese, sondern die Zugabe erwerben will, macht die Zugabe nicht unlauter. Es ist ja gerade der Zweck der Zugabe, den Kunden aus einer Mehrzahl gleichartiger Angebote zum Zugreifen zu verleiten. Einzelne Produkte werben denn auch ganz offen mit ihren Zugaben (z. B. Silva-Punkte), und die Käufer wählen sich bewusst diese Produkte aus.

276   Die Grenze der Lauterkeit wird jedoch dann überschritten, wenn Jugendliche mittels Zugaben verleitet werden, sich ein begehrtes Sammelwerk anzulegen (z. B. Fussballer-Album), das dann durch Zukauf einzelner fehlender Teile zu überhöhtem Preis vervollständigt werden muss. Wer schon Zugaben abgibt, die zum Sammeln reizen, hat dafür zu sorgen, dass die fehlenden Teile auf nicht allzu komplizierte Art, beispielsweise durch Umtausch von Duplikaten, beschafft werden können (vgl. BGE 103/1977 IV 219: Colato-Club).

277   Ständige Mengenrabatte und Rückvergütungen (Rabattmarken) sind ohne weiteres zulässig. Auch Barzahlungsrabatte sind verwaltungs-

rechtlich ohne Begrenzung zulässig, werden aber gewöhnlich von Kreditkartenorganisationen untersagt. Wer jedoch auf allen seinen Preisen einen generellen Rabatt gibt, macht sich einer Übertretung der Preisanschriftspflicht schuldig, da nur ein einziger Preis und nicht zwei Preise (Bruttopreis und Rabattsatz) angeschrieben werden dürfen. Zulässig ist indessen die vorübergehende Anpreisung von Rabatten (Herbstrabatte etc.), da wegen der Aufhebung der Ausverkaufsregelung besondere Vergünstigungen nunmehr erlaubt sind.

Auf den Wert der Zugabe kommt es unter wettbewerbsrechtlichen Gesichtspunkten nicht an, denn deren Wert war weder nach altem (vgl. BGE 83/1957 II 464: Festival – bicyclettes gratuites pour enfants) noch nach neuem Recht beschränkt. Geringwertige Reklamegegenstände waren nach altem Recht sogar nicht einmal als Zugaben betrachtet worden (BGE 103/1977 IV 217: Colato-Club). **278**

Vorspannangebote, das heisst Angebote von preiswert erscheinenden Nebenwaren bei gleichzeitigem Kauf der Hauptware, wurden in der Schweiz bisher noch nie als unlauter verurteilt. Immerhin ist schon gefordert worden, dass Waren, welche durch Spezialgeschäfte vertrieben werden, nicht mit anderen Waren gekoppelt werden dürften (BGE 83/1957 II 464: Festival – bicyclettes gratuites pour enfants), und zwar offensichtlich deshalb, weil sonst diese Spezialgeschäfte unter Umständen aus dem Markt verdrängt werden könnten. Koppelungsangebote von kartellähnlichen Organisationen waren schon vom frühern Kartellgesetz als erhebliche Wettbewerbsbehinderung unzulässig (Art. 6 Abs. 3 altKG, vgl. Ziff. 10.3.4.7). **279**

5. Formen aggressiven Kundenfangs

5.1 Vorbemerkung

Das Wettbewerbsgesetz hält in einer besonderen Bestimmung 301
Art. 3 lit. h UWG fest:

> Unlauter handelt, wer den Kunden durch besonders aggressive Ver-
> kaufsmethoden in seiner Entscheidungsfreiheit beeinträchtigt.

Verkaufspraktiken, bei welchen ein Kunde einen Vertrag abschliesst, 302
nicht weil er von der Notwendigkeit eines Produktes überzeugt war,
sondern weil er seine Ruhe haben will, waren schon nach bisherigem
Recht unlauter. Neu sollen nun auch jene Verkaufspraktiken unterbunden werden, bei welchen der Kunde aus einer Zwangslage (z. B. Dankbarkeit, Pietät, Anstand) heraus kauft.

Aggressive Verkaufsmethoden finden vor allem ausserhalb der Ge- 303
schäftsräume des Anbieters statt. Wer schon ein Geschäft aufsucht, hat
ein gewisses Interesse an dessen Angebot und stellt sich psychologisch
auf ein Verkaufsgespräch ein. Anders bei den sogenannten Haustürgeschäften, wo der Kunde überrumpelt wird und oft einen Vertrag abschliesst, nur um den wortgewaltigen Vertreter loszuwerden. Der Gesetzgeber hat freilich erkannt, dass die Verpönung solcher Praktiken
durch das Wettbewerbsgesetz ungenügend ist. Denn dieses gewährt ihm
nur schwer zu erlangenden Schadenersatz, während es solche Praktiken
nicht direkt verhindert oder verbietet. Daher sieht der neu formulierte
Art. 40 a OR vor, dass der Kunde seinen Antrag zum Vertragsabschluss
oder seine Annahmeerklärung innert 7 Tagen widerrufen kann, wenn
der Kunde ausserhalb der Geschäftsräume des Kunden, auf der Strasse,
am Telefon, an einer Werbefahrt oder einem ähnlichen Anlass angesprochen worden ist. Das Widerrufsrecht findet bei den meisten Konsumver-
trägen Anwendung, bei welchen ein gewerbsmässiger Anbieter gegenüber einem privaten Letztverbraucher auftritt, wie namentlich Kauf,
Miete, Reparaturaufträge, Fernkurse, Versicherungsverträge, Heirats-
vermittlung usw. Kein Widerrufsrecht besteht bei Verträgen, deren Abschluss auf Initiative des Konsumenten zurückgeht. Denn wenn ein
Unternehmer vom Kunden telefonisch aufgefordert wird, Waren zu
liefern oder Reparaturen auszuführen, wäre es mit dem täglichen Leben

unvereinbar, solche Verträge erst nach Ablauf der 7tägigen Widerrufsfrist zu honorieren.

304   Gemäss Art. 40 c OR muss der Anbieter zwar den Kunden über das Widerrufsrecht sowie über Form und Frist des Widerrufs unterrichten und ihm seine Adresse bekanntgeben. Die Folgen der Unterlassung dieser Orientierungspflichten durch den Anbieter werden jedoch nicht aufgezeigt. Gerade beim Telefonverkauf werden sich wesentliche Beweisschwierigkeiten einstellen. Gemäss Art. 3 lit. m UWG stellt die unvollständige oder unrichtige Orientierung des Konsumenten über das Widerrufs- oder Kündigungsrecht bei Abzahlungs-, Vorauszahlungs- oder Konsumkreditverträgen unlauteren Wettbewerb dar (vgl. Ziff. 11.1). Dieser Artikel wurde jedoch nicht auf Haustürgeschäfte und ähnliche Verträge erweitert. Die Nicht-Orientierung über das Widerrufsrecht bei solchen Verträgen wird daher als wesentlicher Irrtum über Inhalt und Tragweite des abgeschlossenen Vertrages zu behandeln sein, was dem unorientierten Kunden ermöglicht, den abgeschlossenen Vertrag innert Jahresfrist als unverbindlich zu erklären

5.2   **Strassenwerbung und Strassenverkauf**

306   Die Werbung durch Fussgänger auf öffentlichen Strassen und Plätzen bedarf meistens einer Bewilligung der örtlichen Polizeibehörde. Das gleichzeitige Verteilen von Werbedrucksachen wird in der Regel nicht gestattet. Unlauter ist das Ansprechen von Passanten, um sie zum Betreten eines Ladens aufzufordern. Dies weniger wegen der damit verbundenen Belästigung, als wegen der damit verbundenen psychischen Zwangslage, die einen freien Kaufentschluss erschwert oder gar verunmöglicht. Einzelne Gemeinden verbieten auch das gewerbsmässige Fotografieren von Passanten.

307   Der Verkauf auf Strassen im Umherziehen bedarf ebenfalls einer Bewilligung des Strasseneigentümers. Üblich sind Marktstände auf der Strasse vor dem eigenen Geschäft, Strassenmärkte an bestimmten Tagen oder auch der Verkauf im Umherziehen von Abzeichen für wohltätige Zwecke (sog. ambulanter Verkauf). Gerade dem Letzteren kann eine gewisse Aggressivität nicht abgesprochen werden, denn die Entscheidungsfreiheit ist viel kleiner, wenn man von einem Schulmädchen oder einer Nachbarin persönlich um eine milde Gabe angesprochen wird, als

wenn hiefür an festen Verkaufspunkten anonym geworben wird. Dennoch bleibt fraglich, ob der Gesetzgeber solche humanitäre Aktionen erschweren wollte.

Unlauter wäre sicherlich das Ansprechen von Trauernden auf einem 308 Friedhof zwecks Abschluss eines Werkvertrages für einen Grabstein, da die Angesprochenen in solchen Situationen nicht rationell zu überlegen vermögen.

5.3 Schreibtischverkäufe (Telefon- und Telexwerbung)

Telefonwerbung galt bisher in der Schweiz grundsätzlich als 309 zulässig. Gemäss dem Grundsatz Nr. 4.2 der Lauterkeitskommission sollte Telefonwerbung jedoch die nachstehenden Anforderungen erfüllen:

1. Der Anrufer hat dem Kunden deutlich seinen Namen und jenen seiner Firma, einschliesslich deren genauer Adresse bekannt zu geben. Die Verwendung von Deckadressen oder Postfachnummern ist untersagt.
2. Das angebotene Erzeugnis oder die offerierte Dienstleistung ist klar und allgemein verständlich zu beschreiben unter Angabe des Nettopreises, der Lieferbedingungen, einschliesslich der ungefähren Lieferfrist, der Zahlungsweise, der Rückgabemöglichkeit und des Kundendienstes.
3. Handelt es sich um ein Insertionsorgan, für das geworben wird, so hat der Anrufer ebenfalls wahrheitsgetreue Angaben über Auflage, Verbreitung, Zielpublikum usw. des in Frage stehenden Werbeträgers zu machen sowie das Erscheinungsdatum des allfälligen Inserates mitzuteilen.
4. Sofern der Kunde nicht ausdrücklich darauf verzichtet, ist die telefonische Bestellung schriftlich zu bestätigen, bevor das Produkt zugestellt oder die Dienstleistung ausgeführt wird.
5. Der wesentliche Teil der Werbebotschaft ist von einer effektiv sprechenden Person zu vermitteln und darf nicht durch das Abspielen eines Tonträgers ersetzt werden.

Es ist fraglich, ob Telefonwerbung je den Kunden in seiner Entschei- 310 dungsfreiheit beeinträchtigt. Zwar wird er unvermutet in ein Verkaufsgespräch verwickelt, doch steht es ihm frei, dieses jederzeit durch Auflegen des Hörers zu beenden. Wer jedoch aus Anstand weiter zuhört, kann rasch einmal dazu verleitet werden, einen Kauf abzuschliessen, nur um nicht weiter zuhören zu müssen, nicht jedoch, weil er das Angebot annehmen will. Das Obligationenrecht sieht daher ein Widerrufsrecht für Telefonverkäufe vor (Art. 40 a Abs. 1 lit. a Ziff. 3 OR).

311   Zur Telexwerbung bestehen in der Schweiz weder Vorschriften noch Entscheide. Sie dürfte indessen im Gegensatz zur Telefonwerbung unlauter sein, da sie den Telexanschluss des Umworbenen während längerer Zeit und ohne Abschaltmöglichkeit belegt und diesen damit in seiner Geschäftstätigkeit beeinträchtigt.

5.4   Kundenbeförderung zum Einkaufsort und ähnliche Sachverhalte

312   Die Vergütung von Parkgebühren von Kunden, der Gratistransport von Interessenten zu Einkaufszentren auf der grünen Wiese oder zu Fabrikausstellungen, beziehungsweise die Vergütung der dafür aufgewendeten Reisekosten, wurde bis heute nie als unlauter beanstandet, obwohl gerade im letzteren Fall ein starker psychischer Zwang nicht geleugnet werden kann. Es wird jeweilen von Fall zu Fall zu entscheiden sein, ob solche Methoden in Anbetracht der dadurch entstehenden Vertrauensbeziehungen und im Hinblick auf die Unerfahrenheit und Unbeholfenheit der angesprochenen Verkehrskreise und der angebotenen Vergünstigungen (Höhe der Transportkosten, Verköstigung usw.) als «besonders aggressiv» zu beurteilen sind.

5.5   Werbefahrten

313   In der Regel unlauter sind eigentliche Werbefahrten mit Gratisverköstigungen, da sie einerseits den Reklamezweck der Veranstaltungen verschweigen und so gegen das Gebot der Erkennbarkeit der Werbung verstossen, anderseits aber den unbeholfenen Teilnehmer veranlassen, aus Dankbarkeit Produkte zu kaufen, die gar nicht gebraucht werden (VKK 6/1971 314 Nummer 26: Werbefahrten). Einzelne Kantone unterstellen solche Veranstaltungen denn auch einer Bewilligungspflicht (vgl. ZBJV 112/1976 347: Schwarzwaldfahrten). Das Obligationenrecht sieht zudem ein Widerrufsrecht für an Werbefahrten abge-

schlossene Verkäufe vor (Art. 40b lit. c OR). Grundsatz Nummer 5.1 der
Lauterkeitskommission verlangt denn auch:

> Einladungen zu (entgeltlichen) Carfahrten mit Werbeschau, Werbe-
> Vorträgen und Verkauf oder Bestellungsaufnahme für die beworbenen
> Produkte sind unlauter, wenn sie nicht deutlich als solche deklariert
> werden. Sie dürfen den Empfänger über den eigentlichen Zweck der
> Veranstaltung nicht irreführen. Aus den Einladungen muss ferner
> hervorgehen, für welche Produkte oder Dienstleistungen geworben
> werden soll.

5.6   Domizilverkäufe

Das Feilbieten mitgeführter Waren an der Haustür benötigt in   **314**
der Regel ein kantonales Hausierpatent. Wer die Ware nicht mitführt,
aber zum Zwecke der Aufnahme von Bestellungen für Waren, auch
anhand von mitgeführten Mustern, Kunden aufsucht, ist Handelsreisender und bedarf einer eidgenössischen Taxkarte für Kleinreisende. Beide
Bewilligungen werden vom unbescholtenen Leumund des Reisenden
abhängig gemacht.

Bund und Kantone können Waren vom Verkehr von Haus zu Haus   **315**
ausschliessen, bei deren Angebot und Lieferung im Reiseverkehr Missbräuche besonders leicht möglich sind. So dürfen Kleinreisende keine
Bestellungen aufnehmen für Edelsteine und Perlen sowie deren Nachahmungen, Brillen und andere optische Artikel, Wertpapiere, medizinische, orthopädische, elektromedizinische Apparate, Massageapparate
und Apparate für Schwerhörige. Sowohl die Bestellungsaufnahme
durch Handelsreisende wie das Hausieren ist verboten für Edelmetallwaren, Doubléwaren und Ersatzwaren für solche, Uhren, Gifte, diätetische Lebensmittel und Lebensmittel mit Vitaminanpreisungen. Bundes-
rechtliche Hausierverbote bestehen auch für Fleisch und Fleischwaren
sowie für die meisten Lebensmittel. Die Kantone können aus polizeili-
chen Gründen weitere Waren vom Hausierverkehr ausschliessen, weshalb sie generell das Hausieren mit Waffen und Munition sowie mit
Heilmitteln verboten haben. Einzelne Kantone schliessen vom Hausierverkehr auch alle Verkäufe auf Abzahlung aus.

Unangemeldete Vertreterbesuche gelten nicht als Missbrauch des   **316**
wirtschaftlichen Wettbewerbs. Im Gegensatz zum Handelsgericht des
Kantons Zürich (ZR 75/1976 Nr. 75: Fernunterricht Vorinstanz) sieht

das Bundesgericht auch keine Unlauterkeit darin, dass in Werbetexten für Fernunterricht weitere Informationen versprochen und hierauf Interessenten, die einen «Bon» oder eine Antwortkarte einsenden, ohne Ankündigung durch Vertreter zu Hause besucht werden (BGE 102/1976 II 286 = GRUR Int. 1977 341: Fernunterricht). Besuche von Vertretern verstossen aber dann gegen Treu und Glauben, wenn sie sich dabei aufdringlich gebärden und versuchen, arglose Kunden durch Überraschung für Geschäfte zu gewinnen oder jene sonst in einer gegen die guten Sitten verstossenden Weise zu beeinflussen. Unlauter wäre es auch, wenn trotz angekündigtem Verzicht auf Vertreterbesuche solche vorgenommen werden, da die Enttäuschung erweckten Vertrauens ein Verstoss gegen Treu und Glauben darstellt.

317   Nach der Revisionsvorlage zur Ergänzung des Obligationenrechts (BBl 1986 II 354) soll bei Haustürgeschäften und ähnlichen Verträgen ein Widerrufsrecht des Kunden eingeführt werden.

5.7   Partyverkäufe

318   Einzelne Firmen bewegen Laienverkäufer dazu, in ihren Privaträumen Partys zu geben, an welchen Waren, insbesondere kosmetische und Küchenartikel angepriesen und verkauft werden. Nach dem früheren Recht waren solche Werbemethoden nicht als unlauter beanstandet worden, obwohl die Interessenten wegen ihrer persönlichen Beziehung zum Gastgeber oft nicht aus freiem Kaufentschluss, sondern «aus Anstand» bestellten. Die Kantone können indessen solche Anlässe, wo die Gefahr der Übervorteilung besonders gross ist, einer Bewilligungspflicht unterstellen. Der Demonstrant muss zudem im Besitze der Taxkarte für Kleinreisende sein, wenn die angepriesenen Waren nicht an Ort und Stelle ausgeliefert werden.

319   Heute dürften Partyverkäufe als besonders aggressive Verkaufsmethoden nicht mehr zulässig sein.

5.8   Gewinnspiele

320   Wie bereits angetönt worden ist (vgl. Ziff. 2.3.1), betrachtet der Gesetzgeber Lotterien, an welchen nur nach Abschluss eines Rechtsge-

schäftes, insbesondere eines Kaufes, teilgenommen werden kann, als aggressive Verkaufsmethode und hat sie im Lotteriegesetz rundweg verboten. Zulässig bleiben indessen Werbegewinnspiele, an denen ohne Kaufzwang teilgenommen werden kann.

Ein Kaufzwang liegt vor, wenn ein Teilnehmer nur wegen des Kaufes   321
eines bestimmten Produktes eine Gewinnchance erhält. Es spielt keine Rolle, ob das Produkt beim Veranstalter selbst oder einem Dritten gekauft wird, werden doch sehr oft Wiederverkäufer oder Detaillisten zwischengeschaltet. Ein Kaufzwang ist jedoch nicht gegeben, wenn Wettbewerbsformulare nur in käuflichen Zeitungen abgedruckt werden, da es nicht darauf ankommen kann, ob solche Wettbewerbsinserate in Gratisanzeigern oder abonnierten Zeitungen erscheinen. Auch fehlt es an einem Kaufzwang, wenn die gekaufte Ware bedingungslos zurückgegeben werden kann. Auch andere Rechtsgeschäfte können dem Lotterieverbot unterstehen, so z. B. Verlosungen unter Neumitgliedern eines Clubs oder unter den einen Eintrittspreis zahlenden Besuchern einer Messe.

Um den Kaufzwang auszuschalten, wird in den Ankündigungen oft   322
erwähnt, Wettbewerbsformulare würden in gewissen Geschäften unentgeltlich abgegeben oder könnten beim Veranstalter schriftlich oder telefonisch bestellt werden. Der Einsatz von Porto und Telefontaxen kann nicht als Kaufzwang betrachtet werden, da er dem Veranstalter weder direkt noch indirekt zugute kommt. Indessen besteht ein psychologischer Kaufzwang, wenn ein Kunde beim Aufsuchen eines Geschäftes zum Abholen eines Wettbewerbsformulares derart bearbeitet wird, dass er sich nicht mehr getraut, das Geschäft zu verlassen, ohne etwas gekauft zu haben (BGE 99/1953 IV 30: Merkur-Roulette). Gelegentlich werden die Teilnehmer auch nur darauf aufmerksam gemacht, das Einsenden einer Packung sei erwünscht, aber nicht Bedingung, oder es werden Fragen gestellt, die sich ohne Beizug einer Packung schwer lösen lassen. Solche Konzepte können in der Regel einem Kaufzwang nicht gleichgesetzt werden, da sich die richtigen Lösungen auch ohne Kauf beschaffen lassen (a. A. SJZ 60/1964 101 Nr. 158: Orangina).

Wichtig ist, dass die Gewinnchancen für jene Teilnehmer, welche   323
nicht kaufen wollen, die gleichen sind wie für die andern. Dabei kommt es nicht auf die objektive Durchführung der Veranstaltung, sondern allein auf die subjektive Meinung des Teilnehmers an. Es ist von der Unterscheidungsfähigkeit des durchschnittlichen Publikums auszugehen, bei welchem erfahrungsgemäss nicht vorausgesetzt werden kann,

dass ihm ein besonderer Scharfsinn eigne oder dass es bei der heutigen Flut der Reklame den Werbetext kritisch analysiere (BGE 99/1973 IV 31: Merkur-Roulette). Werden Bestellformulare gleichzeitig auch als Wettbewerbsformulare verwendet, so ist auf dem Formular selbst ein unübersehbarer Hinweis anzubringen, dass eine Teilnahme auch ohne Bestellung möglich ist (etwas milder offenbar SMI 1986 175: Supergewinnspiel).

324   Ein Kaufzwang bei Glücksspielen, die keine Lotterien, sondern Spielbanken sind, gilt nicht als aggressive Verkaufsveranstaltung. Spielbankähnliche Geschäfte unterscheiden sich von den Lotterien dadurch, dass sie keinen Ziehungsplan mit genau aufgezählten Gewinnen und begrenzter Preissumme aufstellen, sondern jedem oder jedem zehnten Gewinner unabhängig von der Zahl der Teilnehmer einen gleichen Preis zuteilen (BGE 99/1973 IV 31: Merkur-Roulette; a. M. VEB 47/1983 I 93 Nr. 19). Wegen des finanziellen Risikos des Veranstalters sind solche Gewinnspiele freilich selten.

325   Demgegenüber sind Veranstaltungen, bei denen das Schneeballsystem (Lawinen-, Hydra-, Gella-, Admira oder Multiplexsystem) zur Anwendung kommt, den verbotenen Lotterien gleichgestellt. Widerrechtlich ist namentlich die progressive Kundenwerbung, bei welcher Vergünstigungen oder Rückvergütungen in Aussicht gestellt werden unter der Bedingung, dass der Kunde eine bestimmte Anzahl weiterer Kunden wirbt, für welche dieselbe Möglichkeit besteht. Da für den Erfolg von Schneeballgeschäften der Zufall eine wesentliche, wenn auch nicht allein-entscheidende Rolle spielt, ist deren Durchführung strafbar (SJZ 81/1985 44 Nr. 9: Goldfeuerzeug-Aktion).

326   Von entgeltlichen Gewinnspielen kann keine Rede mehr sein, wenn die Käufer erst nach vollzogenem Kauf über die Möglichkeit orientiert werden, ohne weiteren Einsatz an einer Verlosung teilzunehmen. Der Zweck des Gesetzes, nämlich das Publikum vom unüberlegten Spekulieren abzuhalten, verlangt in solchen Fällen kein entsprechendes Verbot (gl. M. Imhoff-Scheier in ZSR 1985 I 41; a. A. BGE 69/1943 IV 121: Gratisgutscheine).

6. Anstiftung zum Rechtsbruch

6.1 Allgemeines

Nach schweizerischem Recht wirkt ein Vertrag nur unter den **341** Vertragsparteien. Eine am Vertrag nicht beteiligte Partei kann ihn nicht verletzen. Nicht einmal die Verleitung von Lieferanten zu Vertragsbruch ist widerrechtlich, zum mindesten soweit sie nicht systematisch erfolgt (vgl. Ziff. 2.2.5). Bezüglich Presseerzeugnissen und anderen urheberrechtlich geschützten Werken hält das gegenwärtige Urheberrechtsgesetz sogar ausdrücklich fest, dass das Inverkehrbringen rechtmässig hergestellter Exemplare nicht widerrechtlich sein könne, selbst wenn es entgegen einer territorialen Einschränkung des Absatzgebietes erfolge (Art. 58 URG).

6.2 Bestechung von Personal der Konkurrenz

Altes und neues Recht formulieren im wesentlichen überein- **342** stimmend folgenden Bestechungstatbestand (Art. 4 lit. b UWG):

> Unlauter handelt, wer sich oder einem andern Vorteile zu verschaffen sucht, indem er Arbeitnehmern, Beauftragten oder anderen Hilfspersonen eines Dritten Vergünstigungen gewährt oder anbietet, die diesen rechtmässig nicht zustehen und die geeignet sind, diese Personen zu pflichtwidrigem Verhalten bei ihren dienstlichen und geschäftlichen Verrichtungen zu verleiten.

Obwohl die Werbung mit Geschenken gegenüber Einkäufern von **343** Warenhäusern an der Tagesordnung ist, hatten sich die schweizerischen Gerichte noch nie mit Angestelltenbestechungen zu befassen, und zwar weder zivilrechtlich noch strafrechtlich. Es erscheint somit, dass das Anbieten von Vorteilen gegenüber den Angestellten von potentiellen Abnehmern nicht als anstössig betrachtet wird. Einzelne Detaillisten verpflichten sogar ihre Angestellten, die von den Lieferanten gewährten Vorteile in eine gemeinsame Kasse zu legen und akzeptieren damit ausdrücklich solch unlautere Praktiken.

344   Der Leistungswettbewerb verlangt freilich, dass Angebote nach den allgemeinen Konditionen und nicht nach allfälligen Nebennutzen ausgewählt werden. Akzessorische Wertreklame, die im Falle einer Bestellung dem hiefür verantwortlichen Angestellten als Zugabe zukommen soll, bringt daher ein wettbewerbsfremdes, unsachliches Element in die Beziehung zwischen Anbieter und Kunde. Dennoch scheint es übertrieben, in der Wertreklame gegenüber Abnehmern eine Verfälschung des Wettbewerbs zulasten des Konsumenten zu sehen, da Werbung, ob diese nun mittels Inseraten oder mittels Geschenken erfolgt, dem Massenverkauf wesenseigen ist und Produkte nicht verteuern muss. Werbegaben an Einkäufer haben daher auf den Endverkaufspreis genau so wenig Einfluss wie andere marktschreierische Reklamen.

345   Eindeutig unlauter ist es allerdings, wenn Arbeitnehmer eines Konkurrenten gleicher Wirtschaftsstufe mittels Geschenken zu pflichtwidrigem Verhalten veranlasst werden. Oft, aber nicht immer, wird sich dieses in der Bekanntgabe von Geheimnissen manifestieren und damit den Tatbestand der Verleitung zum Geheimnisbruch erfüllen (vgl. Ziff. 8.3). Denkbar ist aber auch die Verleitung zur Nichtabgabe oder verspäteten Abgabe von Submissionsofferten, zur fehlerhaften Kalkulation, zur ungenügenden Disposition oder zur Weitergabe von aufgenommenen Bestellungen an die Konkurrenz statt an den Arbeitgeber (vgl. Mitt. 1960 187: Reisevertreter). Nicht unlauter sind dagegen übliche Aufmerksamkeiten wie freie Verköstigung, Gelegenheitsgeschenke usw.

346   Die Verleitung von Personal der Konkurrenz zu pflichtwidrigem Verhalten erscheint freilich nicht nur dann unlauter, wenn hiezu Vergünstigungen eingesetzt werden, sondern auch sonst. Ein solches Handeln ist dann aber aufgrund der Generalklausel zu verfolgen (vgl. Ziff. 2.2.5 und 2.5.3).

6.3   Anstiftung zum Verrat von Betriebsgeheimnissen

347   Auf die Verleitung zum Verrat von Geheimnissen wird im Zusammenhang mit der Verletzung von Fabrikations- und Geschäftsgeheimnissen zurückzukommen sein (Ziff. 8.3).

6.4 Verleitung von Abnehmern Dritter zur Vertragsauflösung

Art. 4 lit. d UWG hat folgenden Wortlaut: 348

> Unlauter handelt insbesondere, wer einen Käufer oder Kreditnehmer, der einen Abzahlungskauf, einen Vorauszahlungskauf oder einen Konsumkreditvertrag abgeschlossen hat, veranlasst, den Vertrag zu widerrufen, oder wer einen Käufer, der einen Vorauszahlungskauf abgeschlossen hat, veranlasst, diesen zu kündigen, um selber mit ihm einen solchen Vertrag abzuschliessen.

Das Verzichtsrecht des Käufers ist eingeführt worden, um die Abneh- 349
mer vor den Überredungskünsten aggressiver Handelsreisender zu schützen. Es wäre eine zweckwidrige Ausübung des Verzichtsrechtes, wenn es zum Abschluss eines Vertrages mit der Konkurrenz eingesetzt würde (vgl. z. B. SJZ 86/1990 198 Nr. 40: Autoleasing).

In Ergänzung zum bisherigen hat das neue Recht auch die Verleitung 350
zum Vertragsbruch als unlauter erklärt und bestimmt (Art. 4 lit. a UWG):

> Unlauter handelt, wer Abnehmer zum Vertragsbruch verleitet, um selber mit ihnen einen Vertrag abschliessen zu können.

Unter Abnehmer wird dabei nicht nur der Letztverbraucher verstan- 351
den, sondern auch die vorgelagerten Wirtschaftsstufen sollen erfasst werden. In Frage kommen vor allem Alleinvertriebs-, Sukzessivlieferungs- und Dienstleistungsverträge, aber auch noch nicht erfüllte Kauf- oder Werkverträge. Doch kann die rechtmässige Kündigung von Dauerschuldverhältnissen nicht als Vertragsbruch gewertet werden, selbst wenn sie unter Anführung wichtiger Gründe fristlos erfolgt. Auch ist die blosse Abwerbung von Abnehmern nicht unlauter, lebt doch der Wettbewerb von Kundenwerbung.

6.5 Verleitung von Lieferanten zum Vertragsbruch

Immer wieder stellt sich die Frage, ob die Beschaffung von 352
Waren auf dem Graumarkt, das heisst bei Grossisten, die sich über deren vertraglich eingegangenen Ausschliesslichkeitsbindungen hinwegsetzen, als unlauterer Wettbewerb verfolgt werden kann. Die Praxis erach-

tet die Beeinträchtigung fremder Forderungen nur bei Hinzutreten besonderer Umstände als unlauter. Die blosse Ausnützung fremden Vertragsbruches ist vom Bundesgericht als zulässig betrachtet worden, wogegen es die Frage offen gelassen hat, ob auch die Anstiftung zu solchem Vertragsbruch rechtmässig wäre (BGE 114/1988 II 101: Dior-Vertriebsbindung).

7. Verwertung fremder Leistung (schmarotzerischer Wettbewerb)

7.1 Vorlagenausbeutung

Obwohl schon nach altem Recht die Verwertung fremder Ar- **371** beitsergebnisse unlauter gewesen wäre, sind bisher nur wenige entsprechende Urteile bekannt geworden. Das Recht will daher die Betroffenen animieren, ihre Rechte wirksamer wahrzunehmen, weshalb bezüglich der direkten Vorlagenausbeutung folgender Passus ins Gesetz aufgenommen wurde (Art. 5 lit. a UWG):

> Unlauter handelt, wer ein ihm anvertrautes Arbeitsergebnis wie Offerten, Berechnungen oder Pläne unbefugt verwertet.

Hiezu ergänzt Art. 5 lit. b UWG hinsichtlich der indirekten Vorla- **372** genausbeutung:

> Unlauter handelt, wer ein Arbeitsergebnis eines Dritten wie Offerten, Berechnungen oder Pläne verwertet, obwohl er wissen muss, dass es ihm unbefugterweise überlassen oder zugänglich gemacht worden ist.

Der Begriff Arbeitsergebnis darf nicht allzu eng interpretiert werden. **373** Die angeführten Beispiele wie Offerten, Berechnungen oder Pläne weisen zwar darauf hin, dass dem Gesetzgeber in erster Linie ein körperliches Arbeitsergebnis vor Augen stand. Indessen können auch geistige Leistungen wie beispielsweise eine Erfindung oder Entdeckung als Arbeitsergebnis bezeichnet und einem andern anvertraut werden (vgl. BGE 77/1951 II 263: Strassenhobel).

In vielen Branchen ist es üblich, dass auf Ausschreibungen hin sehr **374** komplexe Offerten mit aufwendigen Berechnungen, Konstruktionen, Gesamtplanungen usw. unentgeltlich und vorbehaltlos übergeben werden. Unlauter ist es nun, wenn ein Dritter ohne Erlaubnis derartige Unterlagen benützt und so einen tieferen Preis anbieten kann, oder der Adressat das ihm anvertraute Arbeitsergebnis selbst unbefugt verwertet. Bei Architekturwettbewerben könnte dies oft schon aufgrund des Urheberrechtes verhindert werden, doch umfasst die Bestimmung auch Fälle, wo infolge Bearbeitung usw. die urheberrechtlichen Befugnisse des Architekten untergegangen sind.

375   Der Ausdruck «verwerten» bezeugt, dass eine Wettbewerbshandlung vorliegen muss (vgl. Ziff. 1.4). Der Private, der eine von einem Handwerker erhaltene Skizze selbst ausführt, verwertet nicht.

7.2   Übernahme von fremden Arbeitsergebnissen

376   Die direkte Übernahme fremder Leistungen wird durch Art. 5 lit. c UWG erfasst:

> Unlauter handelt, wer das marktreife Arbeitsergebnis eines anderen ohne angemessenen eigenen Aufwand durch technische Reproduktionsverfahren als solches übernimmt und verwertet.

377   Die blosse Nachahmung von öffentlich zugänglichen Arbeitsergebnissen, mögen sie auch mit Mühe und Kosten errungen sein, war bisher nicht unlauter und wird es auch in Zukunft nicht sein. Die Praxis betonte sogar, dass die Nachahmung einer fremden Ware frei sei, sobald sie von den Sondergesetzen über den gewerblichen Rechtsschutz (Patentgesetz, Muster- und Modellgesetz, Markenschutzgesetz) nicht oder nicht mehr erfasst werde (BGE 104/1978 II 334: Bata-Stiefel, 105/1979 II 301: Monsieur Pierre, Mitt. 1980 159: Tank L.C. Cartier). Dies galt nicht nur dann, wenn das nachgeahmte Produkt die Frucht zahlreicher Anstrengungen war und erhebliche Aufwendungen verursachte (vgl. z. B. SMI 1985 112: Gebrauchsanweisung), sondern selbst dann, wenn durch die Nachahmung ein Zusammenbau oder ein Auswechseln des Originals mit der Kopie möglich wurde. Das Interesse eines Fabrikanten, auch den Ergänzungs- und Ersatzbedarf mit seinem Markenprodukt stillen zu können, musste hinter das Interesse des Marktes an standardisierten Grössen zurücktreten (Mitt. 1962 160: Lego II, ZR 66/1967 Nr. 32 E.5: Kehricht-Container).

378   Der Terminus «Arbeitsergebnis» ist hier unbedingt weit auszulegen, zumal er nicht durch einschränkende Beispiele wie in Art. 5 lit. a und b UWG erläutert wird. Er umfasst insbesondere auch dreidimensionale Warenformen und Computerprogramme.

379   Mit dem Ausdruck «marktreifes Arbeitsergebnis» in Art. 5 lit. c UWG sollte zum Ausdruck gebracht werden, dass blosse Ideen und Erkenntnisse von Dritten kopiert werden dürfen und erst die Verwertung eines ganz konkreten, ausgearbeiteten Produktes unlauter ist.

Marktreif bedeutet aber auch, dass die Leistung tatsächlich für den Markt bestimmt ist. Nicht nötig ist jedoch, dass sie einzeln käuflich ist. Auch die Reproduktion von einzelnen Bildern aus einem Katalog, von Gebrauchsanweisungen zu einem komplizierten technischen Gerät usw. ist ein marktreifes und daher geschütztes Arbeitsergebnis. Wenn jedoch ein Verleger die unverkäufliche Auflage eines Buches einstampft und sich damit abfindet, dass es in der Folge vergriffen und damit nicht mehr marktreif ist, so besteht kein Hindernis, dass ein anderer versucht, dem Buch durch fotomechanischen Nachdruck doch noch zum Erfolg zu verhelfen. Es wäre nicht einzusehen, warum der Zweitherausgeber in einem solchen Falle sich die Mühe machen sollte, das vom Erstverleger aufgegebene Buch nochmals neu setzen zu lassen.

Unlauter ist einzig die unmittelbare Ausbeutung fremder Arbeitsprodukte, wie zum Beispiel das Nachgiessen von Giessereiprodukten, das Kopieren von Werkzeugen, das Fotokopieren fremder Abbildungen und Texte, das Überspielen von Ton- und Bildträgern oder Programmen usw. Es erscheint nämlich mit dem Grundsatz von Treu und Glauben nicht vereinbar, wenn die mit Zeit- und Kapitalaufwand geschaffenen Unterlagen eines Konkurrenten direkt übernommen werden, um sich zur Verbesserung der eigenen Konkurrenzlage Aufwand zu ersparen. Die direkte Leistungsübernahme ist schon bisher von der Praxis mehrheitlich verurteilt worden (SIZ 66/1970 327 Nr. 141 = GRUR Int. 1970 358: Geschichte der römischen Literatur, 79/1983 130 Nr. 21: Katalogfoto, SMI 1987 94: Katalogfoto II). **380**

Der Verweis auf die Angemessenheit des eigenen Aufwandes setzt voraus, dass es verschiedene Wege gibt, um zum Ergebnis zu kommen. Von diesen sind bloss die technischen und billigen, nicht aber die konventionellen, aufwendigen verboten. Wer Formen für Giessereiprodukte selbst herstellt, wer Werkzeuge selbst zeichnet und darnach formen lässt, wer Gegenstände selbst fotografiert oder Texte absetzen lässt, wer Töne und Bilder auf Platten oder Bänder aufnimmt, wer zu vorbestehenden Pflichtenheften Programme kreiert, begeht keinen unlauteren Wettbewerb. Wo es aber im Ernste nur eine einzige Möglichkeit zur Übernahme eines fremden Marktergebnisses gibt, ist deren Ausnutzung nicht unlauter. So kann nicht erwartet werden, dass eine nicht geschützte Pflanzensorte nicht durch Vermehrung von Stecklingen, sondern nur durch eigene Kreuzungen gezüchtet wird. Wollte man soweit gehen, hätte das Sortenschutzgesetz gar keinen eigenen Anwendungsbereich mehr. **381**

382   Das Verbot der direkten Übernahme fremder Arbeitsergebnisse wird ergänzt durch Schutz der Nachbarrechte, wie namentlich den Schutz der ausübenden Künstler. Diese sind auf einen urheberrechtlichen Schutz angewiesen (vgl. BGE 110/1984 II 420 = GRUR Int. 1985 692: Tosca-Aufzeichnung).

7.3   Nachpressungen von Schallplatten

383   Die unbefugte Reproduktion von Tonträgern ist schon gemäss Art. 5 lit. c UWG verboten. Der bisher im Urheberrechtsgesetz stipulierte Kopierschutz (Art. 4 Abs. 2 altURG) konnte damit ersatzlos fallen gelassen werden.

7.4   Weitere Formen parasitären Wettbewerbs

386   Generell ist es unlauter, seinen Konkurrenten für sich arbeiten zu lassen und seine Leistungen zu nutzen, um daraus einen eigenen Erfolg zu erzielen. So ist es unlauter, den Katalog des Mitbewerbers als Vorspann für das eigene Angebot zu verwenden (SJZ 55/1959 261 Nr. 107: Vorspanndienste) oder den Vertreter der Konkurrenz Bestellungen für die eigenen Waren aufnehmen zu lassen (Mitt. 1960 187: Reisevertreter). Solche Verhaltensweisen sind entweder als anlehnende Werbung (Ziff. 4.4.2) oder als gegen die Generalklausel verstossend (Ziff. 2.2.5) zu ahnden.

8. Verletzung von Fabrikations- und Geschäftsgeheimnissen

8.1 Vorbemerkung

Die Auskundschaftung von Fabrikations- und Geschäftsge- **401** heimnissen ist in zwei verschiedenen Tatbeständen geregelt, einerseits in Art. 4 lit. c und andererseits in Art. 6 UWG. Diese Systematik ist wenig einleuchtend und wird hier deshalb nicht befolgt.

Geheimnis ist nur, was die Sphäre des Geheimnisträgers noch nicht **402** verlassen hat und von diesem entsprechend gehütet wird. Als Geheimnis kann bloss das bezeichnet werden, was höchstens einem beschränkten und zur Geheimhaltung verpflichteten Personenkreis zugänglich ist. Tatsachen, die in Firmenprospekten veröffentlicht werden oder bei jeder Betriebsbesichtigung unschwer festzustellen sind, sind offenkundig und können niemals Geheimnisse sein. Ebensowenig fallen darunter Tatsachen, die Aussenstehende zielstrebig herausfinden können, selbst wenn sie erst nach eingehender Analyse (auch Reverse Engineering) eines auf dem Markt befindlichen Produktes erkannt werden. So sind Rezepturen, Schaltungen oder Programme käuflicher Produkte zugänglich und daher nicht geheim.

Kein Geheimnis ist, was nur zufällig einem kleinen Kreis von Mitwis- **403** sern bekannt ist, vom Geheimnisträger aber selbst gar nicht geheim gehalten werden will. Der Geheimnisträger muss daher seinen ausdrücklichen oder stillschweigenden Willen erkenntlich machen, bestimmte Tatsachen nicht der Öffentlichkeit zugänglich werden zu lassen. Fehlt es an Anweisungen des Unternehmers zur Geheimhaltung irgendwelcher Sachverhalte, können diese auch nicht als Geheimnis im formellen Sinn anerkannt und geschützt werden.

Nicht jede unbekannte Tatsache ist geheimniswürdig, sondern nur **404** solche Angaben, die einen Einfluss auf das Geschäftsergebnis haben können (Geheimnis im materiellen Sinn: BGE 103/1977 IV 284 = Praxis 67/1978 Nr. 36: Blechstanzmaschinen). Fabrikationsgeheimnisse beziehen sich auf die Verfahren zur Herstellung von Produkten; Geschäftsgeheimnisse auf die Organisation und den kaufmännischen Verkehr (BGE 109/1983 Ib 57, 113/1987 Ib 71: Insider-Informationen, ZR 82/1983 Nr. 126 E.IV: Verkaufsleiterkenntnisse).

405   Die wettbewerbsrechtliche Praxis, was im einzelnen etwa als Geheimnis angesehen werden kann, ist bescheiden. Weit ergiebiger ist das Arbeitsrecht, das den Arbeitnehmer verpflichtet, die Fabrikations- und Geschäftsgeheimnisse des Arbeitgebers zu wahren (Art. 340 Abs. 2 OR). Im einzelnen wurde etwa folgendes als Geheimnis bezeichnet:

> Verfahren zur Herstellung farbiger Fotografien (BGE 23/1897 I 212: Photochrom);
>
> technisch-mathematische Zahlenwerke (BGE 64/1938 II 170: Maag-Tabellen);
>
> Kenntnisse über Einkaufs- und Bezugsquellen, Fabrikation, Organisation, Preiskalkulation, Absatz (ZR 57/1958 Nr. 6: Ölbrenner-Düsen);
>
> Konstruktionsideen (BGE 77/1951 II 263: Strassenhobel, 93/1967 II 272: Kuttelreinigungsmaschine);
>
> originelle Mechanismen oder Verfahren (BGE 88/1962 II 322: Diamantschleifmaschinen);
>
> Kunden- und Namenlisten, welche nicht nur Namen und Anschriften, sondern auch weitere Angaben enthalten (BGE 25/1899 II 528: Briefmarkensammler; Mitt. 1982 217);
>
> Kundenkenntnisse, Preiskalkulationen, Lieferungs- und Montagefristen, Resultate von Werbekampagnen, Fensterprofile (ZR 82/1983 Nr. 126 E.V: Verkaufsleiterkenntnisse).

406   Keine Geheimnisse waren etwa:

> ein Verfahren, das der Konkurrenz bereits bekannt ist (Mitt. 1982 228: Offenes Geheimnis);
>
> Akquisitionsmethoden (ZR 82/1983 Nr. 126 E.V.8: Verkaufsleiterkenntnisse);
>
> die Adresse eines Grossabnehmers, der in der Branche sowieso bekannt sein dürfte (Mitt. 1983 II 137: Individueller Löffel);
>
> die Lehre, welche in einem im Handel erhältlichen Handbuch enthalten ist (Mitt. 1984 281: Manuel technique).

407   Der wettbewerbsrechtliche Schutz der Fabrikations- und Geschäftsgeheimnisse gemäss UWG wird ergänzt durch den strafrechtlichen Schutz gemäss Art. 162 StGB betreffend die Verletzung von Fabrikations- oder Geschäftsgeheimnissen. Dieser hat folgenden Wortlaut:

> Wer ein Fabrikations- oder Geschäftsgeheimnis, das dieser infolge einer gesetzlichen oder vertraglichen Pflicht bewahren sollte, verrät,

wer den Verrat sich zunutze macht,
wird, auf Antrag, mit Gefängnis oder mit Busse bestraft.

Abs. 1 der obigen Bestimmung befasst sich mit dem aktiven Geheim-   **408**
nisverrat, während Art. 4 lit. c UWG sich mit Anstiftung hiezu befasst
und somit ein selbständiges Delikt der Teilnahme schafft. Abs. 2 ist
vollumfänglich in Art. 6 UWG (Verwertung unrechtmässig erfahrener
Geheimnisse) enthalten. Art. 162 Abs. 2 StGB ist daher nur anwendbar,
wenn der Täter nicht zu Wettbewerbszwecken gehandelt hat (SJZ
61/1965 66 Nr. 39).

8.2   Auskundschaften und Verwerten von fremden Geschäftsgeheimnissen

Erstaunlicherweise ist das Auskundschaften von Fabrikations-   **409**
und Geschäftsgeheimnissen der Konkurrenz durch Werkspionage für
sich allein noch nicht unlauter, solange dies wenigstens ohne Gehilfenschaft des Personals der Konkurrenz erfolgt (vgl. Ziff. 8.3). Erst die
anschliessende Verwertung verstösst gegen Treu und Glauben. Wer
allein zu seiner Dokumentation oder zur wissenschaftlichen Forschung
fremde Geheimnisse ausspioniert, handelt nach Ansicht des Gesetzgebers nicht unlauter. Entsprechend bestimmt Art. 6 UWG:

> Unlauter handelt, wer Fabrikations- oder Geschäftsgeheimnisse, die er
> ausgekundschaftet oder sonstwie unrechtmässig erfahren hat, verwertet oder andern mitteilt.

Nicht von Auskundschaften kann die Rede sein, wenn man sich bloss   **410**
mit öffentlich zugänglichen Lösungen der Konkurrenz befasst. Informationen, welche allgemein erhältlich sind, wie Prospekte, käufliche Produkte usw., können nicht ausgekundschaftet werden. Nicht unlauter
handelt daher, wer Apparate der Konkurrenz zerlegt, deren Produkte
chemisch oder durch Reverse Engineering (Ausnahme: Computer-Programme, vgl. Art. 21 Abs. 2 URG) analysiert und deren Werbemittel
sorgfältig auswertet. Von ausgekundschafteten Geheimnissen kann erst
die Rede sein, wenn der Verletzer heimlich in den Geheimnisbereich
eingedrungen ist, sei es, dass er sich gegen den Willen des Geheimnisträgers Zutritt verschafft hat oder sei es, dass einzelne Arbeitnehmer
hierüber planmässig ausgeforscht und die Resultate addiert worden

sind. Die Vorgehensweise des Kundschafters muss stark unüblich sein; das Ausfragen eines zufällig angetroffenen Arbeitnehmers oder Lieferanten der Konkurrenz und das übliche Bekunden von kaufmännischem Interesse ist mangels Intensität noch kein Auskundschaften (Mitt. 1981 155: Lieferantenadressen).

411   Nur die Verwertung unrechtmässig erfahrener Geheimnisse ist unlauter. Wer rechtmässig Geheimnisträger ist, beispielsweise aus früherer Anstellung bei der Konkurrenz, darf diese Geheimnisse gestützt auf Art. 6 UWG zum eigenen Nutzen verwerten, selbst wenn ihn ein vertragliches Konkurrenz- und Verwertungsverbot bindet. Unrechtmässig ist jedoch das systematische Sammeln von Unternehmensgeheimnissen des Arbeitgebers, insbesondere das zielbewusste Auswendiglernen von Formeln, das Kopieren von Zeichnungen oder das Mitnehmen von Makulatur, auf der sich Notizen oder Skizzen befinden (ZR 42/1943 Nr. 1: technische Zeichnungen). Auch ist es nicht willkürlich anzunehmen, dass die Zuwiderhandlung gegen ein vertragliches Konkurrenzverbot einen Wettbewerbsvorteil bringt und demgemäss den Regeln von Treu und Glauben widerspricht (SMI 1985 109: Alterna). Dennoch wäre es korrekter, solche vertraglichen Verbote durch Vertragsklage statt durch Wettbewerbsklage durchzusetzen. Doch können die Gesamtumstände der Verwertung rechtmässig erlangter Geheimnisse Unlauterkeit gemäss Art. 2 UWG indizieren (vgl. Ziff. 2.2.1 und 2.2.5).

8.3   Verleitung von Arbeitnehmern Dritter zur Verlegung ihrer Treuepflicht

412   Während die Anstiftung zum Bruch von Alleinvertriebsbindungen oder anderen vertraglichen Verpflichtungen eines selbständigen Zwischenhändlers höchstens bei hinzukommenden zusätzlichen Unlauterkeitselementen widerrechtlich ist, ist das Verleiten von Arbeitnehmern oder anderen Hilfspersonen der Konkurrenz zur Verletzung ihrer Treuepflicht gegenüber ihrem Arbeitgeber grundsätzlich unlauter. Art. 4 lit. c UWG bestimmt:

> Unlauter handelt, wer Arbeitnehmer, Beauftragte oder andere Hilfspersonen zum Verrat oder zur Auskundschaftung von Fabrikations- oder Geschäftsgeheimnissen ihres Arbeitgebers oder Auftraggebers verleitet.

Der Grund dieser kategorischen Bestimmung liegt darin, dass Ge- 413
heimnisse einzig solange geschützt werden können, als sie nur einem
recht beschränkten Personenkreis bekannt sind. Das Gesetz schweigt
sich freilich darüber aus, inwiefern das Anstiften ehemaliger Arbeitnehmer der Konkurrenz zum Geheimnisbruch unlauter ist. Selbst wenn der
Bruch von Geheimhaltungsklauseln nach aufgelöstem Arbeitsvertrag
nicht von dieser Spezialnorm erfasst würde, würde er jedenfalls unter
die Generalklausel fallen (Mitt. 1983 II 142: Individueller Löffel). Das
Arbeitsvertragsrecht anerkennt aber nunmehr, dass die Fabrikations-
und Geschäftsgeheimnisse grundsätzlich auch nach Beendigung des
Arbeitsverhältnisses geheim zu halten sind (Art. 321 a Abs. 4 0R). Selbst
ohne Geheimhaltungspflicht wäre sodann die Ausnützung von fremdem
Know-how unlauter, wenn die dabei verwendeten Mittel oder die damit
verfolgten Zwecke gegen Treu und Glauben verstossen. Solche zusätzliche gravierende Umstände können beispielsweise darin liegen, dass
nicht die Arbeitskraft, sondern allein das geheime Wissen des ehemali-
gen Angestellten im Vordergrund steht und dieser wieder entlassen
wird, sobald er sein Wissen preisgegeben hat.

Gleiches hat grundsätzlich auch in bezug auf die Verletzung von 414
Konkurrenzverboten zu gelten. Der Arbeitgeber, der einen unter Konkurrenzverbot stehenden Arbeitnehmer einstellt, begeht nach herr-
schender Meinung selbst dann keinen unlauteren Wettbewerb, wenn er
um den Bestand dieses Konkurrenzverbotes weiss, sich aber darüber
hinwegsetzt (vgl. aber Ziff. 8.2). Der neue Arbeitgeber hat höchstens
hinzunehmen, dass seinem vertragsbrüchigen Arbeitnehmer gerichtlich
befohlen wird, seine konkurrenzierende Arbeit sofort einzustellen. Ist
er freilich mit dem Arbeitnehmer wirtschaftlich eng verbunden (Ein-
mann-Aktiengesellschaft, Ehepartner), ist das unlautere Verhalten des
Arbeitnehmers seinem Arbeitgeber anzurechnen (SMI 1985 109: Alterna). Bezüglich der Frage, ob die Anstiftung eines Arbeitnehmers zum
Bruch seines Konkurrenzverbotes gegen Treu und Glauben verstösst,
ist auf Ziff. 2.5.3 zu verweisen.

9. Abweichen von Branchenusanzen

9.1 Grundsatz

In verschiedenen Branchen haben sich aufgrund statutarischer **431** Vorschriften einzelner Berufsverbände oder stillschweigender Übereinkunft Usanzen zu Werbung oder aufdringlicher Reklame und Vertrieb herausgebildet. So verzichten die einen auf Fernsehwerbung, andere auf Hausbesuche und Dritte wollen von marktschreierischer Werbung nichts wissen. Solche Branchenregelungen schaffen jedoch kein Recht. Aussenseiter begehen keinen unlauteren Wettbewerb, wenn sie sich zum Entsetzen ihrer Mitbewerber nicht an diese Branchenregelungen halten und von ihren gegenüber der Konkurrenz aggressiveren Werbemethoden profitieren. Es besteht im allgemeinen keine Pflicht, sich dem Diktat der Branche unterzuordnen.

Andererseits besteht keine Gewähr dafür, dass das Einhalten von **432** Branchenusanzen vom Vorwurf unlauteren Wettbewerbs schützt. Unlautere Praktiken können nämlich ohne weiteres eine ganze Branche befallen. Dies war denn auch der Grund, warum der Bundesrat vorschlug, solche von Amtes wegen mittels einer Klage des Bundes auszumerzen (Art. 11 E UWG). Nachdem diese vom Gesetzgeber abgelehnt worden ist, obliegt es erneut den Wettbewerbern, vor ihrer eigenen Türe zu kehren. Die Ausrede, der Kläger praktiziere dieselben (unlauteren) Handlungen, ist dabei nicht zu hören; die Praxis lehnt die Einrede der «unclean hands» mit der treffenden Formel ab, Unrecht könne kein Recht schaffen (BGE 81/1955 II 71: Verbandswatte; Mitt. 1981 167: Aargauer Blätter). Dem UWG fällt ja gerade die Aufgabe zu, Werbeexzesse dort zu bekämpfen, wo das harte Wettbewerbsklima dazu verleitet (BGE 104/1978 II 129: Weltcup-Rangliste) oder wo sie üblich geworden sind und sich allgemein durchgesetzt haben (BGE 102/1976 II 294: Bico-flex).

9.2 Soziales Dumping

Nach ausdrücklicher Vorschrift darf einzig hinsichtlich der Ar- **433** beitsbedingungen nicht von Branchenusanzen abgewichen werden. Art. 7 UWG bestimmt nämlich:

Unlauter handelt, wer Arbeitsbedingungen nicht einhält, die durch Rechtssatz oder Vertrag auch dem Mitbewerber auferlegt oder berufs- oder ortsüblich sind.

434   Damit wird der Konkurrenz die Möglichkeit gegeben, das soziale Verhalten des Mitbewerbers mittels Zivilklage zu kontrollieren. Obwohl Arbeitsbedingungen namentlich in Verbindung mit Schwarzarbeit häufig verletzt werden, ist diese sozialpolitische Bestimmung bis heute toter Buchstabe geblieben. Das blosse Einstellen von billigen Arbeitskräften setzt nämlich noch keinen Tatbestand unlauteren Wettbewerbes (BGE 86/1960 II 118: Eschenmoser). Im Gegensatz zu den meisten übrigen Spezialtatbeständen des unlauteren Wettbewerbes ist die unlautere Verletzung von Arbeitsbedingungen nicht strafbar.

435   Schon nach bisherigem Recht stand dem eigentlichen Adressaten diese Bestimmung, nämlich dem Arbeitnehmer, mangels Wettbewerbsverhältnis zum Arbeitgeber kein eigenes Klagerecht zu, um diese Bestimmung durchzusetzen (ZR 85/1986 Nr. 114: Gesamtarbeitsvertrag). Dies ändert sich auch nicht mit der durch das neue Recht eingeführten Erweiterung der Klagelegitimation. Denn als durch unlauteren Wettbewerb Verletzte kommen nur Wettbewerber oder deren Kunden in Betracht, nicht aber Arbeitnehmer. Unter Kunden sind die Abnehmer von Waren, Werken oder Leistungen, nicht aber die Lieferanten von Arbeit zu verstehen.

10. Kartellrechtliche Behinderungen

10.1 Einführung

Das Kartellrecht soll in erster Linie dem Schutz der freien **451** wirtschaftlichen Betätigung dienen, welche Aufgabe mit zivil- und verwaltungsrechtlichen Mitteln gelöst wird. Im Rahmen der vorliegenden Arbeit kann die stets an Wichtigkeit zunehmende Aufgabe des Kartellrechtes, den Schutz des Wettbewerbes als Institution der freien Marktwirtschaft mit verwaltungsrechtlichen Mitteln zu sichern, nicht detailliert dargestellt werden. Leider hat es sich auch in diesem Bereich ganz besonders gezeigt, dass das Gewicht der Verwaltung stetig zunimmt und dass der Einzelne sehr oft resigniert und nicht mehr bereit oder in der Lage ist, sich selbst für sein Recht einzusetzen, sondern es dem Staat überlässt, für Ordnung zu sorgen. Dies machte es notwendig, eine Totalrevision des erst zehn Jahre alten Kartellgesetzes an die Hand zu nehmen, welche am 6. Oktober 1995 ihren Abschluss gefunden hat. Die Zulässigkeit einer Wettbewerbsbeschränkung wird fortan nicht mehr allein durch den Richter, sondern in Zusammenarbeit mit den Wettbewerbsbehörden (Wettbewerbskommission, Rekurskommission für Wettbewerbsfragen) beurteilt. Auch erfolgt nun eine scharfe Trennung der wettbewerbsrechtlichen und der politischen Beurteilung: für jene sind die Gerichte und die Wettbewerbsbehörden, für diese abschliessend der Bundesrat zuständig.

Das schweizerische Kartellgesetz will im Einklang mit dem Verfas- **452** sungsauftrag (Art. 31bis BV) nicht die Kartelle an und für sich, sondern gezielt die volkswirtschaftlich oder sozial schädlichen Auswirkungen von Kartellen und ähnlichen Organisationen bekämpfen (Art. 1 KG). Der Bundesverfassung entspricht einzig eine Missbrauchsgesetzgebung, welche weder ein grundsätzliches Kartellverbot vorsehen noch bestimmte Wettbewerbsabreden a priori verbieten kann (sog. per se Verbote). Angestrebt wird zwar ein marktwirtschaftliches System mit funktionierendem Wettbewerb, doch wird nicht ausgeschlossen, dass eine eingehende Interessenabwägung zur Erkenntnis führen könnte, dass eine wettbewerbsbeschränkende Situation ebenso vorteilhaft sein dürfte. In der schweizerischen Landschaft, die durch mittlere und kleinere Unternehmen geprägt ist, drängen sich denn auch gewisse Formen der Zusammenarbeit geradezu auf, um in der internationalen Konkurrenz bestehen zu können.

453   Das neue Gesetz begnügt sich nicht mehr mit der Konzeption des «möglichen Wettbewerbs», sondern verlangt ausdrücklich «wirksamen Wettbewerb» (Art. 5 Abs. 1 KG). Unter wirksamem Wettbewerb versteht der Gesetzgeber solchen, der die erwarteten statischen und dynamischen Funktionen ausreichend erfüllt. Diese Funktionen sind vorab die sinnvolle Allokation der Produktionsfaktoren von Arbeit, Kapital und Boden, die flexible Reaktion auf veränderte Verhältnisse sowie Förderung der Innovation. Wettbewerb soll die Unternehmen des privaten und des öffentlichen Rechts immer wieder veranlassen, den Ressourceneinsatz zu optimieren, die Produkte und Produktionskapazitäten an die sich ändernden Bedingungen anzupassen sowie neue Produkte und Produktionsverfahren zu entwickeln (BBl 1995 I 512). Die Wettbewerbskommission hat die nützlichen und schädlichen Auswirkungen gegeneinander abzuwägen; unter Vorbehalt überwiegender öffentlicher Interessen ist Schädlichkeit aber immer dann gegeben, wenn wirksamer Wettbewerb verhindert oder beseitigt wird, bereits aber nicht mehr unbedingt dann, wenn er nur erheblich beeinträchtigt wird (Art. 5 Abs. 1 KG).

454   Das Kartellgesetz enthält dementsprechend – im Gegensatz zum Wettbewerbsgesetz – keine primären Verbote, sondern lässt für Abreden, die den Wettbewerb zwar erheblich beeinträchtigen, aber noch nicht beseitigen, auch Rechtfertigungsgründe zu, welche die beanstandete Vorkehr zu einer rechtmässigen werden lassen. Dies bringt eine gewisse Rechtsunsicherheit mit sich, was sich hemmend auf gerichtliche Schritte auswirken wird. Auch unter dem neuen Kartellrecht wird die Tätigkeit der Wettbewerbskommission entscheidend bleiben, die als nunmehr verwaltungsunabhängige Institution mit unmittelbarer Verfügungskompetenz ausgestattet wurde.

10.2   Kartelle und marktbeherrschende Unternehmen

455   Das Kartellgesetz ist anwendbar sowohl auf private wie auch auf staatliche Unternehmen, die Kartellabreden treffen oder Marktmacht ausüben (Art. 2 Abs. 1 KG). Öffentliche Unternehmen unterstehen dem Kartellgesetz, soweit nicht öffentlich-rechtliche Vorschriften eine staat-

liche Markt- oder Preisordnung begründen (Art. 3 Abs. 1 lit. a KG) oder soweit sie nicht, wie etwa die Regiebetriebe des Bundes, zur Erfüllung ihrer öffentlichen Aufgaben mit besonderen Rechten ausgestattet worden sind (Art. 3 Abs. 1 lit. b KG).

Dem Kartellgesetz unterstehen auch Unternehmen, die sich an Unternehmenszusammenschlüssen (Fusionen) beteiligen, was im Rahmen dieser Arbeit jedoch nicht berücksichtigt wird.

Als Kartell- oder Wettbewerbsabreden gelten alle Absprachen wie **456** Verträge, Beschlüsse oder rechtlich nicht erzwingbare Abreden (Gentlemen's Agreements), die eine Wettbewerbsbeschränkung bezwecken oder bewirken (Art. 4 Abs. 1 KG). Bei Wettbewerbsabreden müssen mehrere Beteiligte gleicher oder verschiedener Marktstufen zusammenwirken. Erst die kollektive Beeinflussung des Marktes ist kartellrechtlich relevant. Entscheidend ist die effektive oder potentielle Wirksamkeit der Marktbeeinflussung, nicht aber etwa der Zweck der Abrede.

Das Kartellrecht findet auch auf wettbewerbsrelevante Empfehlungen horizontaler oder vertikaler Natur Anwendung. Empfehlungen und andere nicht erzwingbare Vereinbarungen unterscheiden sich von Absprachen dadurch, dass es den Beteiligten am Willen fehlt, sich zu binden. Doch sind Empfehlungen von Richtpreisen und Geschäftsbedingungen, die weit herum Beachtung finden, genauso wie verbindliche Wettbewerbsabreden zur Beeinflussung geeignet. Auch muss im Gegensatz zum früheren Gesetz nicht die effektive Wirkung solcher Empfehlungen nachgewiesen werden, sondern es genügt, wenn sie sich zur Wettbewerbsbeschränkung eignen. Dagegen kann spontan gleichförmiges Verhalten voneinander unabhängiger Unternehmen nicht als Wettbewerbsabrede qualifiziert werden.

Das Kartellgesetz befasst sich auch mit marktbeherrschenden Organisationen (früher kartellähnliche Organisationen genannt). Sie umfassen einzelne oder mehrere Unternehmen, die stillschweigend ihr Verhalten aufeinander abstimmen und in der Lage sind, sich auf dem Markt im wesentlichen unabhängig von den andern Marktteilnehmern zu verhalten (Art. 4 Abs. 2 KG). Ihr Verhalten ist kartellrechtlich nicht erst dann relevant, wenn sie den Wettbewerb erheblich beeinträchtigen, sondern schon dann, wenn sie andere Unternehmen in der Aufnahme oder Ausübung des Wettbewerbs behindern oder benachteiligen.

Das Kartellrecht findet nicht nur Anwendung auf horizontale Abre- **458** den, sondern auch auf vertikale Abreden zwischen Unternehmen verschiedener Marktstufen, so insbesondere auf die Preisbindung der zweiten Hand. Diese wird dadurch charakterisiert, dass ein Lieferant (Fabrikant) oder Importeur seine Abnehmer (Grossisten oder Detaillisten) verpflichtet, die von ihm vorgeschriebenen Verkaufspreise einzuhalten oder für deren Einhaltung in den nachfolgenden Stufen zu sorgen. Auch Ausschliesslichkeits- und Vertriebsbindungen sind kartellrechtlich relevant, können aber unter Umständen gerechtfertigt werden. Einzig solche Wettbewerbswirkungen fallen nicht unter das Kartellgesetz, die ausschliesslich auf die Auswirkungen der Gesetze über den gewerblichen Rechtsschutz (Marken, Muster, Modelle, Erfindungspatente, Pflanzensorten) oder über das Urheberrecht zurückzuführen sind (Art. 3 Abs. 2 KG).

459   Die Unterstellung unter das Kartellgesetz enthält noch keine Feststellung darüber, ob die damit bezweckte oder bewirkte Beschränkung des Wettbewerbs volkswirtschaftlich schädliche Wirkungen entfaltet und gemäss Kartellgesetz zulässig ist oder nicht. Aus der Unterstellung ergibt sich lediglich die Kompetenz der zuständigen Behörden zur kartellrechtlichen Überprüfung anhand der Vorschriften des zivilrechtlichen oder verwaltungsrechtlichen Teils des Gesetzes.

10.3   Unzulässige Wettbewerbsbeschränkungen

10.3.1   *Erheblichkeit der Wettbewerbsbeschränkung*

460   Von unzulässigen Wettbewerbsbeschränkungen kann erst die Rede sein, wenn sie den Markt für bestimmte Waren oder Leistungen erheblich beeinflussen oder gar beseitigen (Art. 5 Abs. 1 KG). Von marktbeherrschenden Unternehmen wird sogar verlangt (Art. 7 Abs. 1 KG), dass sie ihre Stellung auf dem Markt missbrauchen, indem sie entweder die Handlungsmöglichkeiten ihrer Konkurrenten verringern und dadurch den Wettbewerb schwächen oder indem sie ihre Abnehmer in wettbewerbswidriger Weise benachteiligen. Interessanterweise spricht Art. 5 von Beeinträchtigung, Art. 7 KG dagegen von Behinderung der Wettbewerbes; letzteres ist wohl die intensivere Art der Wettbewerbsbeschränkung.

461   Nicht jedes Verhalten, das einem Konkurrenten hinderlich ist oder ihn benachteiligt, ist a priori unzulässig. Bloss geringfügige Beeinträchtigungen der Geschäftstätigkeit, z. B. hinsichtlich gewisser Nebenlei-

stungen (Art der Verpackung, Zugaben) sind zulässig, selbst wenn sie aufgrund von horizontalen Vereinbarungen erfolgen. Indessen ist nicht vorgesehen, analog zur Europäischen Union eine Bagatell-Verordnung zu erlassen, welche Wettbewerbsabreden mit bloss geringem Einfluss auf den Wettbewerb umschreibt.

Falsch wäre es indessen, die Erheblichkeit einer Behinderung an quantitativen Massstäben messen zu wollen. So geht es beispielsweise nicht an, eine Liefersperre gegenüber einem Warenhaus allein deshalb als unerheblich zu beurteilen, weil sie nur einen winzig kleinen Teil seines Sortimentes umfasst. Eine Wettbewerbsabrede ist vielmehr schon dann geeignet, einen Dritten erheblich zu behindern, wenn im konkreten Fall die Benachteiligung fühlbar genug ist, um seine Freiheit in der Gestaltung seiner wirtschaftlichen Tätigkeit zu beschränken und damit sein wirtschaftliches Verhalten zu beeinflussen (BGE 101/1975 II 146: B.A.T.).

Eine Beeinträchtigung ist namentlich dann erheblich, wenn sie ökonomisch relevante Parameter des geschäftlichen Handelns wie Sortiment, Preise und Konditionen etc. berührt und sich fühlbar auf die wirtschaftliche Lage des Betroffenen auswirkt (BGE 99/1973 II 232: Spirituosenverband). Der Richter hat daher zu untersuchen, worin die wettbewerbsbeeinträchtigende Vorkehr besteht und welche Auswirkungen sie auf die Handlungsfreiheit des Betroffenen, auf die Struktur und die Entwicklung seines Betriebes hat. Dass dieser sein Geschäft trotz der Benachteiligung nicht schliessen muss, sondern weiter betreiben und sogar ausbauen kann, schliesst die Erheblichkeit der Beeinträchtigung nicht notwendig aus.

Erheblich ist eine Wettbewerbsbeschränkung in jedem Falle dann, **462** wenn sie zu Monopolen und damit zur Beseitigung wirksamen Wettbewerbes führt. Vorkehren, die den wirksamen Wettbewerb beseitigen, können von der Wettbewerbskommission nicht gerechtfertigt werden. Erhebliche Wettbewerbsbehinderungen durch ein einzelnes Unternehmen lassen in der Regel nicht nur Marktbeeinflussung, sondern geradezu Marktmacht des behindernden Unternehmens vermuten (ZBJV 114/1978 42: MITA-Verband).

10.3.2 *Der relevante Markt*

Das Kartellgesetz spricht zwar immer wieder vom Markt oder **463** gar dem Markt für bestimmte Waren oder Leistungen (Art. 5 Abs. 1

KG), definiert aber sowenig wie das alte Gesetz den Marktbegriff nicht. Da die sachliche und örtliche Bestimmung des relevanten Marktes zu den schwierigeren Gebieten des Kartellrechtes gehört, hat der Bundesrat in der Verordnung über die Kontrolle von Unternehmenszusammenschlüssen einige wenige Hinweise über die örtliche und sachliche Beurteilung des relevanten Marktes gegeben (Art. 11 Abs. 3 der Verordnung); in Anlehnung an die EU werden zum sachlichen Markt alle Waren oder Leistungen gezählt, die von der Marktgegenseite hinsichtlich ihrer Eigenschaften und ihres vorgesehenen Verwendungszweckes als substituierbar angesehen werden, während der räumliche Markt jenes Gebiet umfasst, in welchem die Marktgegenseite die den sachlichen Markt umfassenden Waren oder Leistungen nachfragt oder anbietet.

464   Zwar ist klar, dass sich der relevante Markt nicht auf einzelne Markenartikel beschränken darf, da sonst jedes Markenrecht zu einer kartellrechtlichen Monopolstellung führen würde. Doch bereitet die Frage, welche Substitutionsprodukte noch einbezogen werden müssen, zuweilen grosse Schwierigkeiten. Auch ein Rückgriff auf die Grundsätze des Lauterkeits- oder Markenrechtes (Wettbewerbsverhältnis, Warenähnlichkeit) hilft nicht weiter, da die Anwendbarkeit dieser Gesetze bewusst umfassend geregelt wurde. So können alkoholfreie Getränke, Biere und Spirituosen durchaus gleichartig im Sinne der Marken- und Lauterkeitsgesetzgebung sein, bilden jedoch untereinander keine brauchbaren Substitutionsprodukte im Sinne des Kartellgesetzes. Je nach Branche kann der massgebende Markt recht eng umgrenzt sein, namentlich dann, wenn theoretisch mögliche Ersatzprodukte aus Gründen der Ästhetik, des Preises, der Wirkungen oder dergleichen für den Abnehmer nicht ernsthaft in Betracht kommen.

465   Auch die Importkonkurrenz vermag den relevanten Markt nicht in jedem Fall zu vergrössern. Denn besonders in der heutigen Zeit verlangen wirtschaftsbewusste Käufer oft ausdrücklich Schweizer Produkte, um damit gleichzeitig hiesige Arbeitsplätze zu erhalten. Gerade ein Unternehmen, das seine schweizerische Produktion als Werbeargument herausstreicht, wird sich kaum darauf berufen können, dass in den relevanten Markt auch ausländische Substitutionsgüter einzubeziehen seien.

466   Steht einmal der relevante Markt fest, muss noch der Grad des Markteinflusses des fraglichen Unternehmens bestimmt werden. Dessen Marktanteil mag ein wichtiges, aber lange nicht das einzige Indiz sein. Zu berücksichtigen sind nämlich alle wesentlichen Tatsachen auf

Seiten der Anbieter wie auch auf Seiten der Nachfrager, wie etwa die Anzahl der Wettbewerber und ihre Marktanteile, die Beschaffungs- und Absatzformen, die Finanzkraft, die Verflechtung sowie die Abhängigkeit der Unternehmen der Marktgegenseite. Selbst bei geringem Marktanteil kann somit eine massgebliche Marktbeeinflussung aufgrund anderer Elemente möglich sein.

10.3.3 Unzulässige Wettbewerbsabreden von Kartellen

10.3.3.1 Allgemeines

Im Gegensatz zum alten Gesetz hat der Gesetzgeber nicht mehr **467** bloss einige Beispiele zur Konkretisierung des Begriffs der erheblichen Beeinträchtigung, sondern sogar drei Vermutungen für die Beseitigung wirksamen Wettbewerbs aufgestellt (Art. 5 Abs. 3 KG). Bei diesen Vermutungen handelt es sich um Rechtsvermutungen: die für die Anwendung der Vermutung relevanten Tatsachen sind nach wie vor zu beweisen. Dagegen braucht die an das Vorhandensein der Tatsachen geknüpfte Vermutung nicht mehr bewiesen zu werden. Sie kann zwar widerlegt werden, doch trägt die Beweislast dafür nunmehr das Kartell. Die Vermutungstatbestände (sog. wettbewerbsrechtliche Todsünden) beziehen sich vorab auf horizontale Abreden über Preise, Mengen und Marktaufteilungen. Solch harte Kartellabsprachen heben nämlich die Grundparameter des Wettbewerbs auf und beseitigen den wirksamen Wettbewerb im Innenverhältnis der beteiligten Unternehmen. Die Vertragspartner solcher Abreden werden daher zu beweisen haben, dass dennoch wirksamer Aussenwettbewerb vorhanden ist. Dies kann etwa bei Spezialisierungs- und Rationalisierungkartellen der Fall sein, kaum aber bei Kartellen, die auf eine Maximierung der Gewinne (Kartellrente) ausgerichtet sind.

10.3.3.2 Preisabreden (Art. 5 Abs. 3 lit. a KG)

Vermutungsgemäss beseitigt jede Art des Festsetzens von Preis- **468** elementen oder Preiskomponenten den wirksamen Wettbewerb. Unter die Vermutung fällt nicht nur die kollektive Abrede von Rabatten, sondern auch Vereinbarungen über die Kriterien zur Anwendung von solchen, mindestens soweit sie eine Nivellierung des Preises zur Folge haben. Ebenso können darunter Kalkulationsvorschriften fallen, wenn die Ausgangsparameter so sind, dass die nachfolgende Kalkulation mehr oder weniger zwingend zum gleichen Teilergebnis führt.

10.3.3.3 Mengenabreden (Art. 5 Abs. 3 lit. b KG)

469   Quotenkartelle und Investitionsbeschränkungen beseitigen in aller Regel den wirksamen Wettbewerb. Die künstliche Verknappung bestimmter Waren oder Leistungen hat regelmässig eine volkswirtschaftlich unerwünschte Steigerung der Preise zur Folge. Unzulässige Quotenkartelle können sowohl eine prozentuale Aufteilung des Marktes als auch eine Aufteilung nach bestimmten Mindest- oder Maximalmengen beinhalten; auch Selbstbeschränkungsabkommen können darunter fallen.

Verwandt mit Quotenkartellen sind Gruppenboykotte, weil sie für bestimmte Abnehmer einer Sperrung von Lieferungen gleichkommen. Missbräuchliche Abreden über die Einschränkung von Liefermengen sind auch Konventionalstrafen bei Überschreitung bestimmter Mengen oder die Verrechnung von Mengenzuschlägen, da diese den Absatz künstlich drosseln.

10.3.3.4 Gebietsabreden (Art. 5 Abs. 3 lit. c KG)

470   Vermutungsgemäss sind Absprachen über die geographische oder kundenspezifische Segmentierung der möglichen Lieferanten oder Abnehmer geeignet, den wirksamen Wettbewerb zu beseitigen. Die Aufteilung des Marktes in abgeschottete Räume ist in der EU schon lange verpönt. Die Zuweisung einzelner Kantone zur ausschliesslichen Bearbeitung stellt ebenfalls ein unzulässiges Gebietskartell dar.

10.3.4   *Unzulässige Wettbewerbsbehinderungen durch markt-beherrschende Unternehmen*

10.3.4.1 Allgemeines

471   Verhaltensweisen marktbeherrschender Unternehmen sind dann unzulässig, wenn sie ohne sachlich gerechtfertigten Grund und damit offenbar in missbräuchlicher Ausnützung ihrer marktbeherrschenden Stellung andere Unternehmen in der Aufnahme oder Ausübung des Wettbewerbs behindern oder die Marktgegenseite benachteiligen (Art. 7 Abs. 1 KG). Der Behinderungsmissbrauch verringert die Handlungsmöglichkeiten der Konkurrenten und schwächt dadurch den Wettbewerb, während der Ausbeutungsmissbrauch die Abnehmer benachteiligt und damit die Volkswirtschaft beeinträchtigt. Nur dann liegt kein Missbrauch der marktbeherrschenden Stellung vor, wenn sich das Marktverhalten auf kaufmännische Grundsätze stützen kann.

Bereits schon das bisherige Gesetz konkretisierte den Begriff des missbräuchlichen Verhaltens (Art. 6 Abs. 2 altKG). Die Aufzählung der Tatbestände ist indessen in Anlehnung an das Wettbewerbsrecht der EU erweitert worden. Diese Beispiele (Art. 7 Abs. 2 KG) sind im folgenden näher zu beleuchten. Sie werden im Gesetz nicht abschliessend aufgezählt, und sie begründen auch keine Vermutung für den Missbrauch einer marktbeherrschenden Stellung. **472**

10.3.4.2 Verweigerung von Geschäftsbeziehungen (Art. 7 Abs. 2 lit. a KG)

Besonders häufig ist die von einem oder mehreren marktmächtigen Unternehmen verhängte Nichtbelieferung (Boykott) oder die Androhung eines Lieferstopps, falls bestimmte Nebenbedingungen nicht eingehalten werden. Solche Sperren sind in der Regel immer erheblich, es wäre denn, es stünden genügend Surrogatgüter zur Verfügung (Art. 6 Abs. 2 lit. a KG). **473**

Grossisten und Fachgeschäfte sind unter Umständen auch darauf angewiesen, bestimmte Markenprodukte zu führen, selbst wenn es daneben noch Substitutionsgüter gibt. Bei ihnen tritt eine erhebliche Behinderung schneller ein als bei Geschäften mit verschiedenartigem Sortiment, wo jedermann klar ist, dass sie aus Platzgründen nicht alle Produkte führen können. **474**

Bezugssperren werden hauptsächlich von Organisationen mit Nachfragemacht (Grossverteiler) praktiziert. Soweit sie von einem einzelnen Unternehmen (kartellähnliche Organisationen) ausgesprochen werden, ist es recht schwierig, ihnen beizukommen, da einen Abnehmer vielfältige Gründe veranlassen können, auf den weiteren Bezug bestimmter Produkte zu verzichten (vgl. z. B. die Anzeigensperre von Automobilimporteuren gegenüber dem Tages-Anzeiger, VKK 16/1981 41). **475**

Anders verhält es sich bei eigentlichen Kartellen wie z. B. Einkaufszentralen. Diese können einen Lieferanten schon dadurch behindern, dass sie sich weigern, ihn in ihren Katalog aufzunehmen oder dies von **476** besonderen Bedingungen abhängig machen. Das neue Gesetz erwähnt denn auch als weiteren Tatbestand des Missbrauchs von Nachfragemacht das unzumutbare Fordern von Vorzugspreisen oder bevorzugten Geschäftsbedingungen (Art. 6 Abs. 2 lit. b KG). Solche Extra-Forderungen sind betriebswirtschaftlich nicht gerechtfertigt, während die verlangte Einräumung von Mengenrabatten und Skonti wirtschaftlich vernünftig und kartellrechtlich nicht zu beanstanden ist.

477   Typisches Beispiel einer widerrechtlichen Ausübung von Nachfragemacht war die Absprache zwischen den beiden Lichtspieltheaterverbänden und dem Verband Schweizerischer Filmverleiher, wonach Schweizer Filme nur von den Mitgliedern dieses Verbandes bezogen werden durften und die Aufführung solcher Filme unter Androhung von Sanktionen untersagt wurde, sofern sie nicht von einem Mitglied dieses Verbandes verliehen worden waren (VKK 15/1980 215 Nr. 52).

10.3.4.3 Preisdiskriminierung (Art. 7 Abs. 2 lit. b KG)

478   Die grundlos ungleiche Preisberechnung (Vorzugspreise) dürfte als weitere Vorkehr, welche der Angebotsmacht entspringt, durchwegs unzulässig sein. Preisdiskriminierungen werden oft auch durch verschiedene Rabattsysteme und Rückvergütungen verschleiert.

479   In beschränktem Rahmen sind verschiedene Preise gegenüber verschiedenen Kategorien von Abnehmern zulässig. So dürfen gegenüber einem spezialisierten Detaillisten andere Preise als gegenüber einem Grossisten in Rechnung gestellt werden (BGE 101/1975 II 147: B.A.T.).

480   Differenzierte Preise lassen sich zuweilen auch auf die Nachfragemacht einzelner Abnehmer zurückführen, aber kaum beweisen. In solchen Fällen müssten kartellrechtliche Massnahmen nicht beim Lieferanten, sondern beim Bezüger ansetzen. Grundsätzlich ist es zwar nicht wettbewerbswidrig, dem besten Abnehmer die besten Preise einzuräumen. Indessen sollten die Bezugsbedingungen eines Lieferanten offen ausweisen, ab welcher Mindestbestellung und ab welchem Mindestjahresumsatz Preisvergünstigungen zu erwarten sind.

10.3.4.4 Erzwingung unangemessener Bedingungen (Art. 7 Abs. 2 lit. c KG)

481   Unangemessene Preise und unangemessene Geschäftsbedingungen sind für sich allein noch nicht unzulässig, sondern erst, wenn sie

von einem marktbeherrschenden Unternehmen erzwungen werden. Ein solch indirekter Zwang liegt beispielsweise in der Drohung, ohne Annahme der unangemessenen Bedingungen werde überhaupt nicht geliefert oder bezogen. Bei der Beurteilung der Angemessenheit der Geschäftsbedingungen eines marktbeherrschenden Unternehmens sind nicht nur die Schwere des Eingriffs in die Wettbewerbsfreiheit seiner Geschäftspartner zu berücksichtigen, sondern auch allfällige Auswirkungen auf Dritte.

Ein Beispiel für eine unangemessene Geschäftsbedingung stellt ein **482** erzwungener Sonderrabatt dar, der sich nicht in die sonst übliche Rabattstaffel des Lieferanten einordnen lässt. Aber auch die Aufoktruierung unüblich langer Zahlungsfristen ist unangemessen, wenn sie einem zinslosen Lieferantenkredit gleichkommt.

10.3.4.5 Gezielte Preisunterbietung (Art. 7 Abs. 2 lit. d KG)

Im Gegensatz zur Preisdiskriminierung ist die gegen bestimmte **483** Wettbewerber gerichtete Preisunterbietung eine horizontale Vorkehr und wird von marktbeherrschenden Unternehmen meistens dazu eingesetzt, um Aussenseiter vom Markt fernzuhalten. Die gezielte Preisunterbietung und das dadurch bewirkte Abwandern der Kunden kann eine eigentliche Boykottierung der Aussenseiter zur Folge haben.

Gezielte Preisunterbietungen können, wenn sie dem Grundsatz von **484** Treu und Glauben widersprechen, auch unlauter sein (vgl. Ziff. 2.6.4). Die lauterkeitsrechtliche Praxis zu diesem Thema blieb freilich unergiebig, weshalb der gleiche Tatbestand auch kartellrechtlich normiert wurde (Art. 6 Abs. 2 lit. c altKG). Indessen hat sich die Situation seither nicht verbessert, sind doch die Beweisschwierigkeiten nach wie vor die gleichen geblieben. Mit den Mitteln des Zivilprozessrechts lässt sich zwar leicht darlegen, ob geliefert wird oder nicht, jedoch nur schwer, zu welchen Bedingungen dies geschieht.

Preisunterbietungen sind heute im Kampf der Grossverteiler um **485** Marktanteile nicht mehr wegzudenken. Solche Aktionen sind bisher vom Bundesgericht weder als wettbewerbsbehindernde Vorkehr mit Diskriminierungstendenz noch als horizontal gegen einzelne Mitbewerber gerichtetes Kampfmittel beurteilt worden (BGE 107/1981 II 287 = GRUR Int. 1982 467: Denner-Preisaktionen). Nachdem sie jedoch für das Ladensterben mitverantwortlich gemacht werden, bleibt abzuwarten, ob es künftig gelingen wird, sie in Griff zu bekommen (vgl. Ziff. 4.5).

10.3.4.6 Einschränkungen der Erzeugung, des Absatzes oder der technischen Entwicklung (Art. 7 Abs. 2 lit. e KG)

486   Von Quotenkartellen wird vermutet, dass sie zur Beseitigung wirksamen Wettbewerbs geeignet sind. Analog dürfen auch marktbeherrschende Unternehmen ihr Angebot nicht künstlich verknappen und damit die Preise in die Höhe treiben oder sie hochhalten. Beweisschwierigkeiten bei solchen Vorwürfen sind freilich vorprogrammiert.

487   Einschränkungen der technischen Entwicklung können vor allem beim rigorosen Einsatz von Sperrpatenten oder bei der Errichtung eines Patentpools beobachtet werden. Solche Gebilde werden oft nur dazu benutzt, um für andere hohe Marktzutrittsbarrieren zu errichten und sich die Konkurrenz vom Leibe zu halten. Die Unzulässigkeit der Einschränkung technischer Entwicklungen kann sogar zu einer Informationspflicht über das eigene Produkt führen, um Dritten zu ermöglichen, Zusatz- und Ergänzungsprodukte anzubieten. Von marktmächtigen Software-Herstellern kann daher unter Umständen verlangt werden, über die Schnittstellen ihrer Produkte zu informieren, um anderen zu ermöglichen, ihre Programme in das eigene einzubinden. Parallel dazu erlaubt Art. 21 Abs. 1 URG, sich die notwendigen Schnittstelleninformationen durch Entschlüsselung eines Computerprogramms zu beschaffen.

10.3.4.7 Koppelungsverträge (Art. 7 Abs. 2 lit. f KG)

488   Verwandt mit der Liefersperre sind Koppelungsverträge, bei denen die Abnehmer gestützt auf diese zwar die gewünschten Waren erhalten, gleichzeitig aber auch noch andere, die sie nicht wünschen oder anderweitig günstiger beziehen können. Eine Abart solcher Geschäfte sind solche, bei welchen ein ganzer Set von Artikeln abgenommen werden muss, obwohl ein Einzelstück genügen würde. Solche Koppelungsverträge sind schon vom alten Gesetz als unzulässig bezeichnet worden (Art. 6 Abs. 3 altKG).

10.3.4.8 Andere Behinderungen

489   Viele andere Behinderungen gegenüber einzelnen Wettbewerbern sind nicht erheblich genug, als dass ein kartellrechtliches Verbot gerechtfertigt wäre. Als unerheblich müsste beispielsweise der Ausschluss aus einem Berufsverband gewertet werden, wenn deswegen noch keine beruflichen Nachteile zu erwarten sind.

Ja sogar die Behinderung bei Werbemassnahmen wurde bisher er- 490 staunlicherweise nicht immer als erhebliche Behinderung aufgefasst. So durften die massgebenden Regionalzeitungen Werbeinserate einer neuen Druckerei ablehnen (VKK 15/1980 208 Nr. 51: Le Démocrate, Frage offen gelassen in VKK 6/1971 314 Nr. 26: Werbefahrten).

Unzulässig ist indessen die Nichtzulassung zu einer gesamtschweize- 491 rischen Messe (VKK 12/1977 244 Nr. 39: Schweiz. Landmaschinenschau; SAG 53/1981 72 Nr. 21: Genfer Autosalon), da ein Messestandplatz auch einen beachtlichen Vertriebspunkt darstellt. Unzulässig ist auch das Sperren von Arbeitskräften als Vorkehr im Bereich des Arbeitsmarktes, die der Durchsetzung von Behinderungen auf dem Gütermarkt dient (Art. 6 Abs. 2 lit. d KG).

Noch nie untersucht wurde die Frage, ob die Verweigerung der 492 Abgabe von konfektionierten Markenprodukten, unter gleichzeitiger Belieferung mit qualitätsgleicher, aber offen und ohne Markenname abgegebener Ware eine erhebliche Wettbewerbsbehinderung darstellt.

10.4   **Rechtfertigungsgründe**

10.4.1 *Allgemeines*

Wie bereits angetönt, kennt das schweizerische Kartellrecht 493 keine absoluten Behinderungsverbote. Einzig die vollständige Beseitigung des wirksamen Wettbewerbs ist a priori unzulässig. Dagegen kann selbst eine erhebliche Wettbewerbsbeeinträchtigung toleriert werden, sofern sie durch Gründe der wirtschaftlichen Effizienz gerechtfertig ist (Art. 5 Abs. 1 KG). Da die Rechtfertigungsmöglichkeit in den Gesetzestext integriert ist, liegt eine Legalausnahme vor, im Gegensatz zur Europäischen Union, deren Kartellverbot einen Erlaubnisvorhalt hat. Soweit Rechtfertigungsgründe bestehen, entfällt die Widerrechtlichkeit der Behinderung. Eine gerechtfertige Kartellmassnahme ist a priori rechtmässig und kann nicht abgewendet werden. Die Beweislast für die Rechtmässigkeit einer Vorkehr obliegt freilich dem Kartell (BGE 108/1982 II 13: Swiss Commodity Industry).

494   Um eine Kartellvorkehr zu rechtfertigen, waren früher drei Voraussetzungen (schutzwürdiges Interesse, Subsidiarität, Verhältnismässigkeit) kumulativ nachzuweisen. Das neue Recht sieht für kartellistische Wettbewerbsabreden nur noch einen einzigen Rechtfertigungsgrund vor, nämlich denjenigen der wirtschaftlichen Effizienz; die bisherige Kriterienvielfalt, die ein Schlüpfen durch die Maschen des Gesetzes erleichterte, ist weggefallen.

10.4.2   *Rechtfertigungsgründe für kartellistische Wettbewerbsabreden*

495   Kartellistische Wettbewerbsabreden können nur aus Gründen wirtschaftlicher Effizienz gerechtfertigt werden. Zudem ist eine Rechtfertigung einer solchen Abrede nur dann zulässig, wenn sie nicht zur Beseitigung des wirksamen Wettbewerbes führt. Denn bei fehlendem Wettbewerb wird die erzielte Effizienzverbesserung nicht an die Volkswirtschaft weitergegeben, sondern sie verbleibt in aller Regel beim Unternehmen.

Rechtfertigungsgründe können nur bei Vorliegen einer zweifachen Voraussetzung geprüft werden: Die kartellistischen Wettbewerbsabreden müssen zur Effizienzsteigerung notwendig oder doch zum mindesten angemessen sein (Verhältnismässigkeitstest), und sie dürfen andererseits den beteiligten Unternehmen auf gar keinen Fall die Möglichkeit eröffnen, jetzt oder in absehbarer Zukunft den wirksamen Wettbewerb zu beseitigen (Art. 5 Abs. 2 KG). Als Effizienzgründe nennt das Gesetz in Art. 5 Abs. 2 lit. a KG die Senkung von Herstellungs- oder Vertriebskosten, die Verbesserung bestehender Produkte oder Produktionsverfahren, die Förderung der Forschung und der Verbreitung technischen Wissens oder die rationelle Ressourcennutzung. Diese abschliessende Aufzählung von sog. weichen Kartellabreden lässt aber immer noch eine Vielzahl von Kooperationsabreden zur Effizienzsteigerung zu. Im Vordergrund stehen dabei die eigenen, privaten Interessen wie z. B. die Gewährleistung des Kundendienstes. Öffentliche Interessen dürfen höchstens indirekt wahrgenommen werden, so etwa wenn es darum geht, die Ressourcen an öffentlichen Gütern (Bodenschätzen, Energie) zu optimieren.

Das Kriterium der Senkung der Herstellungskosten kann beispielsweise von Rationalisierungs- und Spezialisierungskartellen erfüllt werden. Vertriebskosten können unter Umständen durch Absprachen über den Alleinvertrieb, den selektiven Vertrieb oder die Preisbindung der zweiten Hand gesenkt werden, namentlich wenn sie der Sicherung der Qualität oder der Gewährleistung des Kundendienstes dienen. Die Forschung wird möglicherweise durch Joint Ventures und Abreden über zwischenbetriebliche Zusammenarbeit, namentlich hinsichtlich Forschung und Entwicklung (R & D), gefördert. Der Verbreitung von technischem oder beruflichem Wissen können Patentlizenzen, Knowhow-Verträge oder Crosslicenses dienen.

Wie in der EU werden selektive Vertriebssysteme nicht per se als effizienzverbessernd gewertet. Es ist im Einzelfall abzuklären, ob sie eher der Effizienzsteigerung oder der Gewinnsteigerung dienen.

Der Bundesrat und die Wettbewerbskommission können in Verordnungen bzw. allgemeinen Bekanntmachungen bestimmte Arten von kartellistischen Wettbewerbsabreden generell als gerechtfertigt bezeichnen. Diese Verlautbarungen bilden das Pendant zu den Gruppenfreistellungs-Verordnungen im Wettbewerbsrecht der europäischen Union (vgl. die dortigen Gruppenfreistellungsverordnungen für Forschungs- und Entwicklungsabkommen, für Spezialisierungsvereinbarungen, für Alleinvertriebsabkommen und für Technologietransfervereinbarungen). Indessen stellen sie im Gegensatz zum EU-Recht keine Ausnahmen zu Kartellverboten dar, da es solche Verbote im schweizerischen Recht nicht gibt. Doch können sie dennoch sowohl den Betroffenen als auch dem Richter die Prüfung der Frage erleichtern, ob eine beabsichtigte oder praktizierte Wettbewerbsabrede aus Gründen der wirtschaftlichen Effizienz als gerechtfertigt angesehen werden kann. **496**

Art. 6 Abs. 1 KG enthält eine nicht abschliessende Aufzählung von branchenübergreifenden Wettbewerbsabreden, von denen im allgemeinen angenommen wird, dass sie effizienzsteigernd wirken (sog. weiche Kartelle). Genannt werden die Forschungs- und Entwicklungskooperationen, die Spezialisierungs- und Rationalisierungskartelle, die Alleinvertriebsverträge mit ihren typischen exlusiven Bezugs- und Lieferpflichten sowie die Exklusivlizenzen auf dem Gebiete des geistigen Eigentums, z. B. ausschliessliche Markenlizenzen oder Crosslicenses für Patente.

Art. 6 Abs. 2 KG ermächtigt die Wettbewerbsbehörden zum Erlass von Ausführungsbestimmungen über branchenspezifische Kooperationsformen. Der Gesetzgeber dachte dabei vor allem an den Bereich der Banken und der Versicherungen, wo auch die EU bestimmte Abreden über die rationelle Umsetzung von öffentlich-rechtlichen Vorschriften zum Schutze von Kunden und Anlegern freigestellt hat. **497**

10.4.3 *Rechtfertigungsgründe marktbeherrschender Unternehmen*

498   Auch marktbeherrschende Unternehmen können ihre Verhaltensweisen, die auf missbräuchlicher Ausnutzung ihrer Marktstellung zu beruhen scheinen, rechtfertigen. Solche Rechtfertigungsgründe lassen sich ebenfalls auf die wirtschaftliche Effizienz abstützen, doch ist in jedem Einzelfall genau zu untersuchen, ob wirklich die eigene Effizienzsteigerung und nicht die Behinderung der Konkurrenz oder die Benachteiligung der Marktgegenseite im Vordergrund steht. Um zulässig zu sein, müssen die Verhaltensweisen marktbeherrschender Unternehmen allgemein anerkannten Grundsätzen entsprechen (sog. legitimate business reasons). Die Geschäftsbedingungen marktbeherrschender Unternehmen dürfen nicht wesentlich von denjenigen abweichen, die andere Unternehmen anwenden oder die sich bei wirksamem Wettbewerb aller Wahrscheinlichkeit nach ergeben würden.

10.4.4 *Verwirklichung überwiegender öffentlicher Interessen*

499   Können Verhaltensweisen von Kartellen oder marktbeherrschenden Unternehmen nicht mit Effizienzsteigerung gerechtfertigt werden, sei es, dass sie den wirksamen Wettbewerb beseitigen oder dass dessen Beeinträchtigung nicht durch Gründe der wirtschaftlichen Effizienz gerechtfertigt werden kann, so kann allenfalls der Bundesrat als oberste politische Behörde die Verhaltensweise dennoch ausnahmsweise zulassen, wenn sie notwendig ist, um überwiegende öffentliche Interessen zu verwirklichen (Art. 8 KG). Aus dieser Formulierung wird klar, dass nicht jedes öffentliche Interesse dem Bundesrat die Möglichkeit gibt, eine Ausnahmeregelung zuzulassen, sondern dass nur wegen gewichtiger öffentlicher Interessen eine Beeinträchtigung des Wettbewerbs in Kauf genommen werden darf.

Solche Interessen sind etwa in der Kulturpolitik zu orten, die eine Preisbindung der zweiten Hand für Bücher rechtfertigen kann und damit deren Erhältlichkeit in abgelegenen Landesteilen sicherstellen hilft, oder möglicherweise in der Gesundheitspolitik, auf welche verbindliche Medikamentenpreise abgestützt werden können. Ebenso können regionalpolitische Gründe unter Umständen die Zulassung bestimmter Kartellabreden rechtfertigen. Auch die nach altem Recht vom Bundesgericht zugelassene Fixierung der Bier- und Zigarettenpreise (vgl. BGE 98/1972 II 381: Schweiz. Bierbrauerverein; 102/1976 II 442: Schmidt-

Agence) im Interesse der Aufrechterhaltung vielfältiger Verkaufspunkte von Lebensmitteln (Kolonialwarenläden) sowie von Zeitungen und Zeitschriften (Kioske) könnte heute nur noch vom Bundesrat sanktioniert werden.

Ein Entscheid des Bundesrates kann erst verlangt werden, wenn die **500** Wettbewerbskommission verbindlich entschieden hat, dass eine Wettbewerbsbeschränkung unzulässig ist. Dieser Entscheid kann entweder auf Veranlassung eines Gerichts, das eine Wettbewerbsklage zu entscheiden hat, ergehen (Art. 15 KG) oder auch auf Betreiben der Wettbewerbskommission, die eine Untersuchung auf eigenen Antrieb durchgeführt hat. Ist die wettbewerbsrechtliche Beurteilung für das betroffene Kartell oder marktbeherrschende Unternehmen negativ, kann es innert 30 Tagen beim eidg. Volkswirtschaftsdepartement eine ausnahmsweise Zulassung seiner Wettbewerbsbeschränkung durch den Bundesrat beantragen (Art. 31 Abs. 1 KG). Das Departement hat die Instruktion des Verfahrens nach den Regeln des Verwaltungsverfahrensgesetzes durchzuführen; die wettbewerbsrechtliche Beurteilung des Sachverhaltes kann jedoch nicht mehr in Frage gestellt werden. Zuständig für die ausnahmsweise Zulassung der Wettbewerbsbeschränkung ist jedoch nicht das Volkswirtschaftsdepartement, sondern der Gesamtbundesrat. Der Gesetzgeber erhofft sich dadurch, dass bei der Entscheidfindung sämtliche relevanten Gesichtspunkte mit einbezogen werden.

Der Bundesrat hat seinen Entscheid auf ausnahmsweise Zulassung einer Wettbewerbsbeschränkung in jedem Fall zu befristen, damit er zu einem späteren Zeitpunkt neu überdacht werden kann; der Entscheid kann auch mit Bedingungen und Auflagen versehen werden. Auf Gesuch der Beteiligten hin kann die ausnahmsweise Zulassung verlängert werden, wenn die Ausnahmeregelung aufgrund der aktuellen Verhältnisse noch als gerechtfertigt erscheint. Eine wirkungsvolle Nachkontrolle verlangt indessen, dass die Marktverhältnisse vor dem Verlängerungsentscheid neu abgeklärt werden.

10.5 Verfahren

Das neue Kartellgesetz entzieht den Gerichten zwar nicht die **501** Kompetenz, über die Frage der Zulässigkeit einer Wettbewerbsbeschränkung zu entscheiden, wohl aber die Kompetenz, dies ohne vorgängige Begutachtung durch die Wettbewerbskommission zu tun. Da nunmehr das Kartellzivilrecht und das Kartellverwaltungsrecht materiell einheitlich geregelt sind, soll das entsprechende materielle Recht durch eine einzige Behörde, nämlich die Wettbewerbskommission, interpretiert werden. Nach wie vor können zwar von Betroffenen kartellrechtliche Prozesse bei Gerichten angehoben werden. Sobald sich dort aber die Frage der Zulässigkeit oder Unzulässigkeit einer Wettbewerbsbeschränkung erhebt, so kann der Prozess sistiert werden, und es ist zur Frage der Zulässigkeit das Gutachten der Wettbewerbskommission einzuholen. Das Gericht kann entweder das Beweisverfahren vor der Begutachtung durch die Wettbewerbskommission durchführen und ihr alsdann die konkrete Rechtsfrage vorlegen. Statt dessen kann es die Kommission auch am Anfang angehen und ihr die Frage nach der Zulässigkeit der Wettbewerbsbeschränkung abstrakt stellen und erst nach Erhalt der Begutachtung die notwendigen Beweise erheben. Wird geltend gemacht, eine an sich nicht zu rechtfertigende Wettbewerbsbeschränkung sei zur Verwirklichung überwiegend öffentlicher Interessen notwendig, so kann das Gericht die Sache auch direkt dem Bundesrat zum Entscheid vorlegen (Art. 15 Abs. 2 KG). Erst wenn eine Stellungnahme der Verwaltungsbehörden vorliegt, kann das zivilrechtliche Verfahren fortgeführt und über die klägerischen Rechtsbegehren geurteilt werden.

11. Besondere Verkaufsveranstaltungen und die im Wettbewerbsgesetz enthaltenen verwaltungsrechtlichen Bestimmungen

11.1 Verträge mit Ratenzahlung (Teilzahlungsgeschäfte)

Im Hinblick auf die vom Parlament beratene, später aber definitiv abgelehnte Vorlage für ein Konsumkredit-Gesetz wurden verschiedene Bestimmungen des bisherigen Rechts neu formuliert. Obwohl es ein Konsumkredit-Gesetz in absehbarer Zeit nicht geben wird und eine Anpassung der Formulierungen des UWG postuliert worden ist, sind diese Bestimmungen nur zum Teil gegenstandslos. Denn der Gesetzgeber kann durchaus im Wettbewerbsgesetz die Werbung bezüglich Kleinkredite beschränken. Einzig soweit er sich mit dem Widerrufsrecht nach dem Abschluss eines Kleinkreditvertrages befasst, sind diese Bestimmungen nicht anwendbar, da es ein solches Recht gegenwärtig nicht gibt. 521

Immerhin ist es wenig elegant, im Wettbewerbsgesetz besondere Bestimmungen für einzelne Dienstleistungen aufzunehmen, denn es ist nicht einzusehen, warum hier die allgemeinen Grundsätze des Lauterkeitsrechtes anders ausgelegt werden müssten als in den übrigen Branchen. Klare, vollständige und richtige Angaben über Vertragsgegenstand, Vertragsdauer, Preis, Zahlungsbedingungen sollten in allen Branchen und nicht nur bei Teilzahlungsgeschäften gefordert werden. 522

Art. 3 lit. k–m sehen nun in ihrer Fassung vom 18. Juni 1993 folgendes vor: 523

> Unlauter handelt, wer es bei öffentlichen Auskündigungen über einen Abzahlungsverkauf oder ein ihm gleichgestelltes Rechtsgeschäft unterlässt, seine Firma eindeutig zu bezeichnen, klare Angaben über den Bar- oder den Gesamtkaufpreis zu machen oder den Teilzahlungszuschlag in Franken und Jahresprozenten genau zu beziffern.

> Unlauter handelt, wer es bei öffentlichen Auskündigungen über einen Konsumkredit unterlässt, seine Firma eindeutig zu bezeichnen oder klare Angaben über den Nettobetrag des Kredits, die Gesamtkosten des Kredits und den effektiven Jahreszins zu machen.

Unlauter handelt, wer im Rahmen einer geschäftlichen Tätigkeit einen Abzahlungskauf, einen Vorauszahlungskauf oder einen Konsumkreditvertrag anbietet oder abschliesst und dabei Vertragsformulare verwendet, die unvollständige oder unrichtige Angaben über den Gegenstand des Vertrags, den Preis, die Zahlungsbedingungen, die Vertragsdauer, das Widerrufs- oder Kündigungsrecht des Kunden oder über sein Recht zur vorzeitigen Bezahlung der Restschuld enthalten.

524   Abzahlungsverträge treten von Gesetzes wegen erst 5 Tage nach Erhalt des beidseitig unterzeichneten Vertrages in Kraft, und es kann während dieser Frist schriftlich auf den Vertragsabschluss verzichtet werden. Auf diese Verzichtmöglichkeit ist im Vertragsformular hinzuweisen, ansonsten der Vertrag ungültig ist. Zur Vertragsgültigkeit gehören auch Angaben über Kaufgegenstand, Höhe der Anzahlung, Barkaufpreis und Gesamtkaufpreis (Art. 226 a Abs. 3 OR). Während der fünftägigen Bedenkfrist darf ein Konkurrent nicht auf den Käufer einwirken, damit dieser den Vertrag kündige und mit jenem einen solchen abschliesse (Art. 4 lit. d UWG, vgl. Ziff. 6.4).

525   Enthält die Werbung für Teilzahlungsgeschäfte Preisangaben, so sind gleichzeitig auch der Bar- und der Gesamtkaufpreis in Franken genau anzugeben. Die früher übliche Art, nur Zahl und Höhe der Raten bekanntzugeben und den Teilzahlungszuschlag zu verschweigen, ist nicht mehr zulässig. In den elektronischen Medien dürfen aufgrund der Konzessionsbestimmungen überhaupt keine Hinweise auf die Möglichkeit der Zahlung auf Zeit oder in Raten gegeben werden.

526   Zahlreiche Kantone haben den Abschluss von Abzahlungsgeschäften im Markthandel oder Hausierverkehr verboten.

527   Wenn das Gesetz bei der Werbung für Konsumkredite klare Angaben über die Kreditsumme und die Kreditkosten verlangt, so kann dies nicht heissen, dass eine reine Erinnerungswerbung für ein Kleinkreditinstitut nunmehr unzulässig wäre. Nähere Angaben in der Werbung sind jedoch bereits dann zu machen, sobald suggeriert wird, zur Beschaffung von Konsumgütern die notwendigen Mittel über einen Konsumkredit aufzunehmen. Natürlich kann dabei nicht auf jeden Einzelfall eingegangen werden, da Betrag, Dauer und Zinsfuss der Kredite variieren. Den gesetzlichen Erfordernissen kann jedoch durch Angabe eines Zahlenbeispiels durchaus nachgelebt werden. Die verminderte Lesbarkeit oder Attraktivität eines so gestalteten Inserates oder Plakates rechtfertigt keine Dispensation von den gesetzlichen Vorschriften (BGE 120/1994 IV 295: Bank Prokredit).

11.2 Preisanschriftspflicht und Warendeklaration

11.2.1 *Allgemeines*

Eine exakte Warendeklaration ist an und für sich nicht geeignet, **558** den Wettbewerb unter Anbietern zu beeinflussen. Sie dient jedoch der Aufklärung des Konsumenten und hilft mit, den Markt transparenter zu gestalten. Dies gilt ganz besonders für die im Wettbewerbsgesetz enthaltene Preisbekanntgabepflicht an Konsumenten.

Die Preisanschriftspflicht wurde 1973 als Konjunkturdämpfungs- **559** massnahme eingeführt. Sie soll das Publikum zu Preisvergleichen anregen und das Finden des günstigsten Produkts erleichtern. Um den Produktevergleich aussagekräftiger zu gestalten, werden die Deklarationspflichten immer vielfältiger und komplizierter. Deren Verteilung in den verschiedenen Gesetzgebungserlassen erscheint denn auch recht zufällig. Nach Ablauf der früheren Preisüberwachung wurde nach einem neuen Gefäss gesucht, das die ins ordentliche Recht zu überführende Preisbekanntgabepflicht aufzunehmen hätte. Man fand dieses in den verwaltungsrechtlichen Vorschriften des Wettbewerbsgesetzes, hätte aber hiefür genau so gut ein eigenes Gewerbepolizeigesetz schaffen können. Aus diesem Grunde rechtfertigt es sich, nicht nur die im Wettbewerbsgesetz verankerte Preisbekanntgabepflicht darzustellen, sondern auch einen Überblick über die übrigen Deklarationsvorschriften zu geben.

11.2.2 *Preis- und Grundpreisangaben*

Die Pflicht zur Bekanntgabe von Preisen findet nur auf das **560** Angebot von Waren an Konsumenten Anwendung. Art. 16 UWG hat folgenden Wortlaut:

> Für Waren, die dem Konsumenten zum Kaufe angeboten werden, ist der tatsächlich zu bezahlende Preis bekanntzugeben, soweit der Bundesrat keine Ausnahmen vorsieht. Ausnahmen sind insbesondere aus technischen oder Sicherheitsgründen zulässig. Dieselbe Pflicht besteht für die vom Bundesrat bezeichneten Dienstleistungen. Der Bundesrat regelt die Bekanntgabe von Preisen und Trinkgeldern.

> Für messbare Güter und Leistungen gelten zudem die Bestimmungen von Artikel 11 des Bundesgesetzes vom 9. Juni 1977 über das Messwesen.

Das Bundesamt für Industrie, Gewerbe und Arbeit (BIGA) hat am 1. März 1988 Empfehlungen zum Vollzug der Preisbekanntgabeverordnung erlassen, die jedoch nur als interne Weisungen und nicht als verbindliche Anweisungen zu betrachten sind. Immerhin ist es von Vorteil, sie vor der Preisbekanntgabe zu konsultieren.

561   Art. 16 UWG wird ergänzt durch Art. 11 des Messgesetzes (MG), der sich mit der Angabepflicht bezüglich Mengen und Preisen befasst und in seiner Fassung vom 18. Juni 1993 wie folgt lautet:

> Wer im Handel und Verkehr messbare Güter oder messbare Leistungen anbietet, hat beim Angebot die Menge in gesetzlichen Einheiten anzugeben. Bei aufeinanderfolgenden Lieferungen messbarer Güter oder andauernden Leistungen ist bei jeder Abrechnung die betreffende Menge anzugeben.

> In Handel und Verkehr sind Rechtsgeschäfte ohne Mengenangaben (wie Stück-, Pauschal- oder Blockverkauf) über messbare Güter oder Leistungen nur dann zulässig, wenn diese Angaben die Abwicklung des Geschäftes in unzumutbarer Weise erschweren würden.

> Wer Letztverbrauchern Güter offen oder verpackt und wer messbare Leistungen anbietet, ist verpflichtet, Mengen und Preise zu nennen und deren Vergleichbarkeit durch die Grundpreisangabe zu gewährleisten. Der Bundesrat kann Normen festsetzen, deren Einhaltung von der Pflicht zur Grundpreisangabe befreit. Letztverbraucher sind alle natürlichen oder juristischen Personen, die Güter zu ihrem persönlichen Gebrauch erwerben. Nicht als Letztverbraucher gelten Personen, die Waren gewerbsmässig erwerben, um sie zu bearbeiten, zu verarbeiten oder an Dritte weiterzuverkaufen.

> Verpackungen dürfen nicht über die Menge ihres Inhalts täuschen.

> Der Bundesrat regelt die Einzelheiten. Er kann Füllmengenvorschriften und Verpackungsnormen aufstellen, darf jedoch auf diesem Weg nicht in die Preisbildung eingreifen.

> Bundesrat kann in besonderen Fällen Ausnahmen von der Angabepflicht verfügen.

562   Das neue Recht vermeidet bewusst den Ausdruck «Letztverbraucher», der in Art. 11 Abs 3 MG näher definiert wird. Dennoch wird man auch unter Konsument nur jene Personen verstehen, die Güter zum privaten (nicht-gewerblichen), d. h. persönlichen oder familiären Gebrauch erwerben (vgl. auch Art. 120 IPRG). Juristische Personen mit wirtschaftlichem Zweck erwerben per definitionem nicht zum persönlichen Gebrauch. Keine Konsumenten sind Personen, die Güter im Zusammenhang mit ihrer beruflichen oder gewerblichen Tätigkeit verwenden, damit handeln oder sie in ihrem Gewerbe gebrauchen. Hierunter fallen auch Ämter oder Vereine, die Waren für Vereinsaktionen im Rahmen des Vereinszweckes erwerben. Dem Verkauf gleichgestellt sind Rechtsgeschäfte mit ähnlichen Wirkungen, wie z. B. Abzahlungsverträge, Miet-Kaufverträge, Leasingverträge mit Kaufoptionen und Eintauschaktionen (Art. 2 Abs. 1 lit. b PBV). Als kaufähnliches Rechtsgeschäft gilt auch das Kreditangebot einer Bank, das vom Verkäufer für den Erwerb seiner Ware vermittelt wird.

Jede im Detailverkauf angebotene Ware (z. B. in Schaufenstern, auf Ladengestellen, an Messeständen etc.) hat den Verkaufspreis zu tragen. Die Pflicht zur Preisanschrift obliegt dem Detaillisten, Filialleiter oder demjenigen, der sonst als Geschäftsführer bezeichnet werden kann, wird aber von diesen oft an den Hersteller überwälzt. Die Preisanschrift soll grundsätzlich an der Ware selbst oder ihrer Verpackung angebracht werden. Indessen braucht sie deshalb nicht beschädigt zu werden. Bücher dürfen daher im Buchinnern, Schuhe an der Sohle, Ledertaschen und Schmuck mittels Anhängeetiketten ausgezeichnet werden. Bei offenem Verkauf genügt auch ein Preisschild am Regal, der Anschlag von Preislisten oder die Auflage von Katalogen, wenn diese leicht zugänglich sind. Bei Auslagen wird in der Regel ein besonderes Preisschild notwendig sein, da eine Warenetikette kaum sichtbar und noch weniger lesbar sein wird. Aus Sicherheitsgründen genügt bei Schaufensterauslagen von Antiquitäten, Kunstgegenständen, Orientteppichen, Pelzwaren, Uhren, Schmuck und anderen Gegenständen aus Edelmetallen im Werte von über Fr. 5000.– auch der Anschlag einer Preisliste oder eines Kataloges im Innern des Geschäftes (Art. 7 Abs. 3 PBV). Anzuschreiben ist der tatsächlich zu bezahlende Preis, d. h. der Nettoverkaufspreis pro Verkaufseinheit. Es sind feste Preise zu verwenden, Angaben wie ca., bis, ab etc. sind unzulässig.

Auch viele Dienstleistungen unterstehen der Preisanschriftspflicht. Im Servicegewerbe ist zu präzisieren, ob das Trinkgeld inbegriffen ist. Zulässig sind Ausdrücke wie «Trinkgeld inbegriffen», «15 % Trinkgeld nicht inbegriffen» oder «Trinkgeld freiwillig», nicht aber «Trinkgeld nicht inbegriffen», da hier dessen genaue Bezifferung fehlt.

Anzuschreiben ist der Nettoverkaufspreis in Schweizer Franken. Der Preis muss sich exakt und ohne Rechnen bestimmen lassen. Unzulässig wären daher Angaben wie «15 % Rabatt auf dem Listenpreis von

Fr. 1000.–» oder «Fr. 500.– billiger als der offizielle Preis». Obwohl grundsätzlich nur ein Preis angeschrieben werden darf, sind mehrere Preisangaben bei unterschiedlichen Abgabebedingungen zulässig, ja sogar erforderlich. Genausogut wie die gleiche Pauschalreise verschiedene Preise hat, je nachdem ob sie vor oder während der Saison, allein oder zu zweit angetreten wird, so kann auch eine Ware verschiedene Preise haben, wenn sie mitgenommen oder geliefert wird, wenn sie zerlegt, montiert oder installiert abgegeben wird, wenn Zubehör einzeln oder serienmässig eingebaut werden muss etc. (SMI 1987 179: Set-Angebot).

566   Das Gesetz verweist für messbare Güter und Leistungen auf zusätzliche Bestimmungen des Gesetzes über das Messwesen. Dieses verlangt in Art. 11 MG, dass bei messbaren Waren Grundpreisangaben zu machen sind. Auch für deren Angabe ist der Detaillist verantwortlich. Der Grundpreis ist je Liter, Kilogramm, Meter, Quadratmeter oder Kubikmeter anzugeben, wobei diese Masseinheiten auch durch andere dezimal abgeleitete Masse ersetzt werden können (Deziliter, Zentimeter, Gramm usw.). Keine Grundpreise müssen angegeben werden, wenn der Verbraucher auch ohne diese die Preise mit anderen Waren leicht vergleichen kann. Dies ist dann der Fall, wenn er die Preisangabe leicht selbst in Grundpreise umrechnen kann, wie bei zwei oder fünf Masseinheiten und davon dezimal abgeleiteten Massen, oder wenn Fertigpackungen mit bestimmten Massen üblich sind, wie Flaschen mit Nettoinhalt von 2,5, 3,5, 3,75, 7, 7,5 und 15 Dezilitern und Packungen mit Nettogewichten von $1/20$, $1/4$, $1/2$ und 5 Pfund. Weitere Erleichterungen bestehen für Multipacks, Geschenkpackungen etc. Schliesslich entfällt auch die Pflicht zur Angabe von Grundpreisen beim Kleinstverkauf (für Fr. 2.– und weniger) sowie beim Verkauf von besonders teuren Waren (Lebensmittel mit einem Preis von über Fr. 150.– je Kilogramm oder Liter und übrige Waren mit einem Preis von über Fr. 750.– je Kilogramm oder Liter).

567   Unrichtige Preise und Grundpreise bedeuten eine Irreführung im Sinne von Art. 3 lit. b UWG (vgl. Ziff. 4.1.6), während sonst die Angabe von Preisen und Grundpreisen reinen Ordnungscharakter hat, so dass deren Fehlen kaum je unlauterer Wettbewerb bedeutet.

11.2.3 *Mengenangaben*

568   Vorverpackte und messbare Waren müssen mit Mengenangaben versehen sein. Vorverpackte Waren sind solche, die an den Konsu-

menten verkauft werden, ohne dass ein erneutes Verpacken nötig ist. Sie werden im Gegensatz zum offenen Verkauf nicht in Gegenwart des Käufers zugemessen. Die Menge muss nach Volumen, Gewicht (eigentlich Masse), Länge oder Fläche angegeben werden, und zwar in den gesetzlichen oder davon abgeleiteten Masseinheiten (Meter, Kilogramm, Liter, Quadratmeter und dezimale Teile oder vielfache davon). Einzig Lebensmittel in Mengen von weniger als 0,25 Deziliter oder 25 Gramm sowie übrige Güter unter 10 ml oder 10 g bedürfen keiner Mengendeklaration. Die Mengenangabe muss auf der äusseren Verpackung stehen, in der die Ware zum Verkauf kommt. Ist die Innenpackung eine Flasche, ist dort die Mengenangabe zu wiederholen. Die Mengenangabe darf nicht irgendwo stehen, sondern soll an einer in die Augen fallenden Stelle und deutlich unterscheidbar von zusätzlichen Angaben über die Füllmenge angebracht sein.

Mengenangaben müssen in Zahlen und Buchstaben geschrieben werden, die mindestens 2 Millimeter hoch sind. Bei Füllmengen über 50 Gramm oder Milliliter sind grössere Schrifthöhen zu verwenden. Von Gewichten ist selbstverständlich das Nettogewicht anzugeben.   569

Das Fehlen oder Verfälschen von Mengenangaben hat Einfluss auf Grundpreis und Preis und stellt somit eine Irreführung im Sinne von Art. 3 lit. b UWG dar (vgl. Ziff. 4.1.6); überdies können Täuschungen über die Menge auch nach Art. 3 lit. i UWG geahndet werden (vgl. Ziff. 4.1.5).   570

11.2.4 *Hersteller- und Importeurangaben*

Zu Informationszwecken wird bei einer grossen Anzahl von Produkten die Anschrift des schweizerischen Herstellers oder des Verkäufers oder eventuell des Importeurs verlangt. Dies gilt namentlich für Heilmittel, Gifte, Fahrzeuge und viele Lebensmittel. Oft kann statt einer Firma auch nur deren Marke angebracht werden, wenn diese beim Bundesamt für geistiges Eigentum als Fabrik-, Handels- oder Produzentenmarke hinterlegt ist. Unter Umständen genügen auch andere Produzentenkennzeichen, wie Verantwortlichkeitsmarken für Edelmetallwaren, Reversnummern für Tabakfabrikate, Uhren und Schankgefässe.   571

Zu den Herstellerangaben gehört auch die Impressumpflicht für Druckschriften (Art. 322 StGB). Fehlende Herstellerangaben haben auf die Wettbewerbsfähigkeit kaum je Einfluss und stellen daher keinen unlauteren Wettbewerb dar.   572

11.2.5 *Herkunftsangaben*

573   Angaben über die geographische Herkunft werden nur für bestimmte Lebensmittel verlangt. Durch solche Vorschriften soll versucht werden, den Absatz einheimischer Agrarprodukte zu fordern. Das Fehlen oder Verfälschen von Herkunftsangaben kann eine Irreführung im Sinne von Art. 3 lit. b UWG darstellen (vgl. Ziff. 4.1.3).

11.2.6 *Qualitätsangaben*

574   Der Verbraucher hat ein immenses Interesse zu wissen, was ihm angeboten wird. Aus diesem Grunde wird verschiedentlich die Angabe der Beschaffenheit verlangt. Genaue Vorschriften bestehen für Lebensmittel, landwirtschaftliche Hilfsstoffe, Heilmittel und Gifte.

575   Neben der Gattungsbezeichnung müssen Heilmittel und Lebensmittel noch eine besondere Warendeklaration aufweisen, die Auskunft über die Zusammensetzung gibt. Ähnliche Angaben werden für die landwirtschaftlichen Hilfsstoffe, namentlich für die Pflanzenschutz- und Unkrautvertilgungsmittel sowie für die Futtermittel verlangt.

576   Bei einzelnen Heil- und Lebensmitteln muss auch auf das Herstellungs- oder Verbrauchsdatum hingewiesen werden. Hiezu kommt in Frage die Angabe einer Chargennummer oder die offene Angabe von Verpackungs-, Endverkaufs- oder Verfalldatum. Die Terminologie ist leider inkonsequent, indem gelegentlich auch von letztzulässigem Abgabedatum und Verbrauchsdatum die Rede ist.

577   Qualitätsangaben beziehen sich oft auf den Nutzen von Waren; Unstimmigkeiten bedeuten in einem solchen Fall einen Verstoss gegen Art. 3 lit. i UWG.

11.2.7 *Weitere Packungsangaben*

578   Zu Kontrollzwecken wird oft die Angabe einer Bewilligungsnummer verlangt. Zu erinnern wäre an die IKS-Nummer für Heilmittel, die BAG-Nummer für Gifte, die eidgenössischen Kontrollnummern für Pflanzenschutz- und Unkrautvertilgungsmittel oder die V- bzw. D-Nummer für vitaminhaltige und diätetische Produkte.

579   Gefährliche Produkte, wie beispielsweise Zigaretten, Gifte, Druckgaspackungen und Heilmittel haben Warnaufschriften oder Verwen-

dungshinweise zu tragen. Für Lebensmittel werden verschiedentlich neben Verwendungsangaben auch Hinweise auf die Art der Lagerung gegeben. Heilmittel sollten Angaben über die Dosierung enthalten, falls diese nicht ohnehin vom Arzt verordnet wird. Das Weglassen von Warnaufschriften fällt direkt unter Art. 3 lit. i UWG.

11.3   Angaben in der Werbung

11.3.1   *Abzahlungsverkäufe und Kleinkredite*

Auf die obligatorischen Angaben über die Personen des Anbie-   580
ters, den Nominalbetrag und den Ratenzuschlag in Franken und Jahresprozenten bei Abzahlungskäufen und Kleinkrediten wurde bereits hingewiesen (vgl. Ziff. 11.1). Interessant ist freilich, dass diese obligatorischen Angaben nur im zivilrechtlichen Teil des Gesetzes gefordert werden und deren Weglassung nur auf Antrag hin strafbar ist, so dass es bei Regelverstössen eines zivilen Klägers bedarf. Demgegenüber werden die obligatorischen Angaben über Preise und Produktespezifikationen im verwaltungsrechtlichen Teil des Gesetzes festgehalten und deren Übertretung von Amtes wegen verfolgt. Eine Begründung für diese unterschiedliche Ausgestaltung der Bekanntgabepflichten ist nicht auszumachen.

11.3.2   *Preisbekanntgabe in der Werbung*

Die Werbung muss zwar nicht, kann aber Preisangaben machen.   581
Werden Preisangaben gemacht, haben sie gleich aussagekräftig wie die Preise bei Warenangeboten zu sein (Art. 17 UWG). Dies ist nur möglich, wenn die beworbenen Waren oder Leistungen ziemlich eingehend spezifiziert werden. Waren sind nach Menge, Marke, Typ, Sorte, Qualität oder Eigenschaften, Dienstleistungen nach Art, Einheit und Verrechnungssätzen zu beschreiben (Art. 14 PBV). Was unter eine solche Spezifikation fallen kann, hat das Bundesgericht am Beispiel der Pauschalreisen eingehend illustriert (BGE 113/1987 IV 36).

Bei Pauschalreisen genügt es beispielsweise nicht, Reiseziel, Reise-   582
dauer und Preis anzugeben. Vielmehr ist auch das angebotene Trans-

portmittel, die Verköstigung (Frühstück, Halbpension, Vollpension) und die Hotelkategorie (*–*****) anzugeben. Ist das Angebot nur in Doppelzimmern oder nur während einer bestimmten Saison gültig, ist dies mitzuteilen. Das Bundesgericht ist sich zwar bewusst, dass niemand aufgrund eines Inserates allein eine Reise buchen wird. Indessen erwähnt es zu Recht, dass aufgrund einer solchen Werbung ein Anbieter von Pauschalreisen in die engere Wahl gezogen werde, weshalb schon in dieser Phase vergleichbare Preisangaben gemacht werden müssten.

583   Für viele weitere Waren und Dienstleistungen hat das BIGA in Kreisschreiben bekanntgegeben, wie weit die Spezifizierung der Preise in der Werbung zu gehen hat. Solche Kreisschreiben bestehen gegenwärtig zur Preisbekanntgabe

- für Autoleasingangebote (1. April 1991),
- für Blumen und Pflanzen (1. Dezember 1983),
- in chemischen Reinigungsbetrieben (10. Mai 1982),
- im Coiffeurgewerbe (1. November 1982),
- im Garagegewerbe (10. Mai 1987),
- für handgeknüpfte Orientteppiche (1. Oktober 1989),
- für den Sektor Heimelektronik (15. August 1989),
- in der Hotellerie und dem Gastgewerbe (10. Mai 1982),
- für Personenwagenreifen (10. Februar 1981),
- für Reiseangebote (1. Oktober 1987),
- im Taxigewerbe (10. September 1982).

584   Preisangaben liegen auch vor, wenn nicht ein Verkaufspreis, sondern dessen Differenz zum bekanntgegebenen oder als bekannt vorausgesetzten Listenpreis genannt wird. Da jedoch (auch) der tatsächlich zu bezahlende Preis anzugeben ist, bleibt die blosse Ankündigung der Vergünstigung ungenügend (BGE 105/1979 IV 5: AEG Fr. 540.– billiger). Auch der Hinweis auf verschieden hohe und nicht näher spezizierte Preisnachlässe verstösst gegen dieses Gebot; er ist pro Preisreduktion und Warenkategorie besonders anzugeben (BGE 108/1982 IV 130: Riesen-Resten-Markt. Reduktionen bis 92 %).

585   Als wenig plausible Konsequenz der Preisbekanntgabepflicht wurde befunden, dass in der Werbung nicht auf die Möglichkeit hingewiesen werden darf, um Preise zu feilschen, selbst wenn sonst überhaupt keine Preisangaben gemacht werden. Aufforderungen, um den bekanntgegebenen Preis zu feilschen oder nach dem aktuellen Tagespreis zu fragen, sollen gegen die Pflicht, nur einen einzigen und klar bezifferten Preis zu

nennen, verstossen (BGE 112/1986 IV 125). Sinn und Zweck der Preis-bekanntgabepflicht verlangen jedoch nur, dass die angeschriebenen Preise nicht überschritten werden. Das Verbot, diese auch nicht zu unterschreiten, verträgt sich nicht mit dem Recht des Kaufmanns, seine Preise nach Belieben festzusetzen und gegenüber einzelnen Kunden billigere Preise anzuwenden (BGE 85/1959 II 450: Gratiskleid, 107/1981 11 280 = GRUR Int. 1982 467: Denner-Preisaktionen).

Bestraft wurden beispielsweise die folgenden Behauptungen: **586**

«AEG Fr. 540.– billiger», wenn der höhere Ausgangspreis nicht ge-nannt wird (BGE 105/1979 IV 5);

«Riesen-Resten-Markt: Reduktionen bis 92 %», wenn nicht auf allen Produkten der gleiche Reduktionssatz angewendet wird (BGE 108/1982 IV 130);

«Wer besser määrtet, kauft günschtiger i», da Hinweis auf unbestimm-te, erst noch auszuhandelnde Preisreduktion (BGE 112/1986 IV 126: Preisfeilschen).

Die Vorschriften über die erlaubte Bekanntgabe verschiedener Prei-se (Preisvergleiche) wurden unter Ziff. 4.4.3 dargestellt. **587**

11.3.3   *Suchtmittel*

Aus Gründen des Jugendschutzes sieht das Verwaltungsrecht **588** verschiedene Einschränkungen der Werbung für Tabakwaren und alko-holische Getränke vor. So soll grundsätzlich verhindert werden, dass Minderjährige zum Rauchen oder zum Genuss von Alkohol ermuntert oder verleitet werden (Art. 24 LMV, Art. 15 TabV). Verboten ist daher die Werbung an Orten, wo sich hauptsächlich Minderjährige aufhalten (wie Zugänge zu Lehranstalten, Ferienkolonien, Jugendhäusern, Frei-zeitzentren), in Zeitschriften, Heften und anderen Informationsträgern jeglicher Art, die sich speziell an Jugendliche unter 18 Jahren wenden, sowie auf Schülermaterialien (Schulmappen, Etuis, Füllfederhaltern etc.), unentgeltlich abgegebenen Werbegegenständen (T-Shirts, Müt-zen, Fähnchen, Badebällen) und Spielzeug. Schliesslich ist auch die Verteilung von Mustern an Jugendliche untersagt. Die Lauterkeitskom-mission hat im übrigen diese Vorschriften im Grundsatz Nr. 5.9 zusam-mengefasst. Ergänzt werden sie durch die obligatorische Angabe von

Warnhinweisen und Schadstoffgehalten auf Packungen von Raucherwaren (Art. 9–12 TabV).

589   Bei der Werbung für Spirituosen (geistige Getränke) ist nicht nur dem Jugendschutz Rechnung zu tragen, sondern dem Kampf gegen die Trunksucht schlechthin. Der Gesetzgeber hat deshalb das Bundesgesetz über die gebrannten Wasser (Alkoholgesetz) im Jahre 1980 durch Einführung verschiedener Handels- und Werbeverbote verschärft. Verboten ist nicht nur deren Abgabe an Jugendliche unter 18 Jahren, sondern auch der Verkauf ausserhalb eines ständigen Geschäftslokals oder zu Preisen, welche keine Kostendeckung gewährleisten (Art. 41 AlkG). Die Spirituosenwerbung darf überdies nur Angaben und Darstellungen enthalten, die sich unmittelbar auf das Produkt und seine Eigenschaften beziehen. Nicht mehr gestattet ist die Abbildung von Szenen, welche Lebensfreude, Unbeschwertheit, Vitalität, natürliche Frische usw. zum Ausdruck bringen wollen. Gestattet sind allein noch Abbildungen des Produktes oder seiner unmittelbaren Herkunft und Bestandteile. Spirituosenwerbung auf öffentlichem Grund und an öffentlichen Verkehrsmitteln ist überhaupt verboten (Art. 42 AlkG).

590   Die Werbung für Suchtmittel ist nicht nur im staatlichen Fernsehen, sondern auch in den privaten Lokalradiostationen verboten.

11.3.4 *Kosmetika*

591   Kosmetika sind Präparate, die bestimmungsgemäss äusserlich mit Teilen des menschlichen Körpers (Haut, Haare, Nägel, Lippen, Zähne, Mundschleimhaut, äussere Genitalregion) in Berührung kommen (Art. 21 GebrV). Sie sind weder melde- noch registrierpflichtig.

592   Verboten sind jegliche Hinweise in Form von Abbildungen oder Texten auf krankheitsheilende, -lindernde oder -verhütende Wirkungen (z. B. medizinische oder therapeutische Eigenschaften, desinfizierende oder entzündungshemmende Wirkungen, ärztliche Empfehlungen); erlaubt sind höchstens Hinweise auf schützende, zustandserhaltende oder reinigende Wirkungen sowie auf kariesverhütende Eigenschaften (Art. 3 Abs. 2 und 3 GebrV). Wirkungen, die allein Heilmitteln zukommen, dürfen nicht angepriesen werden. Unerlaubt sind daher Formulierungen wie «Festigt, entwickelt oder verkleinert die Brüste» oder «Macht schlank, bewirkt Abmagerung, entfernt oder vermindert Orangenhaut resp. Cellulitis» (vgl. BGE 103/1977 Ib 122: Fleuro-Bust). Ent-

sprechend sind Testimonials von Ärzten unzulässig, da sie mit den verpönten Wirkungen von Heilung und Linderung in Verbindung gebracht werden. Erlaubt sind indessen Empfehlungen von Laboranten, Drogisten, Forschern und anderen Weisskitteln, da diese sich besonders auch der Gesundheitsförderung widmen (vgl. auch Ziff. 4.1.7).

Kosmetische Mittel dürfen indessen lokal auf die gesunde Haut und 593 ihre Organe, die Mundhöhle und die Zähne wie auch auf die äusseren Genitalregionen wirken, und diese Wirkungen dürfen in der Werbung beschrieben werden. In den mittlerweile aufgehobenen Richtlinien des Bundesamtes für Gesundheitswesen vom 12. Februar 1970 wurden noch folgende Beispiele zulässiger Werbeaussagen aufgezählt:

Für Zahnpasten, Mundwässer, Mundsprays: 594

Hilft der Kariesbekämpfung, hält den Atem rein; verhindert Zahnsteinbildung; kräftigt das Zahnfleisch.

Für Hautcremen, Haarwässer, Schminken: 595

Erleichtert die Hautdurchblutung; strafft die Haut; fördert die Hautatmung; wirkt dem Haarausfall entgegen; verhütet Spalten der Haare; fördert Haarnachwuchs; gegen Fussschweiss; beugt der Verschleppung von Pilz vor; dient der Massage; schützt vor Sonnenbrand; Bleichung von Sommersprossen.

Für Deodorants, Massageöle usw.: 596

Gibt dem Körper seine Spannkraft wieder; Deodorant an kritischen Tagen; verleiht ein angenehmes Wohlbefinden.

Für die Werbung für Erzeugnisse und Methoden, die ebenfalls Ein- 597 fluss auf das Aussehen und Befinden haben, wie z. B. Massagen, Saunas, Textilien, können die Grundsätze der Kosmetikbewerbung analog angewendet werden. Aus dem Gebot der Klarheit der Werbung ergibt sich, dass unmissverständlich anzugeben ist, welches Erzeugnis oder welche Methode angepriesen wird. Die Anpreisungen von dauerhaften und bleibenden Veränderungen des Körpers ist der Heilmittelwerbung vorbehalten. Probleme, welche nach dem heutigen Stand der Wissenschaft gar nicht oder höchstens mit medikamentösen Wirkstoffen gelöst werden können (z. B. Verhinderung des Haarausfalles, Abmagerung ohne Diät), dürfen nicht dargestellt werden. Demgemäss dürfen Vibrationen, Massagen, Saunas und Schwitzkuren jeglicher Art nicht allein als schlankheitserzeugend oder zum Fettverlust beitragend angepriesen werden. Bei diesen Methoden darf höchstens darauf hingewiesen werden, dass sie als zusätzliche Massnahmen zu einer Diät der Straffung und Strafferhaltung der Haut förderlich seien und die Silhouette erhalten könnten.

598   Die Lauterkeitskommission hat im übrigen den Grundsatz Nr. 5.7 zur Werbung für quasikosmetische/-medizinische Erzeugnisse und Methoden erlassen, die weder unter die Kompetenz der interkantonalen Kontrollstelle für Heilmittel, noch des Bundesamtes für Gesundheitswesen fallen. Er enthält auch Richtlinien für die Verwendung von Bildern, welche Personen vor und nach der Behandlung oder die Wirkung des Präparates zeigen sollen.

11.3.5 *Heilmittel und Leistungen zu Heilzwecken*

599   Heilmittel unterstehen der kantonalen Gesetzgebung. Sämtliche Kantone wie auch das Fürstentum Liechtenstein haben miteinander ein Konkordat zur Kontrolle der Heilmittel abgeschlossen und eine gemeinsame Interkantonale Kontrollstelle für Heilmittel (IKS) mit Sitz in Bern eingesetzt. Unter den Begriff Heilmittel fallen einerseits die Heilvorrichtungen (orthopädische Apparate etc.) und andererseits die pharmazeutischen Arzneimittel, die sich aus den pharmazeutischen Spezialitäten und den Hausspezialitäten von Apothekern oder selbstdispensierenden Ärzten zusammensetzen.

600   Für apothekenpflichtige Heilmittel (Listen A–C) ist jede Werbung (sogenannte Publikumsreklame) an die Letztverbraucher (Laien) verboten. Sie ist nur für Heilmittel zugelassen, die auch in Drogerien (Liste D) oder gar in allen Verkaufsgeschäften (Liste E) abgegeben werden dürfen. Packungsaufschriften und Werbetexte unterliegen jedoch auch hier der vorgängigen Bewilligung durch die IKS.

601   Unzulässig ist insbesondere die Reklame, welche zu einem übermässigen oder missbräuchlichen Konsum von Heilmitteln verleiten kann (Art. 7 IKS-Regulativ). Verboten ist daher etwa die Darstellung einer offenen Packung, welche zu beliebiger Einnahme von Tabletten einlädt, die Verwendung von Ausdrücken wie «gut verträglich», «vorzüglich», «milde» etc. Zu übermässigem Gebrauch verleiten auch Anpreisungen über unfehlbare oder nicht belegbare Wirkungen. Zulässig können noch Ausdrücke sein wie «erfolgreiche Bekämpfung», «erstaunliche Resultate», «prompte Wirkung». Die Annahme unfehlbarer oder doch über-

durchschnittlicher Wirkung kann auch hervorgerufen werden durch den Abdruck oder die Erwähnung von Dankes- und Empfehlungsschreiben behandelter Personen, deren Abbildung oder auch nur durch die Angabe von Zahlen von erfolgreich behandelten Patienten, besonders wenn dabei noch übertrieben wird. Dagegen dürfen Zeugnisse von bekannten Ärzten verwendet werden, wenn sie in die Publikation ihrer Atteste eingewilligt haben. Zur unbesonnenen Verwendung verleitet schliesslich das Aufzählen von Symptomen und der Gebrauch von Wendungen und Abbildungen, die Angst erzeugen können.

In den elektronischen Medien ist nur Werbung für solche Mittel   602
erlaubt, die in allen Geschäften frei verkäuflich sind (Liste E).

Die Ausübung von Heiltätigkeit untersteht allein kantonalem Recht.   603
Die Kantone bestimmen, was als Heiltätigkeit zu werten ist und wie hiefür Werbung betrieben werden darf. Im Kanton Zürich sind beispielsweise «magnetopathisches Handauflegen» und «geistiges Fernbehandeln» keine medizinischen Verrichtungen (SJZ 79/1983 217 Nr. 38: Magnetismus).

11.3.6 *Gifte*

Als Gifte gelten unbelebte Stoffe, die schon in verhältnismässig   604
geringen Mengen das Leben oder die Gesundheit von Mensch und Tieren gefährden können. Alle Gifte sind in eine Giftliste aufzunehmen, welche von der Giftsektion des Bundesamtes für Gesundheitswesen in Bern geführt wird. Die Giftliste unterscheidet 5 Giftklassen, wobei die Klasse 1 dem höchsten, die Klasse 5 dem niedrigsten Gefährlichkeitsgrad entspricht.

Ähnlich wie bei Heilmitteln soll die Werbung für Gifte deren Ver-   605
brauch nicht übermässig fördern. So soll die Gefährlichkeit der Gifte in der Werbung nicht verharmlost werden. In die Giftliste aufgenommene Produkte dürfen weder in der Werbung noch auf dem Produkt selbst als «nur wenig giftig», «praktisch ungiftig», «nicht giftig» etc. bezeichnet werden. In sämtlichen Werbetexten ist überdies die Giftklasse deutlich lesbar oder hörbar anzuführen. Bei Giften der Klassen 4 und 5 ist noch der Zusatz «Warnung auf den Packungen beachten» beizufügen, bei jenen der Klassen 1 bis 3 die Ergänzung «unbedingt Vorsichtsmassnahmen beachten», wobei das Erzeugnis noch ausdrücklich als «giftiges Produkt» oder «ätzendes Produkt» zu charakterisieren ist. Diese Warn-

texte sind auch in Katalogen und anderen Formen der Direktwerbung anzubringen.

606   Um den Verbrauch von Giften nicht übermässig zu fördern, dürfen an private Haushaltungen mit Ausnahmen der für Selbstbedienungsgeschäfte zugelassenen Gifte keine Muster oder Gutscheine abgegeben werden. Die Verwendung von Zeugnissen oder Empfehlungen von Laien ist verboten.

12. Verfahrensfragen

12.1 Staatliche Zivilgerichte

12.1.1 Aktivlegitimation

Nach dem Recht steht die Klage wegen Wettbewerbsverstössen **621** vorab den Mitbewerbern zu, die in ihrer Kundschaft, ihrem Kredit oder beruflichen Ansehen, in ihrem Geschäftsbetrieb oder sonst in ihren wirtschaftlichen Interessen bedroht oder verletzt werden (Art. 9 UWG). Für auf Wettbewerbsrecht gestützte Klagen ist daher nach altem Recht verlangt worden, dass zwischen Kläger und Beklagtem ein eigentliches Wettbewerbsverhältnis vorhanden sein müsse. Dieser Begriff war aber weit zu fassen: eine Konkurrenzsituation lag immer schon dann vor, wenn sich die Tätigkeiten zweier Unternehmen in der Werbung um Kunden stören konnten. Hierbei pflegte es nur auf die Branche, nicht aber auf die Wirtschaftsstufe anzukommen, denn nicht nur Detaillisten, sondern auch Grossisten, Importeure und Fabrikanten bewerben sich um den Letztabnehmer. Selbst der blosse Anschein eines Wettbewerbsverhältnisses genügte, wie überhaupt auch der bloss mittelbare Wettbewerb vom UWG erfasst wird (BGE 90/1964 II 323: Elin-Union; SJZ 64/1968 138 Nr. 92: Neocolor).

Das im Jahre 1986 verabschiedete Gesetz gegen den unlauteren **622** Wettbewerb setzt kein direktes Wettbewerbsverhältnis mehr zwischen den Parteien voraus. Ein Wettbewerbsverhältnis begründet zwar nach wie vor ein Rechtsschutzinteresse im Sinne von Art. 9 UWG. Die Aktivlegitimation des Klägers ist indessen auch dann zu bejahen, wenn seine Stellung im Wettbewerb durch das beanstandete Verhalten des Beklagten verschlechtert wird (BGE 121/1995 III 174: Gewerkschaft Druck und Papier). Dagegen besteht jedenfalls kein rechtserhebliches Interesse, wenn sich ein Milchgeschäft mit der unlauteren Werbung eines Schuhladens befasst oder wenn Wirtschaftsverbände das Verhalten anderer Branchen durchleuchten wollen. Das Wettbewerbsgesetz sieht ja keine Popularklage vor, sondern verlangt die Bedrohung der wirtschaftlichen Interessen des Klägers. Wettbewerbsrecht ist daher anwendbar bei Anständen zwischen Fabrikanten, Importeuren, Grossisten und Detaillisten, solange der Erfolg des einen denjenigen des andern hemmt oder solange sie sich im Kampf um Kundschaft stören. Eine solche Störung ist möglich, wenn die Leistungen verschiedener Anbieter beim Verbraucher zueinander in Konkurrenz treten, unter Einschluss der Substitutionsmöglichkeiten. Wer den Durst stillen will, kann dies sowohl mit alkoholischen oder alkoholfreien Getränken tun; wer sich gegen Regen schützen will, hat die Wahl zwischen Regenschirm und Regenmantel. Auf die Vertriebsart kommt es nicht an, denn wer Kosmetika benötigt, kann diese sowohl unter der Haustür, im Warenhaus oder im Fachgeschäft kaufen (unrichtig ZR 43/1944 Nr. 212 E. 12: Stecker).

623   Bei unkorrektem Verhalten gegenüber Mitbewerbern, bei Behinderungen der Konkurrenz, bei herabsetzender, vergleichender und anlehnender Werbung, bei Nachahmungen und Eintritt einer Verwechslungsgefahr, bei Verleitung zu Vertragsverletzung oder -auflösung, bei Verwertung fremder Leistung und bei Verletzung von Geheimnissen sind nur die Betroffenen in ihren Rechten verletzt und daher zu einer Klage legitimiert. In allen übrigen Fällen, namentlich bei aggressiven Werbe- und Vertriebsmethoden, bei unsachlicher und irreführender Werbung, bei Nichteinhaltung von Arbeitsbedingungen und bei der Verwendung missbräuchlicher Geschäftsbedingungen sind alle Branchenmitglieder betroffen und klageberechtigt; es ist daher gerechtfertigt, von einer eigentlichen Popularklage innerhalb der Branche zu sprechen (BGE 83/1957 IV 106: Strafantrag).

624   Seitdem auch Medienunternehmungen wegen herabsetzender Äusserungen eingeklagt werden können, stellt sich vermehrt die Frage, wer bei Kollektivverletzungen und Pauschalurteilen als verletzt anzusehen und zur Einreichung einer Klage legitimiert ist. Hinweise zur Beantwortung dieser Frage können aus der Legitimation zur Stellung eines Strafantrages bei Ehrverletzungen gezogen werden, wo die Interessenlage die gleiche ist. Verletzt ist nach ständiger Rechtsprechung nicht jeder, dessen Interessen irgendwie, namentlich bloss mittelbar betroffen werden, sondern nur, wer selber Träger des Rechtsgutes ist. Bei der Beurteilung der Frage, ob die Aktivlegitimation gegeben sei, sind daher der Zweck der anwendbaren materiellen Norm und das mit ihr geschützte Rechtsgut in Betracht zu ziehen (ZR 74/1975 Nr. 44: Divine light). Die namentliche Nennung des Verletzten in Anschwärzungen ist jedenfalls nicht notwendig. Es genügt, wenn er erkennbar ist (BGE 92/1966 IV 96: Apotheke B.). In der Rechtsprechung des Bundesgerichts wurde die Legitimation eines betroffenen Nationalrates bei einem kollektiven Vorwurf gegenüber 72 nicht namentlich genannten Nationalräten bejaht

(BGE 80/1954 IV 166), verneint jedoch diejenige von 37 Einzeljägern und 20 Jägervereinigungen bei einer Pauschalverletzung der Gesamtheit der Jäger (BGE 100/1974 IV 46).

In der Praxis wurden die folgenden Tätigkeiten als im Wettbewerb 625 zueinanderstehend betrachtet:

Zahnärzte – Zahntechniker (BGE 42/1916 11 134);

Hersteller von Tabellenschiebern – Vertrieb technischer Artikel (ZR 45/1946 Nr. 116);

Fabrikant – Händler (ZR 48/1949 Nr. 1 E. 11/2: Extrakt aus reinem Kaffee);

Anwälte – Rechtsberater (ZR 51/1955 Nr. 25);

Fabrikant von Heizkissen – Fabrikant von Quarzlampen (ZR 55/1956 Nr. 58: Solis II);

Uhrenfabrik – Handelsvertretung für Uhren (BGE 90/1964 11 195 = GRUR Int. 1966 95: Mondia);

Hersteller von Elektromotoren – Einkäufer von elektrotechnischen Erzeugnissen (BGE 90/1964 11 323 = GRUR Int. 1965 513: Elin-Union);

Hersteller von Fettkreiden – Holdinggesellschaft zur Verwaltung und Finanzierung von Betrieben, die sich mit der Fabrikation von und dem Handel mit Farben befassen (SJZ 64/1968 138 Nr. 92: Neo-Color);

Muttergesellschaft – Konkurrentin einer Tochtergesellschaft (Mitt. 1975 117: General Binding Corporation);

Hersteller von kosmetischen Produkten – Verkäufer von Haarpflegemitteln (Mitt. 1983 11 114: Chanel);

Reisebüro, zu einem Warenhaus gehörig – Textilversandhaus (BGE 111/1985 II 510: Sonnenzeichen, kritisiert in ZBJV 123/1987 261);

Juwelier – Parfumfabrikant (SMI 1988 198: Parfums Bulgari);

Veranstalter von Messen für Büro- und Informationstechnik – Händler mit Produkten der Büro-Organisation und Informationstechnik (BGE 114/1988 II 109: Cebit);

Amerikanischer Filmhersteller und -verleiher – schweizerisches Versandhaus, das bespielte Video-Kassetten vertreibt (SMI 1988 224: Orion).

626   Dagegen wurde das Bestehen eines sachlichen Wettbewerbsverhältnisses verneint:

> Zwischen einem Forschungsinstitut als Lizenzgeber und einem Fabrikanten als Lizenznehmer (Mitt. 1965 136);
>
> zwischen dem Teilnehmer an einem Wettbewerb und dem vom Veranstalter beigezogenen Experten (Mitt. 1970 130);
>
> zwischen einer Sängerin und einem Parfum-Fabrikanten (BGE 92/1966 11 305: Sheila).

627   Neben dem sachlichen Wettbewerbsverhältnis hat auch ein örtliches Wettbewerbsverhältnis vorzuliegen. Eine Störung im Kampf um Kundschaft besteht nur dann, wenn sich die Kundenkreise auch geographisch überschneiden oder teilweise überdecken. Dies wurde in folgenden Fällen bejaht:

> Zwischen einem Vaduzer Treuhandunternehmen und dem schweizerischen Treuhandwesen (ZR 52/1953 Nr. 77: Fides);
>
> zwischen einer deutschen bzw. englischen und einer schweizerischen Bank (BGE 98/1972 II 60, 68: Commerz-Bank);
>
> zwischen einer schweizerischen Gesellschaft und einem ausländischen Unternehmen, welches in der Schweiz um Franchise-Nehmer wirbt (BGE 109/1983 II 483: Computerland);
>
> zwischen einem Genfer Händler von Elektronikgeräten und einem französischen Händler, dessen Werbung sich an Genfer Kunden richtet (Mitt. 1983 II 120: Darty).

628   Demgegenüber wurde ein örtliches Wettbewerbsverhältnis in folgenden Fällen verneint:

> Zwischen französischen und schweizerischen Kinos (BGE 76/1950 II 87: Cinéac);
>
> zwischen einer Cafeteria in Zürich und einem Café-Snack in Luzern (Mitt. 1978 54: Epoca);
>
> zwischen einem französischen Fernsehsender, der ein ausschliesslich für Zuschauer in Frankreich und Monaco mittels entgeltlichen Decodern empfangbares Programm ausstrahlt, und einem schweizerischen Verkäufer solcher Decoder, wobei auf deren Verpackung darauf hingewiesen wird, dass ein Export nach Frankreich untersagt sei (SMI 1987 258: Canal Plus GE, 1987 261: Canal Plus VD);

zwischen einem amerikanischen Schmuckhändler, der in der Schweiz eine rege Werbetätigkeit entwickelt, und einer australischen Gesellschaft, die zwar hier Uhren herstellen und nach Australien exportieren lässt, aber in der Schweiz keine Waren vertreibt oder für sich oder ihre Waren werben lässt (BGE 113/1987 II 75 = Praxis 76/1987 Nr. 178: Fortunoff).

Aktivlegitimiert zur Einreichung von Wettbewerbsklagen ist nur der **629** selbständig arbeitende Unternehmer, nicht aber dessen Arbeitnehmer, da dieser in seinen wirtschaftlichen Interessen nicht unmittelbar betroffen ist. Auch Angestellte in leitender Stellung, Verwaltungsräte oder Aktionäre eines Unternehmens sind nicht im eigenen Namen klageberechtigt (BGE 90/1964 IV 41).

Klageberechtigt sind auch Berufs- und Wirtschaftsverbände, die nach **630** den Statuten zur Wahrung der wirtschaftlichen Interessen ihrer Mitglieder befugt sind (Art. 10 Abs. 2 lit. b UWG; für das Kartellrecht vgl. BGE 103/1977 II 294, obwohl das neue KG im Gegensatz zu Art. 8 Abs. 2 altKG deren Klageberechtigung nicht mehr ausdrücklich erwähnt). Verbände können freilich Schadenersatz- und Genugtuungsansprüche nur dann im eigenen Namen geltend machen, wenn ihnen solche Ansprüche zuvor von Mitgliedern abgetreten wurden.

Das neue UWG hat die Aktivlegitimation des Konsumenten erwei- **631** tert. Während früher der getäuschte Käufer nur nach Schädigung seiner Interessen klagen konnte (wobei nicht erstaunlich ist, dass von dieser exotischen Möglichkeit nie Gebrauch gemacht wurde), genügt heute schon die Bedrohung seiner wirtschaftlichen Interessen. Seine Situation wird weiter dadurch verbessert, dass bei allen Wettbewerbsverstössen neben den Berufs- und Wirtschaftsverbänden auch Organisationen von gesamtschweizerischer oder regionaler Bedeutung klagen können, die sich statutengemäss dem Konsumentenschutz widmen. Diese umfassende Klagemöglichkeit der Konsumentenorganisationen wurde bereits durch die Annahme des Konsumentenschutzartikels 31[sexies] BV am 14. Juni 1981 geschaffen (AS 1981 1244) und nunmehr auch im Gesetzestext bestätigt (Art. 10 Abs. 2 lit. b UWG). Damit soll endlich auch dem Verbraucherschutz ein aktives Vorgehen gegen notorische Verletzer ermöglicht werden. Demgegenüber hat das Parlament für das Kartellrecht die vom Bundesrat vorgeschlagene Klagemöglichkeit für Konsumentenorganisationen abgelehnt.

12.1.2 Passivlegitimation

632   Die alte Streitfrage, ob auch branchenfremde Personen, die sich in den Wettbewerb Dritter einmischen, dem Wettbewerbsgesetz unterstehen, wird vom Gesetz nun positiv entschieden. Dementsprechend können beispielsweise auch Presseunternehmen oder Testveranstalter eingeklagt werden, wenn sie sich nicht an die Regeln des lauteren Wettbewerbs halten und über Dritte unrichtig oder irreführend berichten (BBl 1983 II 1060).

633   Passivlegitimiert bei Klagen wegen unzulässiger Wettbewerbsbehinderungen ist jedes Kartellmitglied (BGE 104/1978 II 212: Weissenburg) oder das Kartell oder die kartellähnliche Organisation selbst, bei Klagen wegen unlauterem Wettbewerb das verletzende Unternehmen und zusätzlich auch die verantwortlichen Arbeitnehmer und andere Hilfspersonen, wenn diese in Ausübung ihrer dienstlichen Tätigkeit oder geschäftlichen Verrichtungen gehandelt haben (Art. 11 UWG). Der Begriff der Hilfsperson darf nicht zu eng ausgelegt werden, da sonst die Wirksamkeit des UWG unnötig eingeschränkt würde. Der Geschäftsherr hat gegen Abwehr-Klagen (Feststellungs-, Unterlassungs- und Beseitigungsklagen) keine Entlastungsmöglichkeit, soll er doch nicht nur die Früchte, sondern auch die Risiken seiner Geschäftstätigkeit tragen (BGE 56/1930 II 34: Maggi). Bei Schadenersatz- und Genugtuungsansprüchen kann er sich dagegen durch den Nachweis befreien, dass er alle nach den Umständen gebotene Sorgfalt angewendet habe, um einen Schaden zu verhüten, oder dass der Schaden auch bei Anwendung dieser Sorgfalt eingetreten wäre (Art. 55 OR).

634   Die Privilegierung der Presse ist mit dem neuen Recht dahingefallen, weil sie einerseits in der Praxis keine Rolle gespielt hat und andererseits auch beim Persönlichkeitsschutz die volle Haftung der Presse bestätigt worden ist (Art. 28 ff. ZGB).

12.1.3 Verwarnung

635   Eine Verwarnung des Verletzers ist von Gesetzes wegen nicht notwendig, oft aber aus standesrechtlichen Gründen ratsam. Immerhin ist zu beachten, dass der unhaltbare Vorwurf unlauteren Wettbewerbs als Behinderung oder Herabsetzung selbst den Tatbestand unlauteren Wettbewerbs erfüllt (vgl. Ziff. 2.5.8 und 3.1). Sogenannte strafbewehrte, d. h. mit der Anerkennung einer Konventionalstrafe für den Zuwider-

handlungsfall verbundene Unterlassungserklärungen sind in der Schweiz nicht üblich. Es genügt, wenn sich der Verletzte auch ohne Anerkennung einer Vertragsstrafe verpflichtet, die beanstandete Handlung nicht mehr vorzunehmen. Solche schriftlichen Unterlassungserklärungen können im summarischen Verfahren rasch durchgesetzt und dort auch mit einer Ungehorsamsstrafe oder Ordnungsbusse ergänzt werden, weshalb weitergehende Sicherungen kaum nötig sind. Wird das beanstandete Verhalten als unlauter anerkannt, rechtfertigt es sich im allgemeinen, dem Verletzer noch eine Aufbrauchsfrist von 3 bis 6 Monaten einzuräumen.

12.1.4 *Vorsorgliche Massnahmen*

Da ein im ordentlichen Verfahren zu erstreitendes Urteil zur **636** raschen Erledigung einer Wettbewerbsverletzung wenig geeignet ist, haben vorsorgliche Massnahmen im Wettbewerbsprozess grosse Bedeutung. Solche können vom Richter auf summarische Prüfung des Sachverhaltes hin angeordnet werden, sind aber anschliessend vom ordentlichen Richter zu bestätigen oder aufzuheben. Bezüglich solcher vorsorglicher Massnahmen wird sowohl in Art. 14 UWG als auch in Art. 17 Abs. 2 KG auf die revidierten Artikel 28 c–f ZGB verwiesen, welche für den Persönlichkeitsschutz seit dem 1. Juli 1985 Geltung haben. Sie lauten:

> 28 c Voraussetzungen
> Wer glaubhaft macht, dass er in seiner Persönlichkeit widerrechtlich verletzt ist oder eine solche Verletzung befürchten muss und dass ihm aus der Verletzung ein nicht leicht wiedergutzumachender Nachteil droht, kann die Anordnung vorsorglicher Massnahmen verlangen.
>
> Der Richter kann insbesondere:
> 1. die Verletzung vorsorglich verbieten oder beseitigen;
> 2. die notwendigen Massnahmen ergreifen, um Beweise zu sichern.
>
> Eine Verletzung durch periodisch erscheinende Medien kann der Richter jedoch nur dann vorsorglich verbieten oder beseitigen, wenn sie einen besonders schweren Nachteil verursachen kann, offensichtlich kein Rechtfertigungsgrund vorliegt und die Massnahme nicht unverhältnismässig erscheint.
>
> 28 d Verfahren
> Der Richter gibt dem Gesuchsgegner Gelegenheit, sich zu äussern.

Ist es jedoch wegen dringender Gefahr nicht mehr möglich, den Gesuchsgegner vorgängig anzuhören, so kann der Richter schon auf Einreichung des Gesuchs hin Massnahmen vorläufig anordnen, es sei denn, der Gesuchsteller habe sein Gesuch offensichtlich hinausgezögert.

Kann eine vorsorgliche Massnahme dem Gesuchsgegner schaden, so kann der Richter vom Gesuchsteller eine Sicherheitsleistung verlangen.

28 e Vollstreckung
Vorsorgliche Massnahmen werden in allen Kantonen wie Urteile vollstreckt.

Vorsorgliche Massnahmen, die angeordnet werden, bevor die Klage rechtshängig ist, fallen dahin, wenn der Gesuchsteller nicht innerhalb der vom Richter festgesetzten Frist, spätestens aber innert 30 Tagen, Klage erhebt.

28 f Schadenersatz
Der Gesuchsteller hat den durch eine vorsorgliche Massnahme entstandenen Schaden zu ersetzen, wenn der Anspruch, für den sie bewilligt worden ist, nicht zu Recht bestanden hat; trifft ihn jedoch kein oder nur ein leichtes Verschulden, so kann der Richter das Begehren abweisen oder die Entschädigung herabsetzen.

Zuständig für die Beurteilung der Schadenersatzklage ist der Richter, der die vorsorgliche Massnahme verfügt hat, oder der Richter am Wohnsitz des Beklagten.

Eine bestellte Sicherheit ist freizugeben, wenn feststeht, dass keine Schadenersatzklage erhoben wird; bei Ungewissheit setzt der Richter Frist zur Klage.

637   Natürliche Voraussetzung eines vorsorglichen Verbotes sollte dessen zeitliche Dringlichkeit sein. Wer einer Wettbewerbsverletzung während Wochen oder gar Monaten tatenlos zusieht, kann nicht erwarten, dass ein Richter nachher sein Anliegen als dringlich anerkennt. Wohl darf der Verletzte eine gewisse Überlegungsfrist für sich beanspruchen, doch ist der Richter nicht dazu da, die Saumseligkeit des Verletzten durch einen raschen Entscheid wettzumachen. Das offensichtliche Hinauszögern eines Massnahmegesuches ist jedoch vom Gesetzgeber nur als Hinderungsgrund für eine vorläufige Anordnung ohne Anhörung des Gesuchgegners (sog. superprovisorische Verfügung), nicht aber für eine vorsorgliche Massnahme an sich erwähnt worden. Das Bundesgericht hat denn auch erst kürzlich erklärt, Dringlichkeit sei immer dann vorhanden, wenn ein Anspruch sonst wegen der Dauer eines ordentlichen Prozesses nicht mehr rechtzeitig oder vollständig durchgesetzt werden könnte, namentlich wenn noch weitere Schädigungen zu befürchten seien (Mitt. 1983 II 149: Urgence). Entsprechend betont die Praxis, es sei niemand gehalten, ständig auf der Lauer zu liegen und bei Verletzungen sofort einzuschreiten. Angesichts der prozessualen Risiken und Umtriebe darf ein gerichtliches Verfahren auch erst dann eingeleitet werden, wenn das verletzende Verhalten der Gegenpartei überhaupt einen nennenswerten Erfolg zeitigt, so wenn feststeht, dass es sich weder um einen erfolglosen Versuch noch um eine Eintagsfliege handelt (ZR 85/1986 Nr. 54 E. 7 b: Rothschild). Ein Zuwarten während vieler Monate, ja sogar während ein bis zwei Jahren ist jedenfalls nicht rechtsmissbräuchlich.

Sodann hat der Kläger die widerrechtliche Verletzung seiner Rechte **638** durch den Beklagten oder die ernsthafte Befürchtung einer solchen glaubhaft zu machen. Es wird also kein strikter Beweis gefordert, doch ist dem Richter aufgrund objektiver Anhaltspunkte der Eindruck einer gewissen Wahrscheinlichkeit des Vorhandenseins der in Frage stehenden Tatsachen zu vermitteln (BGE 104/1978 Ia 413: Aigner; 108/1982 II 72: Rubik's Cube). In rechtlicher Hinsicht sind die Erfolgsaussichten der Hauptklage darzutun (SJZ 80/1984 12 Nr. 3: Pelzverkauf), wobei es wiederum genügt, dass der Richter den geltend gemachten Anspruch aufgrund summarischer Prüfung nicht für aussichtslos hält (BGE 108/1982 II 72: Rubik's Cube). Da ein vorläufiges Verbot nur bei einer Wiederholungsgefahr in Frage kommt, ist auch die Fortdauer der Verletzung glaubhaft zu machen. An den vom Kläger zu erbringenden Nachweis der Wiederholungsgefahr sind jedoch keine hohen Anforderungen zu stellen. Auch bei angeblich einmaligen Inseraten oder Rundschreiben besteht in der Regel Wiederholungsgefahr, denn die darin enthaltenen Äusserungen werden nur allzu oft von Verkäufern und Aussendienstmitarbeitern mündlich weiterverbreitet.

Schliesslich ist darzutun, dass dem Kläger wegen der fraglichen Ver- **639** letzung ein nicht leicht wieder gutzumachender Nachteil droht. Zu solchen Nachteilen gehört vor allem eine dauernde Behinderung, eine mögliche Marktverwirrung oder die Verwässerung der klägerischen Kennzeichen, da der Schaden bei Verwechslungsgefahr nie mit Sicherheit ermittelt werden kann (Mitt. 1977 182: Adidas, 1979 130: Vuitton).

Die vorsorgliche Massnahme kann sich nicht nur auf ein vorläufiges **640** Verbot beschränken, sondern auch Massnahmen zur Beweissicherung

(z. B. Beschlagnahme von Korrespondenzen, Geschäftsbüchern, Lieferscheinen, Rechnungen, Warenvorräten) und zur Beseitigung des rechtswidrigen Zustandes erfassen. So können Werkzeuge und Geräte, welche zur Nachahmung eines Kennzeichens benutzt worden sind, sowie damit versehene Erzeugnisse beschlagnahmt oder auch die Aufnahme eines Inventars dieser Erzeugnisse angeordnet werden. Indessen können keine irreversiblen Massnahmen angeordnet werden, wie z. B. die Bekanntgabe des Lieferanten (Mitt. 1979 133: Vuitton) oder die Publikation einer Richtigstellung. Besteht die Verletzung in unrichtigen Veröffentlichungen über die Konkurrenz, ist dem Verletzten zum Zwecke der Störungsbeseitigung mindestens Gelegenheit zu einer kostenlosen Gegendarstellung zu geben, die vom verantwortlichen Redaktor ohne Kommentar und Zusatz zu publizieren ist (ZBJV 106/1970 454: Zeitungsartikel, SJZ 74/1978 192 Nr. 36: Wohnbaugenossenschaft). Das ergänzte Zivilgesetzbuch sieht vor, dass der Anspruch auf Gegendarstellung innert 20 Tagen nach Kenntnisnahme der Verletzung, spätestens aber drei Monate nach deren Verbreitung, an das Medienunternehmen geltend gemacht werden muss (Art. 28 i ZGB). Damit wird dargetan, dass Verletzungen in Medien ernst zu nehmen sind und in der Regel mit Nachwirkungen zu rechnen ist. Dies gilt in vermehrtem Masse auch bei persönlich adressierten Rundschreiben, deren Verfasser sich einer Gegendarstellung nicht mit dem Hinweis entziehen können sollte, die Empfänger hätten den verletzenden Inhalt ohnehin bereits vergessen.

641   Der Richter kann eine vorläufige Anordnung sogar schon vor Anhören des Beklagten erlassen (Art. 28 d Abs. 2 ZGB, sog. supervisorische Verfügung). Voraussetzung ist jedoch das Vorliegen einer besonders dringenden Gefahr, welche das sofortige, schlagartige Eingreifen zu deren Abwendung notwendig macht (Mitt. 1977 176: Adidas). Dies dürfte bei krassen Verletzungen stets der Fall sein.

642   Kann eine vorläufige Verfügung oder vorsorgliche Massnahme dem Beklagten schaden, kann der Richter vom Kläger eine Sicherheitsleistung verlangen (Art. 28 d Abs. 3 ZGB). Die Möglichkeit, eine Sicherheitsleistung anzuordnen, erleichtert dem Richter vielfach den Entschluss, eine vorsorgliche Massnahme auszusprechen.

12.1.5 *Hauptklage*

643   Im Gegensatz zum Strafprozess bietet der Zivilprozess eine ganze Palette von Sanktionen und insbesondere neben Leistungs- auch

Abwehransprüche an, welche den Bedürfnissen der Wirtschaft und der Verbraucher besser gerecht werden (Art. 9 UWG, 12 Abs. 1 KG, 28 a ZGB). Mit der Unterlassungsklage kann dem Verletzer gerichtlich befohlen werden, die beanstandeten Werbe- oder Vertriebsmethoden einzustellen. Mit der Beseitigungsklage kann der rechtswidrige Zustand behoben werden, beispielsweise durch Löschung wettbewerbswidriger Schutzrechte, durch Einziehung der beanstandeten Waren und Werbeträger sowie der hiezu erforderlichen Werkzeuge und Geräte oder durch eine Veröffentlichung des Urteils, welche geeignet ist, eine eingetretene Marktverwirrung zu beheben und klare Verhältnisse zu schaffen. Eine Urteilsveröffentlichung kann ergänzt werden durch die Feststellung der Widerrechtlichkeit des beanstandeten Verhaltens. Mit Leistungsklagen kann schliesslich Schadenersatz, evtl. Gewinnherausgabe oder Genugtuung gefordert werden, welch letztere ebenfalls in Form einer Urteilspublikation gewährt werden kann.

Gegenstand eines Unterlassungsbefehls kann nur eine individualisierte, d. h. genau umschriebene, bestimmte Handlung sein, die erwiesenermassen vom Beklagten begangen worden ist oder werden soll und deren künftige Ausführung untersagt werden muss. Nur das Verbot, das sich auf eine genau umschriebene Handlung bezieht, ist ohne nochmalige materielle Prüfung der Vollstreckung fähig. Die zu unterlassenden Handlungen sind daher im Klagebegehren genau zu bezeichnen, mag dies auch eine weitläufige Aufzählung oder umständliche Umschreibung erfordern (BGE 88/1962 II 240: Miniera; etwas milder ZR 85/1986 Nr. 54 E. 8: Rothschild). Als unzulässig, weil viel zu unpräzise gefasst, wurden beispielsweise die folgenden beantragten Verbote beurteilt: **644**

> das Verbot, die Klägerin durch weitere rechtswidrige und gegen die guten Sitten verstossenden Massnahmen in ihrer Geschäftskundschaft und Geschäftätigkeit zu beeinträchtigen (BGE 56/1930 II 437: Cementkontor);

> das Verbot, für Zigaretten in einer Weise zu werben, welche den Eindruck erweckt, es handle sich um Erzeugnisse der französischen Tabak-Regie (BGE 84/1958 II 457: Nationales);

> das Verbot, Packungen zu gebrauchen, die wegen ihrer Etikette geeignet sind, Verwechslungen mit den klägerischen Etiketten hervorzurufen (BGE 93/1976 II 59: Vac);

> das Gebot, weitere Verletzungen des Klägers zu unterlassen (ZR 83/ 1984 Nr. 129: Unbegründete Betreibung):

das Verbot, das klägerische Patent und Modell weiterhin nachzuahmen oder durch Dritte nachahmen zu lassen sowie die widerrechtlich hergestellten Gegenstände selbst oder durch Dritte zu verkaufen oder feilzuhalten (Mitt. 1984 56: Schloss-Rosette).

das Verbot, Heimtextilien mit dem Landschaftsdessin Nr. 8418/53459 zu vertreiben (SMI 1987 158).

645   Vor allem im Persönlichkeitsrecht gibt es jedoch Unterlassungsbegehren, die gar nicht völlig ermessensfrei umschrieben werden können. In solchen Fällen darf man sich mit einem etwas geringeren Präzisionsgrad begnügen. So wurde folgendes Verbot geschützt:

Verbot, den eigenen Familiennamen in irgendeiner Weise gewerblich zu verwenden, ohne einen deutlichen Hinweis, dass weder eine verwandtschaftliche noch eine geschäftliche Beziehung zur Familie der Kläger besteht (ZR 85/1986 Nr. 54 E. 8: Rothschild).

646   Voraussetzung jeglicher Unterlassungsklage ist eine drohende Wiederholungsgefahr oder zum mindesten die ernsthafte Befürchtung, dass der Beklagte einen rechtswidrigen Eingriff in die Sphäre des Klägers plant (BGE 97/1971 II 108 Union-Loge, ZBJV 114/1978 370: Heli-Grischun). Eine Wiederholungsgefahr ist in der Regel jedoch schon dann anzunehmen, wenn der Beklagte die Widerrechtlichkeit des beanstandeten Verhaltens bestreitet, ist doch dann zu vermuten, dass er es im Vertrauen zu dessen Rechtmässigkeit weiterführen wird (BGE 102/1976 II 125: Annabelle). Dies gilt auch dann, wenn der Störer zwar im Hinblick auf den Prozess das beanstandete Verhalten eingestellt hat, im Prozess aber nach wie vor sein Verhalten als rechtmässig verteidigt (ZR 45/1946 Nr. 202: Firmenaufmachung).

647   Die Beseitigungsklage wirkt wiederherstellend und setzt weder eine Wiederholungsgefahr, noch ein Verschulden des Störers voraus. Die Beseitigung kann durch eine Zerstörung der verletzenden Waren oder der hierfür verwendeten Werkzeuge erfolgen; auch die Urteilspublikation kann zur Beseitigung störender Wirkungen, namentlich von beeinträchtigenden Inseraten, eingesetzt werden (BGE 67/1941 II 59: Lackspachtelapparat). Erfolgte die Wettbewerbsverletzung in Medien und erheischt deren Beseitigung eine Urteilsveröffentlichung oder Richtigstellung, so kann sich der Beseitigungsanspruch auch gegen das Trägerorgan (Herausgeber, Sendeanstalt) richten (BGE 106/1980 II 102: Leserbrief; SMI 1987 114: Modell Tödi).

Feststellungsklagen werden zugelassen, um eine fortbestehende Stö-   **648**
rung in den persönlichen Verhältnissen zu beseitigen (BGE 101/1975 II
188: Organtransplantation), um die umstrittene Rechtslage einer Dauer-
beziehung abzuklären (BGE 101/1975 II 189: Organtransplantation, ZR
79/1980 Nr. 98 E. 8b: Titelbild) oder die Kundschaft vom Ausgang eines
Prozesses zu orientieren und die Beurteilung des beanstandeten Verhaltens durch das Gericht zu skizzieren. Soll die Urteilspublikation auf
Kosten des Beklagten angeordnet werden, hat der Kläger Ort, Art und
Umfang der gewünschten Veröffentlichung genau zu spezifizieren. Je
nach Art der beanstandeten Wettbewerbsmassnahme kann der Kläger
ermächtigt werden, das Urteil in Fachorganen oder Tageszeitungen zu
veröffentlichen, wobei sich die Grösse einer Viertelseite eingebürgert
hat. Hat der Kläger jedoch bloss teilweise obsiegt, wäre das Urteil
dennoch vollständig zu veröffentlichen, das heisst einschliesslich der für
die Gegenpartei günstigen Teile. Da die Urteilspublikation nur eine
Ermächtigung, nicht aber eine Verpflichtung darstellt, kann der Kläger
in solchen Fällen auf die Publikation verzichten.

Erstaunlicherweise gewährt weder das UWG noch das Obligationen-   **649**
recht eine Möglichkeit, sich von Verpflichtungen, die auf unlautere Art
zustande gekommen sind, loszulösen. Das Wettbewerbsgesetz stempelt
nun zwar unlauteres Verhalten ausdrücklich zum widerrechtlichen Verhalten (Art. 2 UWG). Zwar sind widerrechtliche Verträge gemäss
Art. 20 OR nichtig, doch kann diese Bestimmung nur angerufen werden,
wenn der Vertragsinhalt selbst, nicht aber wenn bloss die Umstände des
Vertragsabschlusses unsittlich sind. Anfechtbarkeit wegen Willensmängeln kann bei Täuschung über die Produktequalität oder über den
Charakter eines Angebotes (z. B. Werbeveranstaltung statt der anerbo-
tenen Ausflugsfahrt) in Frage kommen, nicht aber bei Überrumpelung
oder der Verwendung unzutreffender Titel. Einzig die Unausgewogen-
heit der gegenseitigen Leistungen (Art. 8 UWG) beschlägt den Vertragsinhalt und kann wenigstens Teilnichtigkeit der unter Verwendung solcher allgemeiner Geschäftsbedingungen zustande gekommener Verträge bewirken (Art. 20 Abs. 2 OR).

Demgegenüber sieht das Kartellrecht vor, dass der Richter zur   **650**
Durchsetzung des Beseitigungs- und Unterlassungsanspruches Verträge
ganz oder teilweise ungültig erklären sowie Kartellen und marktbeherrschenden Unternehmen marktgerechte und branchenübliche Bezugs-
und Lieferpflichten auferlegen kann (Art. 13 KG). Dies sind jedoch
ausdrücklich nur Beispiele; daneben könnte der Richter auch anordnen,

dass Diskriminierungspflichten einzelner Kartellmitglieder unverbindlich sein sollen oder Aussenseiter ins Kartell mit den damit verbundenen Rechten und Pflichten aufzunehmen seien (vgl. Art. 9 Abs. 1 altKG). Solche Regelungen sind weit besser geeignet, den vom Gesetzgeber erwünschten Zustand zu schaffen, als die rein negatorischen oder konfiskatorischen Unerlassungs- und Schadenersatzansprüche. Es ist bedauerlich, dass das UWG keine analoge Regelung enthält.

651   Leistungsklagen wegen Wettbewerbsverstössen können nur bei nachgewiesenem Verschulden des Verletzers gutgeheissen werden. Namentlich die Schadenersatzklage ist eine stumpfe Waffe in der Hand des Verletzten. Nicht nur ist es oft schwer, ein Verschulden auf Seiten des Beklagten nachzuweisen, sondern es ist auch oft unmöglich, den eigenen Schaden auf Franken und Rappen darzutun. Der Schaden kann sowohl in einem Rückgang des eigenen Umsatzes wie in einer Verwirrung des Marktes, die nach entsprechender Aufklärung ruft, bestehen. Da der Umsatz des Beklagten ein Indiz für den entgangenen Umsatz des Klägers darstellt, kann der Verletzer gerichtlich aufgefordert werden, Auskunft über seine Wettbewerbsmassnahmen und die erzielten Umsätze zu geben (ZR 46/1947 Nr. 157 E. B, S. 310: Gillette-Schlitz-Stanzung Vorinstanz), wie er auch sonst prozessual nach Treu und Glauben verpflichtet ist, zur Abklärung des Sachverhaltes beizutragen, zumal wenn dieser nur ihm näher bekannt ist (Mitt. 1971 173: Garvey). Nach dem im Rahmen von Swisslex revidierten Art. 13 a UWG kann der Richter sogar dem Beklagten die Beweislast für die Richtigkeit seiner Werbebehauptungen auferlegen. Noch im Jahre 1986 hatte es der Bundesrat ausdrücklich abgelehnt, das UWG mit einer Bestimmung zu ergänzen, dass der Werbungtreibende die Beweislast für konkrete Angaben über die Eigenschaften einer Ware oder den Inhalt einer Dienstleistung zu tragen habe (BBl 1986 II 369)!

652   Der nicht ziffernmässig nachweisbare Schaden ist nach Ermessen des Richters mit Rücksicht auf den gewöhnlichen Lauf der Dinge abzuschätzen. Der Geschädigte wird aber dadurch nicht der Pflicht enthoben, alle Umstände, die für den Eintritt eines Schadens sprechen und dessen Abschätzung erlauben oder erleichtern, soweit möglich und zumutbar zu behaupten und zu beweisen (BGE 98/1972 II 36: Substanzierungspflicht). Kann auf diesem Wege der Schaden nicht gehörig spezifiziert werden, kommt auch eine Zusprechung eines bestimmten Betrages ex aequo et bono, das heisst nach der gerechten und billigen Überzeugung des Richters in Frage (BGE 91/1965 II 24: Résidence). Die in letzter Zeit

zugesprochenen Entschädigungen sind freilich ausgesprochen bescheiden und belaufen sich in der Regel auf Fr. 1000.– bis 10 000.– (BGE 95/1969 II 573: Adia Interim, 96/1970 II 245: Blauer Bock; Mitt. 1980 53: Imitation Van Cleef, 63: Valesia).

Um den Beweisschwierigkeiten bei Schadenersatzklagen zu entgehen, sehen sowohl das Wettbewerbsgesetz als auch das Kartellgesetz analog zum Persönlichkeitsschutz (Art. 28a Abs. 3 ZGB) eine Klage auf Herausgabe eines Gewinnes entsprechend den Bestimmungen über die Geschäftsführung ohne Auftrag vor (Art. 9 Abs. 3 UWG Art. 12 Abs. 1 lit. c KG). Der Gewinnherausgabeanspruch ist unabhängig vom Verschulden und kann daher auch bei schuldloser Verletzung zugesprochen werden (BGE 97/1971 II 178). Der Anspruch auf Gewinnherausgabe ist dann interessant, wenn der Verletzer einen Gewinn erzielt, der höher ist, als der Schaden, den der Betroffene erlitten hat. Dieser Fall kann namentlich bei der Verletzung von Kennzeichnungsrechten oder bei der Leistungsübernahme eintreten. Können die Klageansprüche jedoch von einer Mehrzahl von Verletzten unabhängig voneinander geltend gemacht werden, kommt eine Klage auf Gewinnherausgabe nicht in Frage, da der Verletzer in solchen Fällen nicht als Geschäftsführer der verschiedenen Geschädigten betrachtet werden kann. Der Verletzer könnte sonst zudem dazu verurteilt werden, den erzielten Gewinn mehrfach herauszugeben. 653

Schadenersatz und Gewinnherausgabe können im Immaterialgüterrecht nur alternativ, nicht aber kumulativ verlangt werden (BGE 97/1971 II 178). Der Wortlaut von Art. 9 Abs. 3 UWG spricht zwar ausdrücklich von Schadenersatz *sowie* Gewinnherausgabe. Der Verletzte wird daher weiterhin zwischen Schadenersatz und Gewinnherausgabe wählen müssen. Doch kann der Kläger sein Wahlrecht auch erst im Laufe des Prozcsses und nach Auskunfterteilung durch den Verletzer geltend machen, wenn er in der Klage entsprechende Ausführungen macht und Beweisanträge stellt (ZR 80/1981 Nr. 42: Osnabrücker Sportfest). 654

Genugtuung wird nur bei einer besonders schweren Beeinträchtigung der persönlichen Verhältnisse des Verletzten und schwerem Verschulden des Verletzers zugesprochen (Art. 49 Abs. 1 OR, ZR 79/1980 Nr. 98 E. 9: Titelbild). Vor allem die schwere Herabsetzung eines Konkurrenten lässt sich kaum mit Schadenersatz allein ausgleichen, da überdies Ausgleich für die Verletzung des Rechtsgutes der Persönlichkeit geschaffen werden muss. Die dafür zu leistende Genugtuung wird umso 655 grösser sein, je nachhaltiger der Kläger durch die Behauptungen des Beklagten in seinem geschäftlichen Ansehen oder in seinem guten Ruf beeinträchtigt worden ist. Wegen der Schwierigkeit, den Eingriff in die Vermögensrechte vom Eingriff in die Persönlichkeitsrechte auseinanderzuhalten, setzen die Gerichte die Genugtuungssumme gelegentlich zusammen mit dem Schadenersatz in einem einzigen Pauschalbetrag fest. Die zugesprochenen Summen bleiben freilich so oder so bescheiden, was durch folgende Beispiele zu belegen ist:

Fr. 1000.– Schadenersatz und Genugtuung wegen des Vorwurfs, ein Schädling des Gewerbes zu sein (ZR 28/1929 Nr. 103),

Fr. 1000.– Schadenersatz wegen schwerer Herabwürdigung (BGE 59/1933 II 27: Vim),

Fr. 1000.– Schadenersatz wegen fahrlässiger Behauptung einer nicht bestehenden Patentverletzung (BGE 60/1934 II 131: Poupon-Sauger),

Fr. 2000.– Schadenersatz wegen anlehnendem Vergleich (BGE 60/1934 II 260: Tipo Bel Paese),

Fr. 1000.– Schadenersatz wegen Nachahmung einer Ausstattung (BGE 61/1935 II 389: Gaba),

Fr. 1000.– Schadenersatz wegen sklavischer Nachahmung eines Firmensignetes (ZR 45/1946 Nr. 202: Secco),

Fr. 8000.– Schadenersatz wegen Anmassung der falschen Herkunftsbezeichnung «La Française» (BGE 73/1947 II 130),

Fr. 5000.– Schadenersatz und Genugtuung wegen des Vorwurfs, ein Trust-Tyrann zu sein BGE 79/1953 421: Lux),

Fr. 2000.– Schadenersatz wegen Nachahmung der Ausstattung «Weissenburger» (BGE 82/1956 II 361),

Fr. 5000.– Schadenersatz wegen Nachahmung der Ausstattung eines Blumenhalters (BGE 83/1957 II 166),

Fr. 9000.– Schadenersatz und Fr. 2000.– Genugtuung wegen der Aufforderung zum Boykott eines Mitbewerbers (SJZ 59/1963 9 Nr. 1: Apotheker von Lausanne),

Fr. 300.– Schadenersatz wegen Verletzung der Geschäftsbezeichnung «La Résidence» (BGE 91/1965 II 24),

Fr. 1000.– Schadenersatz wegen Anmassung einer falschen Herkunftsbezeichnung ohne Verwechslungsgefahr: Elle est tellement France (Mitt. 1969 88),

Fr. 5000.– Schadenersatz wegen Verletzung einer Ausstattung durch 25 000 Stück ähnliche Uhrenetuis (Mitt. 1969 94),

Fr. 1000.– Schadenersatz wegen Nachahmung einer urheberrechtlich geschützten Flaschenetikette in einer Auflage von 67 600 Stück (BGE 96/1970 II 245: Blauer Bock),

Fr. 500.– Genugtuung wegen des in einem Rundschreiben verbreiteten, wahrheitswidrigen Vorwurfes, ungetreue Geschäftsführung im Gesamtbetrage von über Fr. 250 000.– begangen zu haben (SJZ 66/1970 25 Nr. 8),

Fr. 500.– Schadenersatz wegen Unterschiebung einiger Flaschen Cognac mit falscher Marke (Mitt. 1975: 111: Rémy Martin),

Fr. 10 000.– Schadenersatz wegen anlehnender Werbung «Gegenprodukt zu Bicoflex» gegenüber einer Vielzahl von Zwischenhändlern (Mitt. 1976 227, 231),

Fr. 3000.– Schadenersatz wegen Ausnutzung des Rufs des Konkurrenten durch anlehnende Werbung (Mitt. 1980 53: Imitation Van Cleef),

Fr. 1000.– Schadenersatz wegen der Verwendung einer verwechselbaren Enseigne für eine Metzgerei (Mitt. 1980 63: Valésia),

Fr. 7500.– Genugtuung bei unbefugtem Anbringen des Namens eines Skirennfahrers auf Skihosen (SMI 1985: 50: Panta-guêtre Killy).

Fr. 150 000.– Schadenersatz wegen Verwendung einer identischen Marke während 5 Jahren (SMI 1991 125: Überschrittene Vertretungsmacht).

12.1.6 *Gerichtsstand*

Im Gegensatz zum deutschen Recht ist der Beklagte wegen **656** Wettbewerbsverstössen in der Regel an seinem schweizerischen Wohnsitz oder Sitz zu belangen (Art. 12 Abs. 1 UWG). Das Kartellrecht (Art. 14 Abs. 2 KG) und das Recht zum Schutz der Persönlichkeit (Art. 28 b ZGB) sehen nunmehr aber vor, dass Klagen auch am Wohnsitz oder Sitz des Klägers angehoben werden können. Gegen Kartelle ohne Rechtspersönlichkeit kann dort geklagt werden, wo ein beteiligtes Unternehmen seinen Sitz hat (Art. 14 Abs. 2 KG). Für Wettbewerbsverstösse von Ausländern stellt das hiesige internationale Privatrecht einen Gerichtsstand am Begehungsort zur Verfügung. Art. 129 IPRG legt folgendes fest:

Für Klagen aus unerlaubter Handlung sind die schweizerischen Gerichte am Wohnsitz des Beklagten oder, wenn ein solcher fehlt, diejenigen an seinem gewöhnlichen Aufenthalt oder am Ort seiner Niederlassung zuständig.

Hat der Beklagte weder Wohnsitz oder gewöhnlichen Aufenthalt noch eine Niederlassung in der Schweiz, so kann die Klage beim schweizerischen Gericht am Handlungs- oder Erfolgsort angebracht werden.

Können mehrere Beklagte in der Schweiz belangt werden und stützen sich die Ansprüche im wesentlichen auf die gleichen Tatsachen und Rechtsgründe, so kann bei jedem zuständigen Richter gegen alle geklagt werden; der zuerst angerufene Richter ist ausschliesslich zuständig.

657   Ist der Handlungsort im Ausland, so ist der schweizerische Ort der Auswirkung als Erfolgsort zu betrachten, d. h. jener Ort, an welchem der Erfolg eingetreten ist oder nach der Absicht des Verletzers hätte eintreten sollen (BGE 82/1956 II 163 = GRUR Int. 1958 235: Bradburry, BGE 89/1963 II 426: Campari). Wird die Verletzung durch ausländische Massenmedien begangen, ist ein Gerichtsstand gegen den ausländischen Beklagten überall dort gegeben, wo sie in der Schweiz empfangen werden. So kann beispielsweise der Inhalt von deutschen Presseerzeugnissen, die zwar im Ausland herausgegeben und gedruckt, aber in der Schweiz verbreitet werden, auch hier eingeklagt werden (BGE 102/1976 IV 35: Neue Illustrierte Revue). Dies führt bei Wettbewerbsklagen gegen Ausländer zu einem sogenannten fliegenden Gerichtsstand, da es praktisch überall möglich sein wird, eine Zeitung zu erhalten oder eine Sendung zu sehen oder zu hören. Sind Ausländer und Schweizer gemeinsam an einer Wettbewerbsverletzung beteiligt, so kann der Schweizer überall dort eingeklagt werden, wo auch gegen den Ausländer geklagt werden kann, also nicht mehr nur am Wohnsitz des Schweizers. Der Kläger kann in diesen Fällen seinen Gerichtsstand somit nach Belieben dort wählen, wo er am ehesten Erfolg zu haben glaubt (sog. «Forumshopping»). Für das Persönlichkeitsrecht, das Kartellrecht und auch für das künftige Konsumentenschutzrecht werden diese Möglichkeiten noch erweitert, indem das Bundesrecht dafür generell den Gerichtsstand des Wohnsitzes des Klägers, auch für Leistungsklagen, vorsieht (Art. 28 b ZGB, 14 Abs. 2 KG, 40 g OR). Darüber hinaus sehen viele kantonalen Gesetze weiterhin für Klagen aus unerlaubten Handlungen sowie Klagen auf Unterlassung einer Handlung einen Gerichtsstand am

Ort der Tat oder des Erfolgseintritts vor, wenn der Beklagte in der Schweiz keinen Wohnsitz hat.

Die örtliche Zuständigkeit der Gerichte ist auch bei Gesuchen um vorsorgliche Massnahmen zu beachten. Einzig beweissichernde Massnahmen können überall dort anbegehrt werden, wo das kantonale Recht einen Gerichtsstand zur Verfügung stellt. Gesuche um vorläufige Vollstreckung streitiger Ansprüche werden demgegenüber als persönliche Ansprüche gewertet, welche gegen zahlungsfähige und in der Schweiz wohnhafte Schuldner beim Wohnsitzrichter geltend gemacht werden müssen (Mitt. 1983 II 155 Candino). Eine solche Regelung erweist sich jedoch für Ausstellungen und Messen als wenig praktikabel, da mit der Vollstreckung ausserkantonaler Entscheide am Messeort wertvolle Zeit verloren geht. Es wäre sinnvoller, direkt den Richter am Messeort mit solch vorsorglichen Massnahmen zu betrauen.

Das Lauterkeitsrecht sieht ein Schlichtungs- oder einfaches und rasches Prozessverfahren für Streitigkeiten wegen unlauteren Wettbewerbs mit beschränktem Streitwert vor (Art. 13 UWG). Ein solches Verfahren wurde schon im Rahmen des Verbraucherschutzes für Streitigkeiten aus Verträgen zwischen Letztverbrauchern und Anbietern vorgesehen (Art. 31^{sexies} Abs. 3 BV). Es soll grundsätzlich allen Klageberechtigten offen stehen, nicht nur den Konsumenten, sondern auch Detaillisten. Ein einfaches und rasches Prozessverfahren bildet das mündliche Verfahren mit kurzen, peremptorischen Fristen. Für unbeholfene Konsumenten bietet es indessen ebenfalls einige Fallstricke, so dass es sich eher zugunsten der Anbieter auswirkt.

12.1.7 *Verjährung*

Das UWG enthält keine Sondervorschriften mehr für die zivilrechtliche Verjährung von Wettbewerbsansprüchen. Daher gelten die obligationenrechtlichen Verjährungsbestimmungen für unerlaubte Handlungen. Gemäss Art. 60 OR verjährt der Anspruch auf Schadenersatz oder Genugtuung in einem Jahr seit Kenntnis des Schadens und der Person des Ersatzpflichtigen (relative Verjährung), spätestens aber mit dem Ablauf von 10 Jahren, vom Tage der schädigenden Handlung an gerechnet (absolute Verjährung). Wird die Wettbewerbshandlung vorsätzlich begangen und ist sie somit strafbar, so gilt eine relative Verjährungsfrist von 5 Jahren. Bei fortgesetzter Begehung unlauteren Wettbe-

658

659

660

werbs beginnt die Verjährung erst mit der Einstellung dieser Handlungen zu laufen (vgl. BGE 91/1965 IV 8).

661   Ansprüche auf Unterlassung und Beseitigung verjähren grundsätzlich nicht, sondern bestehen während des Fortdauerns der Störung. Unterlassungsansprüche können daher solange geltend gemacht werden, als eine (erstmalige) Begehungsgefahr dargetan werden kann. Die Klage auf Gewinnherausgabe verjährt sogar erst nach 10 Jahren (Art. 127 OR). Für den Geschädigten ist daher die Gewinnherausgabeklage auch unter diesem Blickwinkel vorteilhaft.

662   Unabhängig von den formellen Verjährungsfristen, die durch Betreibung oder Klageeinleitung unterbrochen werden können, können die Ansprüche des Klägers infolge Zeitablaufs grundsätzlich auch verwirken. Das Zuwarten mit der Geltendmachung der eigenen Rechtsposition ist jedoch noch nicht rechtsmissbräuchlich. Ein Abwarten während vieler Jahre muss jedoch gerechtfertigt werden (BGE 100/1974 II 399, 102/1976 IV 150: Akademikergemeinschaft I & III). Eine gewisse Überlegungsfrist ist sicher am Platze, wenn die Wirkung einer Wettbewerbsmassnahme erst abgeschätzt werden muss. Doch ist die Klage spätestens verwirkt, wenn der Verletzer einen wertvollen wirtschaftlichen Besitzstand in der Schweiz geschaffen hat und der Verletzte diesem Aufbau unwidersprochen zugesehen hat (Mitt. 1973 166: Vivil). Ein wertvoller Besitzstand lässt sich wohl nur bei verwechselbaren Kennzeichen oder täuschenden Firmennamen und Slogans denken.

12.2   Lauterkeitskommission

12.2.1   *Unterschiede zu den staatlichen Gerichten*

663   Die «Schweizerische Kommission für Lauterkeit in der Werbung» mit Sitz in Zürich ist eine von der Stiftung der Schweizer Werbewirtschaft für die Lauterkeit in der Werbung getragene Organisation, die sich zum Ziele gesetzt hat, die ihr unterbreiteten oder von ihr aufgegriffenen Werbemassnahmen auf ihre Übereinstimmung mit den Internationalen Richtlinien für die Werbepraxis der internationalen Handelskammer zu prüfen. Demgemäss befasst sie sich mit Wirtschaftswerbung (im Gegensatz zu Offerten und Verträgen), wobei sie als Werbung jede Handlung definiert, die eine Mehrheit von Personen systema-

tisch in ihrer Einstellung zu bestimmten Waren, Werken, Leistungen oder Geschäftsverhältnissen zum Zwecke des Abschlusses eines Rechtsgeschäftes beeinflussen soll (Grundsatz Nr. 1.1). Auch ihre örtliche Zuständigkeit ist enger als jene staatlicher Gerichte. Zwar beurteilt und ahndet sie alle Werbemassnahmen, die auf dem Schweizer Markt entweder die Wettbewerbsstellung eines Konkurrenten beeinträchtigen oder sich an das Schweizer Publikum richten, doch nimmt sie von ihrer Beurteilung Werbemittel aus, welche in der Schweiz zwar konzipiert und produziert, aber nicht gestreut werden, oder welche für in der Schweiz nicht erhältliche Marktleistungen werben, es wäre denn, es würde mit ihnen das Anlocken der Schweizer Kundschaft bezweckt, vor allem im Grenzverkehr (Grundsatz Nr. 1.5). Rechts- und Beurteilungsfragen, die sich der Kommission immer wieder stellen, legt sie seit 1973 in Grundsätzen fest. Diese bilden zusammen mit den Internationalen Richtlinien für die Werbepraxis einen wichtigen Fundort für Regeln zum lauteren Geschäftsgebaren.

In den drei Kammern der Lauterkeitskommission sind Medienleute, **664** Konsumentenschützer und Werbeauftraggeber vertreten. Im ganzen besteht die Kommission aus 15 Mitgliedern, ca. 5 Experten und 1–2 Sekretären. Die Kommission übt eine recht ausgedehnte Tätigkeit aus und beurteilt jährlich einige hundert Fälle. Sie hat damit weit grössere Erfahrung in Werbefragen als jedes Gericht. Vorteilhaft ist auch, dass in der Regel in der Sprache der beanstandeten Werbemassnahme verhandelt wird.

Die Lauterkeitskommission wendet nicht das Gesetz gegen den un- **665** lauteren Wettbewerb, sondern die Internationalen Richtlinien für die Werbepraxis und die von ihr erarbeiteten Grundsätze für die Praxis an. Im Ergebnis ist ihre Rechtsanwendung aber nicht wesentlich anders als jene der Gerichte.

Immerhin ist zu berücksichtigen, dass die Lauterkeitskommission **666** nicht nur das Herbeiführen einer Verwechslungsgefahr, sondern jede Nachahmung verurteilt (Art. 10 IHK-Richtlinien; Grundsatz Nr. 3.8, vgl. RZ 229). Im Gegensatz zu den staatlichen Gerichten werden daher nicht nur Imitationen von eigentlichen Kennzeichen, sondern auch Übernahmen von nicht originellen und nicht kennzeichnungskräftigen Ausstattungen verurteilt. Dafür schreitet die Lauterkeitskommission nur bei einigermassen krassen Usurpationen ein. Sie legt daher an die Verwechselbarkeit werblicher Gestaltungen einen weit weniger strengen Massstab an als die Gerichte.

667   Sodann ist es bei der Lauterkeitskommission Sache des Beklagten, die von ihm in der Werbung behaupteten Tatsachen nachzuweisen (Grundsatz 1.7). Bei ihm liegt die ganze Beweislast, dass die von ihm in der Werbung gemachten Äusserungen zutreffen, während im Zivilverfahren grundsätzlich der Kläger die Richtlinien seiner Angaben beweisen muss. Das Verfahren vor der Lauterkeitskommission ist daher für den Kläger weniger riskant, da er nicht mit Beweisschwierigkeiten zu kämpfen hat.

668   Im Gegensatz zum Verfahren vor staatlichen Gerichten ist das Verfahren vor der Lauterkeitskommission grundsätzlich kostenlos. Kosten werden höchstens dann erhoben, wenn die Abklärung eines Tatbestandes eine neutrale Expertise erfordert. In diesem Fall kann deren Anordnung vom Einverständnis einer der Parteien zur Kostentragung abhängig gemacht werden.

12.2.2 *Aktivlegitimation*

669   Jedermann ist berechtigt, sich bei der Lauterkeitskommission über Werbemassnahmen zu beklagen, die nach seiner Meinung gegen die Richtlinien der Internationalen Handelskammer verstossen. Damit wird eine eigentliche Popularbeschwerde gewährleistet. Indessen machen nicht nur Verbraucher von der Beschwerdemöglichkeit Gebrauch, sondern Klagen werden auch mehr und mehr von Konkurrenten eingebracht, da ein Verfahren vor der Lauterkeitskommission weniger provokativ ist als ein gerichtliches Verfahren. Namentlich im Verhältnis zwischen Fabrikant und Zwischenhändler, das nicht durch hitzige Prozesse getrübt werden sollte, hat sich das Verfahren vor der Überwachungskommission als rasches und einfaches Schiedsverfahren bewährt.

670   Der Name des Beschwerdeführers wird vertraulich behandelt. Bei Konkurrentenbeschwerden ist es freilich die Regel, dass der Kläger die Lauterkeitskommission ermächtigt, seinen Namen dem Beklagten preiszugeben.

12.2.3 *Provisorische Verfügungen*

671   Nach der alten, bis 1995 gültig gewesenen Geschäftsordnung konnte der Sekretär der Lauterkeitskommission kann den fehlbaren

Beklagten auch ohne vorherigen Kommissionsentscheid auffordern, eine geplante oder bereits erfolgte Werbemassnahme, die offensichtlich gegen die Internationalen Richtlinien für die Werbepraxis verstiess, unverzüglich zu unterlassen. Solche Aufforderungen des Sekretärs wurden provisorische Verfügungen genannt und entsprachen damit weitgehend den vorsorglichen Massnahmen eines Gerichtes. Das neue Geschäftsreglement hat jedoch diese bedeutende, aber nur selten in Anspruch genommene Kompetenz des Sekretärs ersatzlos gestrichen.

12.2.4 *Ordentliches Verfahren*

Nach einem einfachen oder doppelten Schriftenwechsel zwi- 672 schen den Parteien fällt die Lauterkeitskommission ihren Entscheid. Dieser lässt zuweilen etwas auf sich warten, da die einzelnen Kammern der Kommission nur alle paar Monate tagen.

Der Entscheid der Kommission beschränkt sich auf ein Unterlas- 673 sungsgebot, das durch eine Feststellung über die Unlauterkeit der geprüften Werbemassnahme ergänzt werden kann. Die Kommission ist bei ihrem Entscheid an die Anträge der Parteien nicht gebunden. Sie kann aus naheliegenden Gründen keine Beseitigungsverfügungen treffen und namentlich keine beanstandeten Packungen einziehen oder täuschende Marken nichtig erklären. Der Entscheid wird den Parteien mit einer kurzen, schriftlichen Begründung vom Sekretär mitgeteilt.

Gegen Entscheide der einzelnen Kammern der Lauterkeitskommis- 674 sion kann innert 20 Tagen seit der schriftlichen Mitteilung des Entscheides an das Plenum der Kommission rekurriert werden. Mit dem Rekurs kann einzig Willkür geltend gemacht werden, d. h. Ermessensüberschreitung oder Ermessensmissbrauch der einzelnen Kammern.

12.2.5 *Vollstreckung*

Zwar ist die Lauterkeitskommission keine staatliche Behörde, 675 und es stehen ihr daher keinerlei Zwangsmittel zur Verfügung, doch zeigt es sich, dass ihre Entscheide in der überwiegenden Anzahl der Fälle beachtet werden. Obwohl viele Unternehmen immer wieder betonen, sie würden sich an die Entscheide der Lauterkeitskommission nicht gebunden fühlen, ist doch offensichtlich, dass diese in der Regel dennoch befolgt werden. Darüber hinaus stehen der Kommission verschiedene Sanktionen zur Verfügung, deren Wirkung nicht unterschätzt werden darf. Zu nennen sind vor allem die Aufforderung an die Werbeagentur des Beklagten, die beanstandete Werbung nicht zu wiederholen, und die Aufforderung an die Werbeträger, die als unlauter befundene Werbung nicht mehr aufzunehmen. Diese Aufforderungen können mit der Androhung verbunden werden, bei Nichtbefolgung den betreffenden Fachverbänden den Ausschluss des fehlbaren Mitgliedes zu empfehlen. Gegenüber den Werbeagenturen kann überdies mit dem Entzug ihrer Beraterkommissionierung gedroht werden. Es hat sich gezeigt, dass diese Sanktionen ihre Wirkungen nicht verfehlen. Keine angesehene Werbeagentur und kein massgebender Herausgeber eines periodisch erscheinenden Presseerzeugnisses wird eine als unlauter beanstandete Werbung wiederholen. Die Arbeitsgrundsätze des Bundes Schweizer Werbeagenturen verpflichten denn auch die Berater, die Grundsätze über die Lauterkeit in der Werbung zu befolgen. So können die Entscheide der Lauterkeitskommission in den meisten Fällen mühelos vollstreckt werden, weshalb die weiteren Sanktionsmöglichkeiten, wie die Publikation des Entscheides unter voller Namensnennung des fehlbaren Werbetreibenden oder die Einleitung eines gerichtlichen Verfahrens gegen ihn, kaum je notwendig werden. Einzig gegen Versandhäuser, welche vorwiegend Direktwerbung in eigener Regie betreiben, lassen die Sanktionen der Lauterkeitskommission ihre Wirksamkeit vermissen.

12.3   Verwaltungspolizei und Strafgerichte

12.3.1   *Verwaltungskontrollen*

676   Die Verwaltungskontrolle zur Einhaltung der Vorschriften über den lauteren Wettbewerb wird recht oberflächlich gehandhabt. Grössere Städte verfügen über eine eigene Verwaltungspolizei, welche sich auch mit der Einhaltung der Vorschriften über die Preisbekanntgabepflicht befasst. Im übrigen sind aber die Behörden offensichtlich nicht in der Lage, die sich beinahe täglich vermehrenden Strafbestimmungen der wettbewerbsrechtlichen Nebengesetze (Firmenstrafrecht, Lotteriegesetz, Messgesetz, Lebensmittelgesetz, Alkoholgesetz, Giftgesetz etc.) wirksam anzuwenden. Dies ist auch weiter nicht verwunderlich. Es bestehen keine brauchbaren Kompendien zum Übertretungsstrafrecht, ganz abgesehen davon, dass solche sehr schnell veralten würden. Dies hat zur Folge, dass Wettbewerbsverstösse sehr oft nur noch auf Denunziation eines Konkurrenten hin verfolgt werden. Eine solche Tendenz ist rechtsstaatlich bedenklich, verstösst sie doch gegen die Rechtsgleichheit.

Hinzu kommt, dass unlauterer Wettbewerb und insbesondere täu- **677** schende, unrichtige oder irreführende Angaben in der Werbung nur auf Antrag hin strafrechtlich verfolgt werden können. Wohl steht theoretisch dem bedrohten oder verletzten Käufer ein Strafantragsrecht zu, doch zeigt es sich, dass niemand gerne zu einer Erklärung bereit ist, er sei durch Werbeangaben getäuscht worden und wolle daher Strafantrag stellen. Auch ist dem Publikum wenig gedient, wenn nach langwierigem Verfahren ein Verantwortlicher mit einer Busse bestraft wird. Der getäuschte Käufer trachtet in der Regel nicht nach einer Bestrafung des Verantwortlichen, sondern nach einer billigen Sanktion für seinen Ärger. Ihm liegt einerseits an einer gewissen finanziellen Genugtuung für seine Enttäuschung, andererseits möchte er aber auch erreichen, dass die beanstandete Praktik eingestellt wird. Hiezu ist die Verwaltung kaum in der Lage. Die Verwaltung kann denn auch nicht verhindern, dass immer wieder neue Formen unlauteren Wettbewerbes grassieren.

Wegen dieses notorischen Vollzugsdefizits des Wettbewerbsrechtes **678** sah sich der Gesetzgeber genötigt, für den Vollzug des Kartellrechtes durch die Schaffung einer Kartellbehörde neue Wege zu gehen. Die vom Bundesrat eingesetzte unabhängige und mit Entscheidungskompetenzen ausgestattete Wettbewerbskommission mit Sitz in Bern hat laufend die Wettbewerbsverhältnisse zu beobachten, und sie kann dem Bundesrat und anderen Behörden Empfehlungen zur Förderung von wirksamem Wettbewerb unterbreiten (Art. 45 KG). Des weiteren soll sie Untersuchungen über unzulässige Wettbewerbsbeschränkungen durchführen (Art. 27 KG) und über die zu treffenden Massnahmen zur Beseitigung solcher Beschränkungen entscheiden; sie kann namentlich Kartellbestimmungen oder unter das Gesetz fallende Abreden abändern oder aufheben und die Unterlassung von bestimmten Massnahmen oder Verhaltensweisen anordnen. Werden Verfügungen der Wettbewerbskommission nicht befolgt, so kann dies mit Busse bis zu 100 000 Franken bestraft werden (Art. 54 KG).

679   Schon bald nach Inkrafttreten des ersten Kartellgesetzes (1964) hat es sich gezeigt, dass in der Wirtschaft das Bedürfnis bestand, sich wegen Wettbewerbsbehinderungen an die Kartellkommission zu wenden und von ihr Hilfe zu erwarten, ohne selbst einen kostspieligen Zivilprozess riskieren zu müssen. Das Kommissionssekretariat nahm solche Meldungen gerne entgegen und versuchte im Rahmen des Möglichen, eine gütliche Einigung zwischen den Beteiligten herbeizuführen. Aus dieser informellen Tätigkeit hat sich das Institut der Vorabklärung entwickelt, das dann auch ins Kartellgesetz aufgenommen worden ist (Art. 26 KG). Ergibt die Vorabklärung, dass Anhaltspunkte für eine unzulässige Wettbewerbsbeschränkung vorliegen, so kann das Sekretariat im Sinne von Empfehlungen oder Verhaltenskodizes Massnahmen zur Beseitigung oder Verhinderung dieser Beschränkung anregen oder in ernsthafteren Fällen auch im Einvernehmen mit einem Mitglied des Präsidiums der Wettbewerbskommission eine Untersuchung eröffnen (Art. 26 und 27 KG); andernfalls wird der Meldende auf den Zivilweg verwiesen.

680   Die Revisionsvorlage für das Wettbewerbsgesetz versuchte, diese Regelung auch zur Gewährleistung des lauteren Wettbewerbes einzuführen. Sie wollte dem Bund die Möglichkeit einräumen, von sich aus Abklärungen vorzunehmen, falls Anzeichen für unlauteren Wettbewerb vorgelegen hätten und ein ganzer Wirtschaftszweig betroffen gewesen wäre (Art. 25 E UWG). Falls das Vorhandensein des unlauteren Wettbewerbes durch Abklärungen bestätigt worden wäre, hätte der Bund Feststellungs-, Unterlassungs- und Beseitigungsklagen bei der letzten kantonalen Instanz anheben können, soweit das öffentliche Interesse an der Gewährleistung des lauteren Wettbewerbes dies erfordert hätte (Art. 11 E UWG). Dieses gut gemeinte Institut ist jedoch von den Räten gestrichen worden. Dies durchaus zu Recht, sollen doch zuerst einmal die Auswirkungen der Erweiterung der Aktivlegitimation auf bedrohte Käufer und Konsumentenschutzorganisationen abgewartet werden.

Immerhin ist mittlerweile in einem einzigen Nebenpunkt ein Vorgehen von Amtes wegen möglich geworden. Gemäss Art. 10 Abs. 2 lit. c UWG kann der Bund seit 1. August 1992 wenigstens Feststellungs-, Unterlassungs- und Beseitigungsklagen vor dem zuständigen Richter anheben, wenn er es als zum Schutz des Ansehens der Schweiz im Ausland als nötig erachtet und die klageberechtigten Personen im Ausland ansässig sind. Oft stellte sich nämlich das Problem, dass zweifelhafte Anbieter von der Schweiz aus Abnehmer im Ausland bearbeiteten und so einen Bezug zur Schweiz und ihrem guten Ruf herstellten. Die schweizerischen Vertretungen im Ausland wurden in solchen Fällen mit Reklamationen konfrontiert, insbesondere auch mit Anfragen, wieso die schweizerischen Behörden nicht von Amtes wegen einschreiten würden; den betroffenen Ausländern war jedoch regelmässig nicht zuzumuten, selbst in der Schweiz zu klagen. Mittlerweile hat das BIGA eine solche Klage wegen irreführender Offerten für Eintragungen in ein internationales Telefax-Verzeichnis mit Erfolg durchgezogen und eine Urteilspublikation im Bundesblatt in deutscher, französischer, italienischer und englischer Sprache auf Kosten der Gegenpartei erreicht (SMI 1995 407: World Telefax Edition; vgl. BBl 1995 II 342).

12.3.2 *Antragsdelikte und Offizialdelikte*

Mit Ausnahme der Verletzung der Pflicht zur Preisbekanntgabe an Konsumenten kennt das Wettbewerbsgesetz nur Antragsdelikte. **681** Solche sind vorgesehen zur Sanktion der genau normierten Sondertatbestände (Art. 3–6 UWG), nicht aber für die Verletzung der Generalklausel. Im Gegensatz zu vielen anderen Gesetzen, die einfach pauschal deren Übertretung mit Busse bedrohen (vgl. z. B. Art. 41 Lotteriegesetz), richtet sich das Wettbewerbsgesetz nach dem strafrechtlichen Grundprinzip, wonach eine Strafe nicht ohne Gesetz, d. h. nicht ohne formulierten Straftatbestand ausgesprochen werden kann (nulla poena sine lege stricta). Dennoch sind die Spezialtatbestände in erster Linie auf zivilrechtliche Sachverhalte ausgerichtet. So ist die Lockvogelbestimmung mit ihrer Täuschungsvermutung (Art. 3 lit. f UWG) strafrechtlich nicht praktikabel, und bezüglich der Verwendung missbräuchlicher Geschäftsbedingungen wurde schon gar nicht versucht, diese auch strafrechtlich zu ahnden (Art. 8 UWG). Auch das soziale Dumping (Art. 7 UWG) war schon gemäss altem Gesetz nicht strafbar.

Strafantrag kann stellen, wer zur Zivilklage berechtigt ist (Art. 23 **682** UWG). Wegen der Unteilbarkeit des Strafantrages (Art. 30 StGB) umfasst ein Strafantrag alle Beteiligten wie Mittäter, Anstifter und Gehilfen. Eine Verschonung einzelner ist nicht möglich; wird der Strafantrag ausdrücklich nur auf einzelne Mitbeteiligte beschränkt oder gegenüber einem Angeschuldigten zurückgezogen, profitieren davon alle, indem dann auf die Strafklage nicht eingetreten wird oder der Rückzug für alle Beteiligten gilt (Art. 31 Abs. 3 StGB).

683   Juristische Personen sind in der Regel nicht straffähig. Es ist daher der für eine bestimmte Wettbewerbshandlung Verantwortliche zu ermitteln und zu bestrafen. Das Bundesgesetz über das Verwaltungsstrafrecht, auf das die Wettbewerbsgesetze verweisen (Art. 26 UWG, Art. 57 KG), sieht die Möglichkeit vor, bei Bussen bis höchstens Fr. 5000.– unter Umständen auf die Verfolgung der Verantwortlichen zu verzichten und an ihrer Stelle das Unternehmen selbst zur Bezahlung der Busse zu verurteilen (Art. 7 Verwaltungsstrafrecht). Arbeitgeber, Auftraggeber und Vertretene sind ebenfalls strafbar, wenn sie es vorsätzlich oder fahrlässig unterliessen, die Widerhandlungen ihres Personals abzuwenden oder in ihren Wirkungen aufzuheben (Art. 6 Abs. 2 Verwaltungsstrafrecht). Obwohl diese weitreichende Verantwortung schon im alten Wettbewerbsgesetz verankert war (Art. 14 altUWG), ist sie noch nie zum Tragen gekommen.

684   Die Antragsdelikte des Wettbewerbsgesetzes werden nur dann bestraft, wenn sie vorsätzlich begangen worden sind (Art. 23 UWG); fahrlässige Wettbewerbsverstösse sind nicht strafbar. Freilich genügt der sogenannte Eventualvorsatz, d. h. der Verletzer stellt sich die Verwirklichung des Tatbestandes nur als möglich vor, nimmt sie aber in Kauf und findet sich damit innerlich ab (BGE 92/1966 IV 65: Eventualvorsatz). Das Vorhandensein eines Eventualvorsatzes dürfte namentlich für die Zeit nach erfolgter Verwarnung durch den Verletzten bejaht werden. Strafbar sind auch Versuch und Gehilfenschaft.

685   Die verwaltungsrechtlichen Bestimmungen des UWG und des KG sowie das PBG bezeichnen das Zuwiderhandeln gegen deren Gebote als strafwürdige Übertretung. Solche Übertretungen werden nicht nur auf Antrag hin, sondern von Amtes wegen verfolgt. Zudem sind sie mit Ausnahme der Widerhandlungen gegen das Kartellgesetz gemäss ausdrücklicher Vorschrift auch bei Fahrlässigkeit strafbar (Art. 25 UWG, Art. 333 Abs. 2 StGB), nicht aber bei Versuch oder Gehilfenschaft. Die gegenüber dem gewerbepolizeilichen Nebenstrafrecht erschwerte Verfolgbarkeit von Verstössen gegen die Gebote der Lauterkeit mag vertretbar sein, wenn es um das Herbeiführen einer Verwechslungsgefahr oder von Rufschädigungen geht, die am ehesten vom Geschädigten zu beurteilen sind. Doch ist nicht einzusehen, warum ein Verletzer, der über die Qualität seiner Waren täuscht, nur auf Antrag und bei Vorsatz strafbar sein soll, während einer, der in der Werbung auf mögliche Preisnachlässe (Preisfeilschen) hinweist, von Amtes wegen und auch bei blosser Fahrlässigkeit verfolgt wird.

12.3.3 *Strafuntersuchung*

Die Strafuntersuchung und -verfolgung in Kartellsachen ist 686
Sache des Sekretariats der Wettbewerbskommission im Einvernehmen
mit einem Mitglied des Präsidiums (Art. 57 Abs. 2 KG), in Wettbe-
werbssachen Sache der Kantone (Art. 27 UWG). Diese setzen in der
Regel hiefür einen ordentlichen Untersuchungsrichter ein, bei welchem Wettbewerbsverstösse freilich nicht oberste Priorität besitzen
und dem auch das Verständnis für die Eigenart solcher Delikte oft
abgeht. Strafuntersuchungen wegen Wettbewerbsverstössen dauern
denn sehr oft äusserst lange und neigen dazu, wegen Verjährung eingestellt zu werden.

Die Strafverfolgung der mit Gefängnis bedrohten Antragsdelikte 687
verjährt in 5 Jahren (Art. 70 StGB), diejenige der mit Haft oder Busse
bedrohten Offizialdelikte in einem Jahre (Art. 109 StGB).

12.3.4 *Strafen und Nebenstrafen*

Vorsätzlich begangene Wettbewerbsverstösse werden mit Ge- 688
fängnis bis zu drei Jahren oder Busse bis zu Fr. 100 000 bedroht (Art. 23
UWG in Verbindung mit Art. 36 und 48 StGB). Demgegenüber darf ein
Richter zur Sicherung eines Unterlassungsgebotes nur eine Übertre-
tungsstrafe wegen Ungehorsams gegen eine amtliche Verfügung mit
Haft bis zu einem Jahr oder Busse bis zu Fr. 5000.– androhen (Art. 292
StGB). Für die vorsätzliche Nichtbefolgung von Verfügungen und Entscheiden in Kartellsachen kann Busse bis zu Fr. 100 000.– (Art. 54 KG),
für die vorsätzliche Verletzung der Preisanschriftspflicht Haft oder Busse bis zu Fr. 20 000.– (Art. 25 UWG) ausgesprochen werden. Fahrlässige
Wettbewerbsverstösse werden nicht geahndet; fahrlässige Übertretungen der Preisanschriftspflicht mit Busse bis zu Fr. 5000.– (Art. 25 UWG
in Verbindung mit Art. 106 StGB).

Der Strafrichter kann grundsätzlich die Veröffentlichung des Urteils 689
über ein Verbrechen oder ein Vergehen auf Kosten des Verurteilten
anordnen, wenn sie im öffentlichen Interesse liegt (Art. 61 StGB). Indessen sind keine Fälle bekannt geworden, in welchen der Strafrichter
eine derartige Urteilspublikation für geboten gehalten hätte. Die Veröffentlichung von Urteilen zu Übertretungen ist in der Regel ohnehin
ausgeschlossen (Art. 104 Abs. 2 StGB; Ausnahme Art. 155 StGB: Ein-
führen und Lagern gefälschter Waren). Strafurteile werden zudem mei-

stens nur in den Amtsblättern publiziert und daher von der Öffentlichkeit wenig zur Kenntnis genommen.

690   Auch die Konfiskation und Zerstörung der beanstandeten Gegenstände und Reklamen kann höchstens aufgrund des Markenschutz- oder des Wappenschutzgesetzes angeordnet werden, da das Strafrecht nur die Einziehung gefährlicher Gegenstände zulässt (Art. 58 StGB).

691   Die Revisionsvorlage zum Wettbewerbsrecht sah ein einschneidendes Berufsverbot für denjenigen vor, der in schwerwiegender Weise und fortgesetzt oder wiederholt gegen ein Antragsdelikt verstossen hat. Der Strafrichter hätte dem Betroffenen für eine Dauer von sechs Monaten bis zu fünf Jahren verbieten können, eine Geschäftstätigkeit auszuüben, in deren Rahmen die strafbaren Handlungen begangen worden sind (Art. 34 E VWG). Dieses als Nebenstrafe gedachte Berufsverbot ist jedoch in den parlamentarischen Beratungen ersatzlos gestrichen worden.

692   In den Strafurteilen werden die ausgesprochenen Bussen nur selten beziffert. Folgende Entscheide bilden eine Ausnahme:

a. Antragsdelikte

Fr. 4500.– Busse wegen der falschen Werbeangabe «Extrakt aus reinem Kaffee» (ZR 48/1949 Nr. 1),

Fr. 30.– Busse wegen einer irreführenden Titelbezeichnung (ZR 57/1958 Nr. 129: Coiffeurmeister);

Fr. 1000.– Busse wegen des sklavischen Nachbaus eines Schnellheizers (BGE 88/1962 IV 80: Jura);

Fr. 5000.– Busse wegen der unrichtigen Inserate eines Möbelhändlers, in welchen er sich «dank eigener Fabrik» als das günstigste Möbel- und Bettenhaus der Schweiz anpries (ZR 71/1972 Nr. 11);

Fr. 500.– Busse wegen Anmassung des unzutreffenden Titels «Optikermeister» (Mitt. 1983 II 109: Maître-opticien);

Fr. 30 000.– Busse wegen unnötig verletzender und irreführender Angaben in einer Werbeschrift (SJZ 74/1978 194 Nr. 37: Wucher-Vorwurf).

693   *b. Offizialdelikte*

Fr. 90.– Busse wegen Übertretung der Ausverkaufsordnung (BGE 95/1969 IV 158: Prix choc);

Fr. 500.– Busse wegen Übertretung der Ausverkaufsordnung (Mitt. 1969 106: Geburtstagsrabatt);

Fr. 150.– Busse wegen Übertretung der Ausverkaufsordnung (SJZ 77/1970 272 Nr. 122: Sommerbazar);

Fr. 3000.– Busse wegen Übertretung der Ausverkaufsordnung (ZR 73/1974 Nr. 48: einmalige Preise);

Fr. 2000.– Busse wegen Übertretung der Ausverkaufsordnung und der Preisanschriftspflicht (BGE 101/1975 IV 341: Sommerloch);

1 Monat Haft bedingt wegen Ankündigung eines Totalausverkaufs, dessen Bewilligung widerrufen worden ist (BGE 101/1975 IV 345: Möbelfabrik Mendrisio);

Fr. 200.– Busse wegen Übertretung der Ausverkaufsordnung (Mitt. 1984 395: Prix truffismes).

Gesetzesregister

Die Zahlen bezeichnen die Nummern der Randziffern; die Wiedergabe des Gesetzestextes in extenso ist durch *kursive Schrift* gekennzeichnet.

IPR-Gesetz

Zivilgesetzbuch

Grundsätze der Lauterkeitskommission

Stichwortregister

Die Zahlen bezeichnen die Nummern der Randziffern. Der Fundort ausführlicher Erwägungen ist *kursiv* gedruckt.

Entscheidregister

Die Zahlen bezeichnen die Nummern der Randziffern